KB273575

부자는
자본주의를
어떻게 읽는가

시장에 숨겨진 돈의 흐름을 읽는 20가지 이야기

부자는 자본주의를 어떻게 읽는가

조원경 지음

똑같은 세상에서
남다른 결과를 만드는 사람들의 비밀

수십 년간 공직에서 거시경제 및 국제 금융시장을 지켜보며 치열하게 살았지만, 울산과학기술원UNIST 강단은 내게 또 다른 설렘을 줬다. 학생들의 눈빛, 시대 변화를 예민하게 감지하고자 던지는 질문들, 현장과는 전혀 다른 호흡……. 학생들을 가르치는 동안 나는 어려움에 봉착한 사람들이 많은 현대사회와 애덤 스미스Adam Smith가 떠올랐다. 그가 『국부론』에서 말한 "부의 기원은 인간 행동의 관찰에서 비롯된다"라는 문장이 유난히 깊게 다가오는 순간이었다.

그동안 나는 시장 흐름을 숫자로만 읽었다. 그러나 '부를 읽는다'는 게 단순히 지표를 분석하는 일만이 아니란 사실을 깨닫는 데는 오래 걸리지 않았다. 이전 책들이 20만 부 넘게 팔리며 예상치 못한 반응을 얻는 것을 보며 나는 사람들이 이제는 경제를 배우는 데 그치지 않고, 세상을 읽는 법 그 자체를 갈망하고 있다는 것을 알았다. 그러자 책임감과 압박감이 동시에 느껴졌다.

학생들에게 경제를 가르치는 일도 지식을 전달하는 행위에만 머물지 않았다. 그것은 학생들이 세상을 이해하는 또 다른 새로운 창을 열어주는 일과 같았다. 그 과정에서 나 또한 경제를 보던 익숙한 방식에서 벗어났다. 시장을 움직이는 것은 숫자가 아니라 인간의 욕망, 두려움, 희망, 상처이며, 그 모든 것을 관통하는 하나의 감각이 바로 부를 읽는 능력임을 깨달았다. 경제는 국가·개인·기술·권력이 충돌하며 만들어가는 거대한 흐름이란 것도 다시 한번 확인했다. 그리고 그 흐름 속에서 누군가는 기회를 발견하고, 누군가는 그저 흐름에 휩쓸리고 만다는 사실도.

지금 우리는 거대한 전환점 한가운데 서 있다. 자산은 양극화되고, 기회는 특정 집단에만 몰리고, 경쟁은 전 세계에서 이루어진다. 플랫폼이 만드는 연결은 새로운 부를 창출했지만, 수많은 사람이 그 안에서 지분을 갖지 못한 채 '사용자'로만 머무르는 현실도 뚜렷해졌다. 기술이 인간의 노동을 대체하고, 국가 간 패권 전쟁도 더 격렬하게 충돌하고 있다. 단순히 경제를 공부하라고 해선 부족하다.

세상은 읽는 방식에 따라 완전히 달라진다. 이 책은 바로 그 '세상을 읽는 능력'을 독자와 함께 나누기 위한 작업이었다. 부자란 돈이 많은 사람이 아니라 세상을 작동하게 하는 규칙을 누구보다 빨리 읽어낸 사람이다. 나는 오랫동안 금융 현장과 정책의 경계에서 이 규칙들을 지켜 봤다. 현실의 변화를 받아들이지 못하는 사람과 흐름을 정확히 읽어 자신의 길을 만든 사람을 수도 없이 목격했다.

GDP(국내총생산), 금리, 환율, 물가…… 우리는 부를 숫자로 인식하는데 익숙하다. 그러나 숫자를 읽는 것과 세상을 읽는 것은 천지 차이다. 에릭 바인하커Eric Beinhocker의 『부의 기원』을 비롯한 수많은 명저가 부의 작동 원리와 그 구조를 설명했다면, 이 책은 그보다 한 걸음 더 들어가 다음 3가지 질문의 답을 살펴보고자 한다.

1. 부자는 세상을 어떤 관점으로 해석하는가?

2. 같은 세상을 보더라도 왜 그들은 다르게 읽는가?

3. 그 '읽는 방식'은 어떻게 길러지는가?

어떤 사람은 똑같은 데이터를 보고도 미래를 읽고, 어떤 사람은 넘치는 정보에도 방향을 잃는다. 차이는 지식의 양이 아니라 지식의 해석 능력, 즉 세상을 바라보는 프레임에 있다. 이 책에선 그 프레임을 이야기하고자 한다. 부자의 시선을 빌려 세상을 다시 해석하고, 그 감각을 내 것으로 만드는 방법 말이다.

요즘 흔히들 '각자도생 자본주의 시대를 산다'고 말한다. 이 말에서 나는 우리가 왜 세상을 읽을 수 있어야 하는지 더욱 절실하게 느낀다. 누군가에게 지금의 자본주의는 가혹한 형벌이다. 노동 안정성은 줄어들고, 인간의 속도를 앞지르는 기술에, 자산 형평성도 무너져 가고 있다. 정부라고 해서 이 모든 문제를 해결할 순 없다. 그래서 나는 이렇게 말하고 싶다.

"각자도생의 시대엔 각자가 세상을 제대로 읽어야 살아남는다."

이 책엔 정책을 만들며 봤던 세계 경제의 움직임, 시장과 현장에서 발견한 변화의 신호들, 20만 명의 독자가 공감해 준 나의 통찰과 개인적으로 자본주의 시대를 건너오며 느낀 삶의 태도까지 담았다. 이 책이 부를 말하는 책들과 다른 점이 있다면 바로 이것이다.

첫째, 관점을 제시한다. 부의 기원이나 경제학 원리를 설명하는 데 그치지 않고 세상을 보는 '시선'을 만들어준다.

둘째, 시장을 인간의 욕망으로 설명한다. 숫자와 그래프가 아닌 인간의 선택, 감정, 행동, 심리 등에서 부의 흐름을 해석하고자 했다.

셋째, 국제금융, 국가 정책, 기술 패권을 하나로 연결한다. 부의 격차를 개인의 문제로 한정하지 않고 국가·기업·산업·기술이 어떻게 얽혀 작동하는지 보여준다.

넷째, 삶의 색을 말한다. 부는 결국 살아가는 방식의 문제기도 하다. 스스로 삶을 어떤 색으로 채울지 선택할 수 있는 사람, 나는 그런 사람들이 진짜 부자라고 믿는다.

이런 목표하에 책을 4부로 구성했다. 1부에선 시장과 인간 행동의 원리를 통해 왜 어떤 사람은 같은 정보로도 다른 결론에 도달하는지 보여준다. 2부에선 기업 전략, 국가 정책, 국제 질서, 기술 패권 등 이른바

'권력의 지도'를 만드는 자본 질서가 인간 욕망의 변화에 따라 어떻게 결정되는지 살펴본다. 3부에선 AI, 에너지, 로봇, 스테이블코인, 양자 기술 등 일상 속 미래를 예고하는 신호엔 무엇이 있는지, 그 신호를 놓치지 않고 길을 헤매지 않는 사람은 어떤 사람인지 보고자 한다. 4부에 선 자신만의 색을 잃지 않는 사람으로서 삶의 방향을 내가 정하는 방법 은 무엇인지 살펴본다.

영어 표현 중에 'Let's put it in perspective'라는 말이 있다. 직역하면 '관점 속에 넣어보자'는 의미지만, 실제 의미는 그보다 훨씬 깊다. '지금 보고 있는 현상이 실제로는 어떤 맥락에서 의미를 갖는지 다시 보자'는 의미다.

자본주의 시대에 부를 이야기할 때는 이런 관점이 필수다. 사실 자체 보다 사실을 해석하는 방법이 부를 결정하는 구조가 됐기 때문이다. 관점을 달리하면 보이는 게 달라지고, 보이는 게 달라지면 행동이 달라진다. 부자와 평범한 사람의 차이는 그 첫 발걸음에서 시작된다. 부자들은 지금의 이 현상이 어떤 흐름 속에서 나타난 것인지 먼저 파악한다. 그게 그들의 판단의 정확도나 투자의 지속성, 삶의 안정감을 결정하는 첫 단추가 된다.

나는 우리가 어떤 관점을 선택해야 미래를 바꿀 수 있는지 이야기하고 싶었다. 경제는 '숫자의 학문'이지만, 부는 '관점의 학문'이다. 삶을 관점 속에 다시 올려놓아 보자. 우리가 무엇을 지키고, 무엇을 선택해야 하는지 분명하게 보일 것이다.

나는 2026년 3월, 새로 임용된 대학에서 새로운 학생들을 맞는다. 그 순간을 앞두고 이 책으로 한 가지 약속을 하고 싶다. 나는 순수 경제학만을 가르치는 사람이 아니라 세상을 읽는 법을 나누는 사람이 되겠다. 부는 재능이나 운의 문제가 아니다. 세상을 읽는 시선, 변화의 신호를 붙잡는 감각에서 시작된다. 이 책은 그것들을 함께 키워나가기 위한 여정이다. 당신의 삶이 이 책을 통해 더 확신을 얻게 된다면 그것만으로도 나는 충분히 보람을 느낄 수 있을 것 같다.

차례

* * *

부자는
세상의 규칙을 읽는다

자본주의의 언어

부자는 운이 좋은 사람이 아니라

보이지 않는 규칙을 먼저 읽고 움직인 사람이다.

자본주의는 규칙을 모르는 자에겐 매우 가혹하다.

경제학을 통해 어떤 의사결정을 하고,

어떻게 풍요로운 삶을 살 것인지 배워야 한다.

1부에선 그런 경제학의 기본 원리 몇 가지를

자본주의 관점에서 살펴보기로 한다.

이는 시대와 상황이 달라져도 변하지 않는 보편적 법칙으로서

인간의 선택과 시장의 움직임을 꿰뚫는 창이 되어줄 것이다.

자본주의라는 거대한 지도 위에서

앞서 나간 이들은 어떤 규칙을 따라가는지

그 기본을 짚어가는 여정으로 여러분을 초대한다.

수요와 공급, 시장을 움직이는 보이지 않는 손

• • •

물과 다이아몬드의 역설

물은 유용하지만 그 양은 모든 사람의 필요를 채워줄 만큼 충분하다. 그러나 그리 유용하지 않은 다이아몬드는 실제로 존재하는 양보다 원하는 사람이 훨씬 많다. 경제학적으로 말하면 다이아몬드의 경우 공급에 비해 수요가 훨씬 더 많은 '초과수요' 현상이 존재한다고 할 수 있다. 물은 다이아몬드보다 우리 일상에서 훨씬 중요한데, 왜 실생활에 꼭 필요하지 않은 다이아몬드가 물과는 비교되지 않을 정도로 더 비싼 것일까?

애덤 스미스 역시 이에 대해 의문을 가졌다. 그래서 물과 다이아몬드의 역설은 '가치의 역설' 혹은 '스미스의 역설'로 불린다. 재화의 가치엔 '사용가치'와 '교환가치'가 있다. 사용가치가 높은 물은 교환가치가 낮고, 사용가치가 낮은 다이아몬드는 교환가치가 크다. 18세기의 경제학자들도 다이아몬드가 물보다 비싼 이유를 명확하게 설명하지 못했다. 그들이 이 가치의 비밀을 터득하는 데는 무려 100년이 걸렸다.

물이 없으면 인간은 살 수 없다. 그럼에도 물은 너무 흔해 누구나 쉽게 구할 수 있다. 그래서 그 가치가 낮다. 반면 다이아몬드는 사용가치는 거의 없지만 극소수의 사람만 살 수 있다. 그래서 가치가 높다. 여기서 다시 경제학적으로 말하면 이렇다. '물은 흔해서 한 단위 추가로 소비하는 데 따르는 한계효용이 작고, 다이아몬드는 희소해서 한 단위를 소비하는 데 느끼는 한계효용이 매우 크다'.

상품의 가치는 '전체적으로 얼마나 만족을 주는가'가 아니라 한 번 더 그 상품을 썼을 때 느끼는 만족, 즉 '한계효용'에 의해 결정된다. 재테크도 마찬가지다. 좋아 보이고 유용하다는 사용가치만 보고 투자하면 안 된다. 중요한 것은 '얼마나 수익을 줄 수 있고, 리스크(위험)는 얼마나 되는가'의 문제, 즉 교환가치다. 아무리 좋아 보이는 투자 상품이라도 수익과 리스크가 맞지 않으면 좋은 투자라고 할 수 없다. 결국 돈은 마지막 1원을 어디에 쓰는지가 진짜 가치를 결정한다.

쉬운 예로 햇빛과 보조배터리를 들 수 있다. 햇빛은 매일 우리를 비추어 주지만, 대부분의 사람은 그에 대한 비용을 지불하지 않는다. 하지만 여행 중 휴대폰 배터리가 1퍼센트 남았을 때는 큰돈을 주고서라도 보조배터리를 사고 싶어진다. 늘 있는 것(햇빛)은 값싸게 느껴지고, 부족한 순간일 때 필요한 것(보조배터리)은 매우 비싸게 느껴진다.

• • •

시장의 움직임을 예측하는 기본 법칙

'수요'는 사람들이 어떤 물건이나 서비스를 사고 싶어 하는 욕구를 말한다. 반대로 '공급'은 기업이나 생산자가 물건이나 서비스를 제공하는 것을 말한다. 수요와 공급의 법칙을 이해하면 시장에서의 가격 변동을 예측할 수 있다. 이것은 경제학 교과서에 나오는 이야기지만 실제 우리의 투자나 삶에 가장 많은 영향을 미치는 경제학 원칙이기도 하다.

파는 사람이 많으면 매도 압력으로 주가가 내려가고, 사는 사람이 많으면 매수 압력으로 주가가 올라간다. 그래서 미국의 억만장자 헤지펀드 투자자로, 거대 투자사 바우포스트 그룹의 설립자이자 현임 회장인 세스 클라먼Seth Klarman은 이런 말을 했다. 그는 워런 버핏Warren Buffett을 잇는 '보스턴의 현인賢人'으로 유명하다.

주식 시장엔 '달리는 말에 올라타라'는 말이 있다. '달리는 말'엔 사람들이 많이 올라타려 한다. 추세가 살아 있어 주가가 오를 가능성이 있다고 판단된다면 투자하는 게 맞을 수 있다. 그러니 이 말은 추세추종 트레이딩을 지향하는 투자자들에겐 매우 중요한 격언이다. 이런 투자를 두고 '모멘텀 플레이momentum play'라고 한다. 하지만 만약 달리는 말 앞에 낭떠러지가 있다면 어떻게 될까?

이미 빠르게 달리고 있는 말에 올라타는 게 부담스럽다면 주가 상승이 기대되는 기업인 '앞으로 달릴 수 있는 말'에 올라타는 것도 좋은 타이밍이 될 수 있다. 물론 확실히 검증된 기업에 투자할 기회가 많은데 굳이 '이유 없이 달리는 말'에 올라탈 필요는 없다.

상승이든 하락이든 일단 추세가 결정되면 일정 기간 지속된다. 달리는 말에 올라타라는 말은 주가가 확실한 상승 추세에 있을 때 매수해도 늦지 않는다는 뜻이긴 하지만, 가치투자자 입장에선 본질 가치에 비해 싼 주식을 사서 인내심을 갖고 기다리는 게 더 맞을지도 모른다.

영국의 경제학자 데이비드 리카도David Ricardo는 손실은 자르고 이익은 달리게 놓아두라고 말한다. 상승 추세에 있는 기업의 주가 중 새롭게 형성된 가장 높은 가격을 '신고가_{新高價}'라고 한다. 2023년 나는 챗GPT가 출시되고 52주 신고가를 달성한 반도체 기업 이수페타시스의 주식을 산 적이 있다. 4500원에서 9000원대로 오를 때 샀으니 2배 가격에 산 셈이다. 그러나 당시 이수페타시스의 영업이익이나 매출액, 거래처 등을 따져봤을 때 살 만했다. 그렇게 '단타'로 투자해서 수익을 낸 후 재차 샀는데, 물렸다. 주가가 10퍼센트 이상 떨어졌다. 하지만 한 달 뒤 이수페타시스의 최고가는 52주 신고가를 경신했고, 수익을 낼 만큼 냈다고 생각해 1만 2500원에 팔았던 주식은 2025년 12월엔 15만 6600원, 즉 10배 이상 날아올랐다.

나는 내 머리를 때릴 수밖에 없었다. 통상 최근 52주를 기준으로 주가가 가장 높은 가격에 도달했을 때 '52주 신고가를 경신했다'고 한다. 해당 종목은 더 이상 위에 매물대가 없다는 의미다. 물론 일정 기간에 특정 가격에서 거래된 주식 수량이 없다는 뜻인 만큼 주가가 더 쉽게 오를 순 있다. 그때 나는 알았다. 달리는 말에 올라타는 것은 '공포에 사라(모두가 두려움에 빠져 주식을 팔아 가격이 하락할 때 매수하는 투자 전략)'는 말만큼이나 정말 어렵다는 것을.

주식은 시장 센티먼트(투자자들의 감정, 기대 등 심리적 시장 분위기)와 기업의 본질에 영향을 받지만 단기적으로는 수요와 공급, 즉 '수급'이 중요하다. 분명한 원칙(손절 라인) 없이 그저 오르는 종목이란 이유로 접근했다간 큰 손실을 볼 수 있다. 매매 관점에서 달리는 말에 접근할 때는 매수 이후의 다음 액션(추가 매수나 추가 매도)에 대한 시나리오가 준비된 상태에서 매매해야 한다는 것을 잊어선 안 된다.

베테랑 기수가 아니라면 달리는 말에 함부로 올라타려고 시도하다 말에 올라타긴커녕 치어 죽게 될 수 있다는 것을 잊지 말자. 나는 이수페타시스라는 달리는 말에 올라탔으나 너무 일찍 내려버린 듯하다. 당시 1000주를 샀으니, 2025년에 팔았다면 1억 원 이상 벌수 있었을지 모른다. 당연한 말이겠지만 매출 성장세와 영업이익 증가율이 전년 대비 크게 증가한 기업이라면 달리고 있는 말이라도 과감히 올라타 오래 보유하는 게 바람직하다. 좀 더 자세히 주식 시장에서의 수급 원칙을 살펴보도록 하자.

· · ·

주식 시장에서의 수요와 공급

앞서 말했듯 주가의 방향성을 결정하는 주요 요소 중 대표적인 게수요와 공급이다. 매수세(수요)가 강하면 주가가 상승할 가능성이 높고, 매도세(공급)가 강하면 하락할 가능성이 높다. 개별 종목에 대한 수요와 공급은 개별 기업의 실적과 관련성이 높다. 실적이 좋은 주식은 이미 주가가 상당히 올라 있는 경우도 허다하다. 이를 '선반영'이라 한다. 그러나 개별 기업의 경우 실적이 좋다고 주가가 반드시 오르는 것은 아니다. 주식 투자자라면 이 때문에 최소 한두 번은

속상한 적이 있었을 것이다. 여기서 기업의 실적보다 우선되는 게 바로 수급이다. 물론 실적은 누군가의 수요를 끌어당길 수 있는 좋은 재료다. 실적이 좋은 기업이 있다면 어떤 주체의 매수로 유의미하게 주가가 상승하고 있는지 파악하는 게 매우 중요하다.

다음으로 주식 수급과 관련해 중요한 것은 '지지선'과 '매물대'다. 주식 매물대는 특정 가격대에서 주식이 대량으로 거래된 흔적을 찾아볼 수 있는 지표고, 지지선은 가격이 더 떨어지지 않도록 받쳐주는 바닥 같은 것이다. 쉽게 말하면 사람들이 '이 가격이면 싸다'고 생각해 주식을 많이 사기 시작하는 구간이라고 하겠다. 매물대로 특정 주가에서의 지지선을 알 수 있고, 지지선이 저항받을 것이라고 추정할 수도 있다. 주가가 하락세를 이어가다 매물대가 큰 가격의 구간 근처까지 하락하면 해당 가격대가 지지선으로 작용하며 매수세가 강해지고, 주가가 반등할 여지도 커진다. 반면에 주가가 상승세를 이어가다 매물대 근처의 가격대에 도달하면 매도세가 강해지기 시작하고, 주가가 하락할 여지도 커진다.

수급과 관련해 '거래량'도 중요하다. 주식 시장의 거래량은 특정 기간 거래된 주식의 총량을 말한다. 대부분 주로 거래량이 많은 주식을 사고판다. 그만큼 유동성이 중요하기 때문이다. 거래량이 없는 주식은 팔고 싶어도 매수세가 없어서 거래 자체가 어렵다. 물론 거래량이 적은데 기업 가치보다 낮은 주가에 거래되는 경우 매일 조금씩 사 모아 어느 정도 주가가 상승했을 때 조금씩 팔거나, 해당 기업의 주식 거래량이 터졌을 때 분할 매도를 하거나, 상황에 따라선 전량 매도를 해도 괜찮다. 이런 경우 기업의 실적을 꼼꼼히 점검하고 배당 성향도 파악하면 흔들리지 않고 사 모아 거래할 수 있다.

일반적으로 주식 거래량 증가 시엔 주가가 상승할 수도 하락할 수도 있다. 주가가 더 높이 상승할 것이란 기대감으로 상승할 수도 있지만, 주가가 더 이상 올라갈 여지가 없다고 판단되어 매도하고자 하나 매수자가 없다면 거래량 자체가 적어질 수도 있다.

물론 주가가 하락해 거래량이 줄어드는 경우도 있다. 이는 더 이상 시장에 나올 매도 물량이 없기 때문이다. 쉽게 말해 팔 사람은 다 팔았다고 보면 된다. 거래량이 줄어들다가 점차 많아지는 시점엔 다시 주가가 상승하는 양상을 보이기도 한다. 그러니 대량 거래량을 지표로 삼아 매매하려면 주가의 위치와 추세를 파악하는 게 매우 중요하다.

‘5일 이동평균선’이란 5영업일 동안의 종가를 평균한 가격을 이어놓은 선이다. 5일선, 10일선, 20일선, 60일선, 120일선 순으로 단기에서 장기 이동평균선을 뜻하는데, 이때 단기 이동평균선이 장기 이동평균선 위에 위치하는 것을 ‘주식 정배열’이라 말한다. ‘주식 역배열’은 그 반대의 경우다.

주가와 5일 이동평균선과의 괴리가 크지 않을 때 매수를 고려하고, 반대로 역배열 상태에선 괴리가 클 때 매수를 고려해야 한다는 게 일반적인 주식매매 원칙이다. 즉 주식 정배열 때는 이동평균선

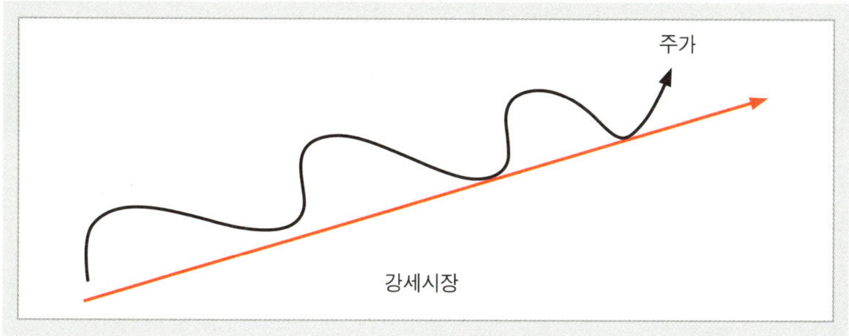

• 5일 이동평균선

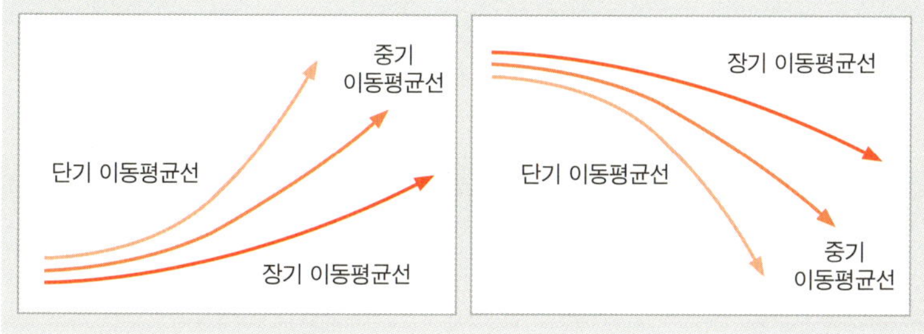

• 주식 정배열(좌)과 주식 역배열(우)

이 모두 우상향하고 있을 때 매수를 고려하는 게 좋다. 역배열일 때는 섣불리 매수하기보다 관망해야 하며, 오랜 하락 기간 끝에 대량 거래가 발생한 시점 혹은 주가와 20일선의 괴리가 극대화된 지점을 매수 시점으로 고려하는 게 좋다. 정배열과 역배열 상황 모두 거래량이 최소 일평균 50만 주 이상 거래되는 종목을 선택하는 게 좋다. 거래량이 주가의 탄력성을 의미하기도 하기 때문이다.

만약 주가 흐름이 120일선 밑에서 계속되다 대량 거래가 발생하며 강하게 위로 치고 올라갔다고 해보자. 그러다 해당 주식이 급등하기 전부터 거래량이 늘어 결국 120일선을 돌파했다고 해보자. 해당 구간에서 지지선까지 받쳐준다면 주가는 상승 추세로 전환될 수도 있다. 이때 발생한 대량 거래는 추세 전환의 신호인 셈이다.

주가 급등 이후 거래량이 급감하면서 조정 기간을 거치고 있다면 관심 있게 보아야 하는 부분은 지지선의 중요 구간을 지켜주는지 여부다. 거래량이 있는 하락 종목은 매도하는 게 옳을 확률이 높고, 거래량 없이 하락하는 경우라면 유심히 살펴보며 방심하지 않는 게 중요하다. 또는 거래량은 없지만, 20일선 밑으로 주가가 하락해서 매도했다가 120일선이나 240일선까지 내려온 후 주가가 반등해 거래량이 발생하면 다시 매수하는 것도 좋은 방법이다.

하지만 모든 것은 확률적인 이야기고, 주식매매에서 절대법칙이란 없다. 역배열이더라도 좋은 종목이 적절한 가격에 도달했을 때 매수 후 참고 기다리면 이익을 볼 수도 있다. 그러나 여기엔 인내심이 필요할 수 있기에 각자에게 맞는 주식매매 습관이 필요하다. 하락 추세 속 낮은 거래량에도 해당 주가의 하락이 지속된다면 손실이 더 커질 수 있다. 다시 말해 그래도 역배열보다 정배열일 때 주식을 사는 게 더 옳다는 이야기다.

주식 시장에서 수급을 분석할 때는 종목별로 그 종목의 주가를 주도하는 주체가 누군지 파악하는 것도 중요하다. 마치 포커 판에서 누가 가장 자금이 많고 경기를 주도하는 선수인지 찾는 게 매우 중요한 것처럼 말이다. 주가를 주도하는 주체의 매수 신호를 포착한다면 좋은 타이밍을 잡을 수 있다. 이 외에도 주식 수급을 분석하는 방법엔 여러 가지가 있다. 가장 기본적인 방법은 매수세와 매도세를 비교하는 것이다. 여기서 살펴보아야 할 3가지가 있다.

1. 투자자별 매매 동향

특정 종목 내에서 주체별 자금 규모가 다르고, 그 규모에 따라 운용할 자금 규모가 다를 수 있다. 우리는 매매 동향을 통해 개인, 기관, 외국인의 수급을 파악할 수 있다. 각 투자자 그룹의 매수세와 매도세를 비교함으로써 시장의 전반적인 흐름도 알 수 있다.

기관이나 외국인의 순매수가 지속되면 주가 상승 가능성이 높다. 반면 개인의 순매수가 지속되는데도 외국인과 기관이 순매도를 계속한다면 세심한 주의를 기울일 필요가 있다. 외국인·기관 투자자는 대규모 자금 운용, 장기 펀더멘털 기반 의사결정, 리스크 관리 시스템 보유에 따른 매매로 해당 주식의 지지선 부근에서 매수할 확률이 높다. 즉 주가가 하락해도 기다렸다가 정해둔 매매 조건에 따라 들어오는 경우가 많다.

반면 개인 투자자는 비대칭적 정보, 뉴스 민감도 등으로 단기 가격 변동에 흔들리는 심리로 인해 지지선 근처에서 공포 매도를 하는 경우가 많다.

2. 주식 자동 매매 프로그램의 동향

컴퓨터를 이용해 주식을 대량으로 자동 매매하는 프로그램의 매매 동향을 살펴보는 것도 중요하다. 해당 매매 프로그램의 매매 순매도나 순매수 규모가 크면 단기적으로 주가에 큰 영향을 미칠 수 있기 때문이다.

3. 주식 시장 전반의 유동성

시장 전반의 유동성도 주식 시장에 큰 영향을 준다. 돈이 시장에 넘쳐 주식 시장으로 향한다면 유동성 장세가 펼쳐져 전반적으로 주가가 상승하는 경우가 많다. 유동성이 높다는 것은 거래가 활발하게 이루어진다는 것을 의미한다. 그만큼 주식을 쉽게 사고팔 수 있다는 뜻이다. 반면에 시장 유동성이 작다면 주식 시장은 조정 장세로 가기 쉽다. 유동성이 낮은 주식은 수급 변화에 더 민감하게 반응한다는 것을 절대 잊지 말자. 통화량 증가나 금리 인하는 유동성 증가의 대표적 지표다. 물론 개별 종목의 주식 유동성도 중요하다.

• • •

부동산 시장에서의 수요와 공급

부동산不動産은 동산動産과 다른 시장이다. 흔히 매매시장과 임대시장으로 구분된다. 경제학에서 말하는 수요와 공급 모델은 부동산 임대차 시장을 분석하는 데 적합하다. 임대료의 변화가 임대시장의 수급에 미치는 영향을 말하는 데 적합하다는 의미다.

부동산 가격은 부동산 자체의 수급에도 영향받지만, 자본시장에 크게 좌우되기도 한다. 일반 재화와 달리 수급이 비탄력적이기 때문이다. 부동산을 수요 측면을 보면 삶에 없어선 안 될 요인이나 그 가격이 높고 부대비용이 많아 비탄력적일 수밖에 없다. 게다가 다른 재화와 달리 건축 기간이 길고, 한 번 정해진 법률이나 정책을 수시로 바꾸기 어려워 공급 측면에서도 비탄력적이다. 이런 상황에서 수요가 몰리면 부동산 가격은 급하게 오르는 경향이 있다. 수요엔 실거주 목적과 투자 목적의 수요 모두를 고려해야 한다.

부동산에 대한 수요 증가 요인은 굉장히 많다. 소득이 증가하면 상급지로 이사를 가거나 무주택자의 경우 주택을 구매할 자금을 뒷받침할 수 있다. 인구 변화도 부동산 수요에 큰 영향을 미친다. '지방 소멸'이란 말이 흔해진 요즘, 실제로 지방 부동산 가격은 인구 감소로 하락하고 있다. 반대로 1인 가구가 대표적 가구 형태가 되면서 오히려 가구 수가 늘어나는 곳에선 부동산 구매 수요가 증가하기도 한다.

'얼죽신(얼어 죽어도 신축)' 트렌드 현상도 점점 심해지고 있다. 구축 아파트보다 신축 아파트를 선호하는 경향이 높고, 그에 따라 가격 상승률도 높아지며 구축과 신축 아파트의 가격 차이가 갈수록 벌어지고 있다. 이는 신축 아파트가 가진 희소성 때문이다. 신축 아파트는 첨단 기술을 적용한 설계와 설비는 물론 최신식 커뮤니티 시설을 갖추고 있다. 일부 고소득자들도 커뮤니티가 잘 형성된, 입지가 좋은 고급 아파트의 20~30평대에 사는 것을 즐긴다. 평수보다도 입지와 커뮤니티가 우선되는 경향은 이것들이 부동산의 지위를 말해주는 상징으로 작용하기 때문이다.

나도 2002년 서울의 한 신축 아파트 53평의 분양권을 구매한 적이 있다. 2006년이 되자 분양권 가격은 3배 이상 올랐다. 그러나 이후 내리막길을 걸었다. 왜 그랬을까? 해당 아파트 단지는 대형 평수 위주였는데, 53평형도 250세대가 넘어 대형 평형의 수요가 공급을 따라가지 못하는 일이 지속되면서 30평형대 가격과 큰 차이가 없는 상황에 도달한 것이다. 반면 2012년에 구매한 서울의 한 재건축 아파트는 소형 평형인데도 재건축 이후 실거래가가 2025년엔 몇십억 원을 훌쩍 넘겼다. 얼죽신 트렌드가 유행하며 신축 아파트 열풍을 맞아 해당 아파트의 가격이 천정부지로 오른 것이다. 이는 한국만의 현상은 아닌 것으로 보인다. 홍콩, 싱가포르 같은 땅덩어리가 작은 나라는 말할 것도 없고, 세계 주요 도시의 인기 지역에서도 소형 평수 집값이 마찬가지로 매우 높다.

시장에 부동산 가격 상승 분위기가 물씬 풍긴다면 부동산 가격이 상승할 수 있다. 2025년은 주택 가격 양극화가 극심했던 해였다. 서울 및 수도권에서 평당 1억 원이 넘는 곳이 늘었다. 하지만 같은 서울이라도 지역에 따라 부동산 가격은 큰 차이를 보였다.

물론 예금, 주식, 채권 같은 대체 시장으로 돈이 몰리는지 여부도 중요하다. 갈 곳 잃은 돈이 부동산으로 몰릴 수도 있다는 말이다. 특히 세제나 금리 같은 금융 조건과 정책 변화는 부동산의 희소성에 큰 영향을 준다. 예를 들어 대출 규제 완화와 금리 인하가 이루어지면 구매 여력이 커지며 부동산 수요가 시장에 유입되어서 같은 집도 더 귀하게 느껴져 가격이 상승할 수 있다. 반대로 세금 강화나 금리 인상은 구매 여력을 줄여 희소성에 대한 민감도를 낮추고 부동산 가격을 압박한다. 여기에 직주 근접성도 빼놓을 수 없는 부동산 수요 요인이다. 결국 부동산의 가치는 단순히 땅과 건물에서 나오는 게 아니다. 정책이 허용하는 '살 수 있는 사람의 수'가 얼마나 되는지가 희소성을 좌우한다고 할 수 있겠다.

그렇다면 부동산 공급을 좌우하는 요인으로는 어떤 게 있을까? 자재비나 땅값이 상승하는 경우 과거와 같은 조건으로 시장에 부동산을 공급하는 게 어려워질 수 있다. 금리나 세율이 인하되는 경우도 영향을 미친다. 만약 재건축·재개발 조건이 용이해진다면 부동산 공급이 늘어날 수도 있기에 규제 변화를 잘 살펴야 한다. 다만 재개발·재건축에 따른 부동산 신규 공급은 시간이 오래 걸리니 지역별 신규 공급 물량에 더 각별히 주의해야 한다. 가격 하락이 예상되는 순간, 매도자 수는 많아지고 부동산 가격은 떨어지기 시작한다.

착공부터 준공까지 대략 3~4년 정도 공급 시차가 발생한다는 점을 고려하면 수도권 아파트처럼 수요자 거주 선호에 부응하는 주택의 입주 물량 부족 현상은 한동안 지속될 것으로 보인다. 서울의 경우 2022년부터 급감한 착공 실적 영향으로 신규 공급 물량 부족이 부동산 시장에 상당한 영향을 미칠 것으로 보인다. 거기다 수도권, 특히 서울 중심의 주택 매매 거래량 및 가격 상승세가 유지되면서 지역별 양극화 추세도 상당히 지속되고 있다. 2025년엔 정부가 강력하게 부동산 시장을 규제했지만, 오히려 신축 아파트 선호 현상이 심화되어 서울에선 신고가 단지가 늘었다.

정부는 주거 및 부동산 시장 안정화를 위해 주택 공급 확대 정책을 흔들림 없이 추진하도록 지원과 관리를 강화해야 한다. 저출산과 고령화로 인해 지방 인구 규모가 계속 감소하는 상황에서 수도권과 지방에 각각 다르게 적용되는 '투 트랙' 부동산 정책을 시행해 지방 살리기도 고려해야 한다. 나아가 전세사기 등으로 빌라 수요가 감소한 만큼 '주거 사다리' 역할을 해주던 비非아파트 시장이 활성화되도록 정책 지원을 지속해 나가는 것도 필요하다. 예를 들어 달라진 주거 트렌드를 반영해 리모델링할 때 대형 평수를 쪼개어 주거 목적의 자가 소유와 일반분양용 주택 소유를 동시에 할 수 있는 정책이 확대되어야 한다. 이렇게 된다면 대형 평수의 부동산 가격도 오를 여지가 생긴다.

물론 부동산 투자가 가격의 오르내림을 쫓기만 하는 게임은 아니다. 가격은 하나의 결과일 뿐 그 배후에서 작동하는 금리, 정책, 인구 흐름, 자금의 방향도 파악해야 한다. 시장이 늘 불확실한 만큼

정부는 지나친 가격 상승에 대비해 규제란 칼을 들이밀곤 한다. 그러니 투자자라면 당장의 숫자보다 변화의 속도와 방향 그리고 그 변화가 시장 심리에 미칠 영향까지 읽을 줄 알아야 한다.

하지만 생각해 보면 불확실성은 리스크인 동시에 기회기도 하다. 중요한 것은 불확실성을 얼마나 빨리 판단하는지의 속도가 아니라 판단의 질, 근거 없는 낙관만이 아니라 메커니즘을 제대로 이해할 수 있는 냉정함이다. 결국 부동산 시장에서 승리하는 사람은 시끄러운 예측보다 조용한 관찰, 즉 단기 유행을 좇는 눈이 아닌 중장기 구조를 넓게 보는 눈을 가진 사람이다. 부동산이 언제, 왜 움직여야 하는지 스스로 설명할 수 있을 만큼 준비된 마음으로 안목을 키워 나가는 게 제일 기본이다. 그 태도가 곧 당신의 가장 강한 투자 전략이 되어줄 것이다.

$\cdot\ \cdot\ \cdot$

금 시장에서의 수요와 공급

2025년 10월 20일, 국제 금값이 온스당 4381달러까지 치솟으며 사상 최고가를 기록했다. 그러나 10월 21일에 국제 금값은 장 중 한때 6.3퍼센트까지 떨어졌다. 하루 낙폭으로는 2013년 이후 12년 만에 가장 컸다. 차익 실현에 따른 일시적 조정이란 해석과 미국 경제의 견조(주가의 시세가 높은 상태에 계속 머물러 있는 현상)에 따른 장기 약세 전환 가능성이 동시에 제기됐다.

국제 금값은 2025년 들어서만 약 60퍼센트 상승하는 강세장을 연출한 후 급한 조정을 맞았다. 이 원인으로는 단기 급등세에 따른 부담이 누적된 상황에서 미국 증시가 호조세를 보이며 기업 실적 개선으로 주식과 같은 위험자산 선호 심리가 회복됐고, 그에 따라 안전자산인 금 시장에서 투자자금이 빠져나가고 있기 때문이란 분석이 제기됐다.

금 같은 귀금속 시세는 대부분 달러로 표시한다. 흔히 '달러와 음의 상관관계를 갖는다'고 하는데, 정국 불안정성이나 경제적 불확실성이 큰 시기엔 주식 같은 위험자산의 변동성이 커져 투자자들이 안전자산의 비중을 늘리기 때문이다. 그래서 주식 시장과 안전자산은 '역의 상관관계'를 가진다고도 본다. 달러와 금 사이에서 더 안전한 자산을 선택하기에 금과 달러는 서로 경쟁하는 자산이다. 2024년의 놀라운 금 가격 상승은 미국의 금리 인하와 달러 약세에 대한 기대가 주도했다. 더불어 최대 금 매수자인 중국 중앙은행과 다른 주요국 중앙은행의 매수가 금값 상승에 기여하기도 했다.

물론 달러와 금이 같은 방향으로 움직일 때도 있다. 전쟁 등 공포가 엄습할 때 그렇다. 2020년 코로나19 팬데믹 때도 마찬가지였다. 코로나19의 걷잡을 수 없는 확산 속에서 사람들은 금이나 달러처럼 상대적으로 안전하다고 생각되는 자산을 집중적으로 매입했다. 이런 현상은 2022년 봄에도 발생했다. 러시아의 우크라이나 침공 이후 달러와 금값이 동반 상승했다. 그러나 전쟁에 대한 공포가 완화되자 두 자산의 가격은 원래 그랬듯 서로 반대 방향으로 향했다.

수천 년간 금은 높은 유동성과 함께 전 세계에서 가장 의미 있는 가치 저장 및 교환 수단으로 인정받아 왔다. 일반적인 수요와 공급의 원칙은 금과 기타 귀금속엔 적용되지 않는다. 금 가격 변동을 예상하는 요인으로 흔히 채굴량을 드는데, 채굴량이 감소하는 시점부터 금 가격 상승이 시작한다. 금 공급량 증가 속도는 빠른 수요 증가 속도를 따라갈 수 없다는 특성이 있다. 금 채굴량은 2019년부터 떨어지기 시작했다. 그래서 수요 증가가 있는 한 금값은 장기간 높은 가격을 유지하는 경향이 발생하는 것이다. 달러의 힘이 약해지면 금값이 오른다는 견해도 있지만, 2024년 금값이 달러 강세 속에서 최고가를 기록한 데는 이런 다른 이유들이 있었다.

우리나라에서도 최근 몇 년간 안전자산으로서 금의 매력도가 높아졌다. 국내 금값이 국제 시장 가격보다 상당히 높아지면서 국내 투자자들이 금을 사들여 가격이 올랐다는 평가도 나왔다. 이와 관련해 흔히 언급되는 개념이 바로 '김치 프리미엄'이다. 이는 국내 금값이 국제 금값보다 얼마나 더 비싼가를 나타내는데, 이 차이가 2025년엔 10~18퍼센트 수준까지 벌어지기도 했다.

이런 현상이 생긴 데는 여러 요인이 있다. 국제적으로 금값이 오르고 원화 가치가 약해졌을 때 국내 금 수요가 더 커지면서 국내 금 가격이 더욱더 상승한 것이다. 또한 당시 국내에서 금 제품(금괴, 금

바 등)의 공급이 원활하지 않다는 언론 보도도 있었다. 수요가 급증했는데 공급이 뒤따르지 않자 금 가격이 상승한 것이다. 이처럼 금융시장이나 국제 정세가 불안할 때 투자자들이 비교적 안정적인 자산으로 금을 선택하는 경향이 강해진다. 국내에서도 이런 흐름이 강해진 상태가 상당 기간 지속됐다.

2025년 관세 전쟁 한가운데서 금은 새 역사를 썼다. 글로벌 투자은행 골드만삭스는 각국 중앙은행이 2026년 중반까지 월평균 38톤의 금을 사들일 것으로 전망했다. 글로벌 금융위기가 닥쳤던 2008년을 기점으로 단 한 해도 빠짐없이 세계의 많은 중앙은행이 금 매입을 늘렸다. 귀금속 지원 ETF(상장지수펀드)가 사상 최고가로 올랐다고 회자되기도 했다. 이는 많은 사람이 금 투자를 하고 있음을 보여주는 대목이다. 이런 상황에서 몇 가지 특이 사항을 분석해보고자 한다.

1. 중국인민은행의 지속적인 금 매수

중국인민은행이 2024년 4월 이후 중단한 금 매입을 6개월 만인 같은 해 11월 재개했다. 중국은 2024년 높은 무역수지 흑자(9921억 달러)를 기록했는데, 과거와 달리 이 돈으로 미국 국채 대신 금을 사들였다. 아마도 위안화가 약세인 상황에서 금 매입을 늘려 통화의 신뢰도를 뒷받침하려 한 것으로 풀이된다. 금리가 낮은 상황에서 구매했던 미국 국채 가격이 하락한 데다 미국의 인플레이션 재발 우려가 높아졌고, 미국과의 패권 전쟁에서 미운털인 미국 국채를 사고 싶지 않았을 것이다(미국 국채 매입은 미중 간 협상카드 역할을 한다).

세계금협회에 따르면 2025년 12월, 세계 각국 중앙은행의 금 보유량도 역대 최고치를 기록했다. 세계 각국의 외환 보유액 중 금을 2000톤 이상 가진 국가는 미국(75), 독일(74), 이탈리아(71), 프랑스(72), 러시아(32), 중국(6) 순이다. 괄호 안의 숫자는 외환 보유액 중 금이 차지하는 비중(퍼센트)으로, 금 보유량은 미국 국채 보유 비중(24퍼센트)을 추월했다.

2. 도널드 트럼프의 대통령 당선

일각에선 금과 은의 가격이 단숨에 상승한 이유가 도널드 트럼프Donald Trump 대통령이 선포한 관세 부과 우려 때문이라고 본다. 수입품에 관세를 추가로 부과하면 물가 상승이 불가피해진다. 추후 인플레이션으로 화폐 가치가 떨어지는 것에 대비해 부동산, 주식 등에 투자하려는 인플레이션 헤지 차원에서 실물자산인 금 등에 수요가 몰리게 된다.

세계 최대 금 거래 중심지인 영국 런던 금 시장 금고에 보관된 금 물량은 2025년 1월, 490만 트로이온스 감소했다. 이는 2016년 이후 최대 월간 감소 폭이다. 왜 이런 일이 발생했을까? 트럼프 대통령의 관세 부과를 우려하던 차에 미국 금 가격이 영국 금 가격을 넘자 금 보유자들이 차익거래에 나섰다는 분석이 있었다. 월가를 비롯한 미국 투자자들이 금 사재기에 동참하고 있다는 말도 돌았다. 2024년 말, 트럼프 대통령 당선 이후 뉴욕상품거래소 금고의 금은 3개월 만에 75퍼센트 증가했다. 헤지펀드 등의 투기 세력이 붙자 런던 금 시장에 쟁여둔 금이 계속 빠져나갔다는 분석이다.

3. 트럼프 대통령의 또 다른 전략

혹자는 트럼프 대통령의 또 다른 전략이 아닐까 하고 생각한다. 부채 없이 미국 연방준비제도Fed(이하 '연준')의 돈을 풀 수 있다고 상상해 보자. 연준에선 금을 재무부에 맡기고, 금 증서만 보유한다. 미국 공화당은 전통적으로 금본위제를 찬성했지만, 금본위제가 붕괴하면서 1976년 자메이카에서 체결된 킹스턴 체제(변동·고정환율제 자율 선택 대신 환율 조작 금지와 금-달러 직접 연계 단절)에서 미국 의회는 금 가격을 1트로이온스당 42.22달러로 승인했다.

연준이 시세대로 금 가격을 평가한다고 해보자. 1트로이온스당 3000달러를 훌쩍 넘는 가격대로 미국 의회가 승인한다면 금계정이 1100조 원이 되며 미국 재무부의 이익이 된다. 의회 동의만 얻는다면 트럼프 대통령은 국채를 발행하지 않고도 예산을 확보하게 되는 것이다. 이런 관점에선 금 가격 상승이 미국에 큰 이득이 된다. 금 가격이 조금만 올라도 미국의 채무를 한 방에 없앨 수 있다. 물론 부채 없이 금 재평가만으로 트럼프 대통령이 마음대로 국가 중요 산업에 돈을 풀 수 있다는 말이 실행될지는 의문이다.

트럼프 대통령은 미국의 무역수지 적자와 재정수지 적자에 매우 민감하다. 금 가격이 오르자 채산성을 올려 금광 채굴을 늘리고 있다. 이런 상황에서 한국은행의 외환 보유액 구성을 한번 살펴보자. OECD(경제협력개발기구)의 금 보유 비중은 평균 24.6퍼센트인데, 한국은행은 1퍼센트대다. 외환 보유액 성격상 금의 유동성이 낮아 매력이 떨어진다지만 너무 적은 게 아닐까. 하긴 너무 올라 금 매입 기회를 놓치기도 했다.

우리는 이 장에서 주식, 부동산 그리고 금이라는 서로 다른 시장을 살폈지만, 결국 그 중심엔 수요와 공급이란 단 하나의 원칙이 자리하고 있다. 투자는 미래를 맞히는 일이 아니라 흐름을 읽고 대응하는 일이다. 시장을 예측하려 애쓰기보다 수요와 공급이란 기본 법칙을 깊이 이해하고, 그 속에서 자신의 원칙과 리듬을 찾는 게 중요하다. 시장은 늘 움직이지만, 그 움직임을 관통하는 규칙은 변하지 않는다. 수요와 공급 그리고 이를 바라보는 나만의 시각. 그 원칙을 잊지 않을 때 우리는 흔들리는 시장 속에서도 흔들리지 않는 기반을 가질 수 있다. 투자를 대하는 태도를 두고 스스로 이렇게 질문해 보면 어떨까?

"나는 가격을 쫓는가 아니면 원리를 이해하고 움직이는가?"

그 질문의 답이 당신을 더 단단한 투자자로 만들 것이다.

희소성,
자본주의의
질서를 파악하는 기본 원칙

· · ·

세상에 무한한 것은 없다

미국 시카고대학교를 중심으로 결성되어 자유시장과 정부의 제한적 개입을 강조하는 경제학자 집단인 시카고학파에 속한 토머스 소웰Thomas Sowell은 이런 말을 남겼다.

경제학의 첫 번째 교훈은 희소성입니다. 원하는 모든 사람을 만족시킬 수 있는 것은 충분하지 않습니다. 정치학의 첫 번째 교훈은, 경제학의 첫 번째 교훈을 무시하는 것입니다.

사실 정치가는 할 수 없는 것을 할 수 있다고 선동하는 경우가 많다. 돈이 남아돌지 않는데도 일단 던지고 보는 공약이 얼마나 많은가. 인간의 욕망은 무한한데 이를 충족시켜 줄 자원의 양은 유한하다. 수요량이 공급량보다 많은 경우 그 재화나 서비스는 희소성을 지닌다. 귀금속이 적게 생산되어도 별다른 수요가 없으면 희소성을 띠지 않는 것이다. 내가 고등학생일 때만 해도 정치·경제 교과서에선 경제 문제의 기본이 희소성의 원칙에서 출발한다고 배웠다.

그 예가 바로 내가 초등학생이던 때 바나나에 대한 기억이다. 당시 높은 관세 때문에 한국에서 바나나는 서민이 사 먹을 수 있는 과일이 아니었고, 바나나를 구하는 것도 아주 어려웠다. 어머니를 졸라 사서 아껴 먹은 바나나의 달콤함을 잊을 수 없다.

예술계에서도 희소성은 중요하다. 오래전이지만 실로 선풍적인 충격을 불러온 마르셀 뒤샹Marcel Duchamp의 작품 〈샘Fountain〉은 흔한 기성품 소변기를 떼어내서 거기다 "R. Mutt 1917"이라고 쓴 게

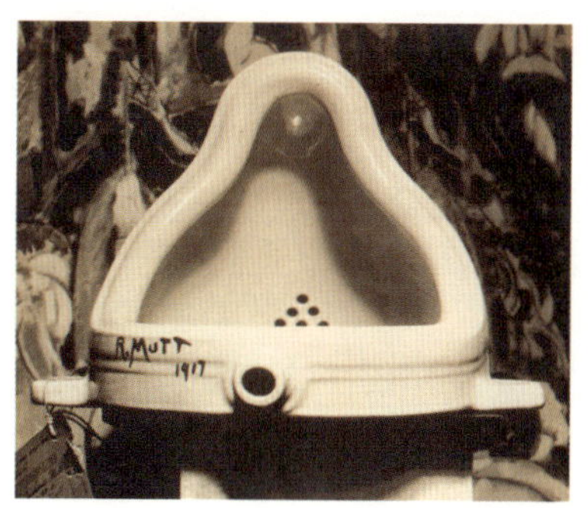

• 마르셀 뒤샹, 〈샘〉, 1917.
ⓒ Alfred Stieglitz

전부였다. 뒤샹은 이 작품을 통해 소변기 본래의 기능적 쓸모에서 벗어나 미적인 의미를 지닌 작품으로 승화시키는, 미세하고 미묘한 차이에 주목하고자 했다. 이 작은 섬세함이 일반 사물과 예술품의 격차를 만들고 희소성을 부여했다.

여기서 우리는 '희소한 것'과 '희귀한 것'의 차이를 구별할 줄 알아야 한다. 희소성은 결국 선택의 문제를 만든다. 제한된 자원을 가진 우리가 무엇을 고를지 고민하게 되는 이유다. 예를 들어 새 차를 사기로 마음먹었다면, 그 선택 너머 여러 다른 기회가 존재한다. 다른 브랜드의 자동차나 트럭 혹은 자전거 구매 기회일 수도 있고, 더 나아가 여행이나 교육, 투자 기회일 수도 있다. 어떤 하나를 선택한다는 것은 수많은 다른 기회를 뒤로 남기는 것이다. 그래서 경제적 판단은 늘 희소성과 마주한다. 세상 모든 자원은 무한하지 않다. 진짜 문제는 가장 값비싼 게 아니라 '희소한 것을 어떻게 바라보고 선택할 것인가'다. 결국 희소성은 우리가 무엇을 우선순위로 두고 어떤 가치를 추구할지에 대한 질문이다.

• • •

'디지털 금'의 탄생

도널드 트럼프의 대선 캠페인을 지원하기 위해 결성된 '아메리카 팩America PAC'에 1억 1800만 달러 이상을 지원했던 테슬라의 CEO

일론 머스크Elon Musk는 트럼프 대통령의 취임을 전후해 주가 상승의 수혜를 입었다. 테슬라 주가는 52주 신고가를 경신했고, 덩달아 트럼프 대통령의 비트코인 정책 기조에 힘입어 그가 보유하던 비트코인도 사상 최고가를 기록했다. 이런 상황에서 비트코인의 절대적 희소성에 주목해 살펴보도록 하자.

트럼프 대통령이 당선되며 1비트코인은 원화 기준 처음으로 1억 5000만 원을 넘었다. 2025년 7월엔 1억 7500만 원을 돌파하며 사상 최고가를 찍기도 했다. 발행 초기 아무도 거들떠보지 않아 1비트코인의 가치가 '0'이었던 점을 회상하면 격세지감이다. 2011년 1비트코인이 1달러가 된 후 14년 만에 12만 달러까지 치솟았으니 그 폭등 수준에 놀랄 만도 하다. 수익률만 따지면 금보다 훨씬 나은 투자라 할 수도 있겠다.

비트코인은 2008년 금융위기 당시 미국 연준에서 달러를 대규모로 발행하며 달러 가치를 떨어뜨리는 바람에 제도권 화폐에 대한 불신이 커져서 탄생했다. 2008년 10월 31일, 미국 동부 기준으로 오후 2시 10분. 암호학 전문가와 관련 종사자 수백 명에게 사토시 나카모토라는 미스터리한 인물이 이메일 하나를 발송했다. 그는 신뢰할 만한 새로운 전자화폐 시스템을 연구하고 있다며, 중개인이 필요 없고 당사자 간 일대일로 운영되는 시스템으로 자신이 추구하는 가치와 컴퓨터 용어를 따서 이 전자화폐의 이름을 '비트코인'이라고 알렸다.

그는 중앙은행이나 금융기관의 도움 없이 블록체인 기술을 통해 전자결제 시스템을 쓰는 사람들이 거래 내역을 확인하면서 안심하며 사용할 수 있는 세계를 창조하려 했다. '블록체인'은 데이터를 담은 블록들끼리 인증 정보를 사슬로 묶어 보안을 유지하는 기술이다. 여러 노드(참가 컴퓨터)에 분산시켜 정보를 검증·저장해 사실상 위·변조가 불가능하다. 정보의 원본을 유지하면서도 모든 정보가 투명하게 공개되고, 중앙 통제장치인 서버도 없다. 이 블록체인 시스템에 참여하는 사람에게 정해진 시간 내에 수학 문제(해시함수)를 제공해 이를 가장 빨리 풀면 보상으로 비트코인을 준다. 이 수학 문제를 푸는 것을 '마이닝mining'이라 하는데, 금광을 캐듯 채굴자가 비트코인을 캐는 데 열중한다고 해서 붙은 이름이다.

비트코인은 누구나 참여할 수 있는 '퍼블릭 블록체인'의 탄생을 이끌었고, 세상은 블록체인을 신봉하는 자들을 무정부주의자에 가까운 자유주의자로 봤다. 혹자는 이런 이유로 비트코인을 사이버펑크와 관련해 이야기한다. 사이버펑크는 1980년대 SF소설, 즉 문학의 한 장르로 출발했다. 중앙집권화한 국가와 기업 구조에 대항해 개인의 자발적 참여를 중요시하는, 탈중앙화를 옹호한다.

당시 공직에 있던 나도 비트코인에 대한 관심으로 국제회의에서 이에 관해 논의하기 위한 안건을 준비하기도 했다. 각종 책도 썼고, 국제금융과 비트코인을 연결해 박사 논문도 썼다. 하지만 공직자였기에 비트코인에 직접 투자할 기회는 얻지 못했다. 공직을 벗어난 지금은 적당한 때에 비트코인에 대한 적립식 투자를 해볼 생각이다.

한편 최초로 생성된 비트코인 50개를 '제네시스 블록Genesis Block'이라 한다. 2009년 1월 3일, 사토시가 이 제네시스 블록을 만들었다. 사실 비트코인은 시간이 지남에 따라 채굴되는 양이 줄어들도록 설계됐다. 처음 4년 동안은 10분당 50개, 그 뒤로 10분당 25개가 되고 그 이후로 2140년엔 공급량이 0에 도달하게 된다. 비트코인의 절대적 희소성은 이런 시스템에 기인한다. 금이 가치의 역설에 따라 '상대적 희소성'에 기대어 가치를 가진다면, 비트코인은 총 발행량이 2100만 개로 고정됨에 따른 '절대적 희소성'을 가진다. 희소성은 자본주의 시대의 가치 근거이자 비트코인이 '디지털 금'이라는 별명을 얻게 된 이유기도 하다.

채굴량이 4년마다 줄어드는 것을 '반감기'라고 하는데, 2025년 4월이 비트코인의 반감기다. 반감기는 1998년 스마트 계약 기반의 암호화폐인 '비트골드'의 원리와 구조를 고안한 미국의 컴퓨터공학자 닉 재보Nick Szabo의 생각을 담은 것이다. 그는 컴퓨터를 사용하는 참가자들이 컴퓨터를 이용해 암호화된 퍼즐을 풀고, 그 퍼즐이 풀리면 비트골드를 얻게 하는 구조를 만들었다. 퍼즐은 풀릴 때마다 조금씩 어려워지면서 비트골드를 얻는 것도 어려워진다. 하지만 비트골드는 기술적 한계로 결국 세상에 나오지 못했다.

돈은 지배하지 않는다

처음엔 대금결제나 송금 같은 금융거래에만 비트코인을 활용한 스마트 계약이 시행됐으나 2013년 캐나다의 프로그래머 비탈릭 부테린Vitalik Buterin이 또 다른 암호화폐인 '이더리움'을 만들며 더 광범위한 분야에 스마트 계약이 적용됐다. 즉 '조건이 맞으면 자동으로 계약이 체결되는' 모든 종류의 계약을 처리할 수 있도록 기능을 확장한 것이다. 한편 재보는 스마트 계약의 원리를 고안하면서 제삼자를 통하지 않는 자동화된 계약 시스템이 디지털 혁명 시대에 널리 쓰일 것으로도 내다봤는데, 그는 이런 스마트 계약의 원리를 음료 자판기에 비유하기도 했다.

음료 자판기는 합의 원리를 물리적 하드웨어에 포함시킨 하나의 장치다. 자판기는 여러 가지 계약(규칙)으로 작동한다. 예를 들면 자판기엔 '1달러를 넣으면 물 1병이 나온다'는 계약이 있다. 이 경우에 1달러를 넣으면 물 1병이 나온다. 1달러를 넣었는데 물이 나오지 않으면 그것은 합의 계약을 따르지 않는 것이다. 1달러를 넣지 않았는데 물이 나오면 그 또한 합의 계약을 따르지 않는 것이다.

비트코인을 최초로 채굴한 사람은 53세의 중년 남성인 할 피니Hal Finney다. 미국의 프로그래머였던 그는 소위 '2번 노드'가 됐다. 피니는 사토시와 함께 약 2주간 비트코인을 채굴하고 지갑을 만들어 서로에게 전송하는 과정을 거쳤다. 이렇게 두 사람이 구축한 이 작은 네트워크는 비트코인이 이론적 개념에 그치는 게 아니라 실제로 작동하는 시스템이란 사실을 세상에 증명해 냈다.

피니는 자신의 컴퓨터로 비트코인 1000개를 채굴했는데, 당시 그는 이 소프트웨어가 얼마나 강도 높은 계산을 요구하는지 잘 몰라서 이렇게 계속 채굴하다가 컴퓨터가 고장이라도 날까 봐 걱정해야 했을 정도였다. 루게릭병으로 2014년 사망한 그는 시신이 극저온 상태로 보관되고 있다는 이야기로도 유명하지만, '디지털 시대의 골드러시'를 연 개척자로도 기억되고 있다.

비트코인으로 처음 교환한 '현물'은 피자였다. 미국의 프로그래머 라슬로 하니에츠Laszlo Hanyecz는 2010년 5월 22일, 1만 비트코인으로 피자 2판을 구매했다. 이 거래는 암호화폐 역사 속 첫 현물 구매로 기록됐으며, 지금도 '비트코인 피자데이'로 기념하고 있다. 하

• 하니에츠가 1만 비트코인으로 산
  피자 2판

니에츠는 비트코인으로 구매한 피자를 두고 아이들과 함께 '인증샷'을 찍어 인터넷에 후기를 남기기도 했다.

당시 1비트코인은 0.003달러에 불과했지만, 1년 후 1만 비트코인은 약 6만 달러 상당의 가격으로 훌쩍 올라 세계에서 가장 비싼 피자가 됐다. 나중에 언론이 하니에츠에게 후회되지는 않는지 물었을 때 그는 후회하지 않는다며 오히려 그날의 거래가 비트코인의 역사 속 하나의 이정표가 됐다는 사실에 자부심을 드러냈다.

비트코인 지지자들은 비트코인이 인플레이션을 방어할 수 있는 대표 자산이라고도 보고 있다. 실제로 2023년 미국 지역은행들이 급격한 금리 인상 여파로 흔들리자 일부 투자자들은 비트코인을 법정화폐보다 안전하다고 여겼고, 그 기대는 비트코인의 가격 상승으로 이어지기도 했다. 실제로 금과 비트코인 모두 인플레이션 헤지 수단으로 사용될 수 있고, 국경을 초월한 교환거래도 가능하다. 그러나 비트코인을 곧바로 금과 같은 '완성된 안전자산'이라고 부르기엔 아직 그 변동성이 크다. 그럼에도 제도권으로 편입되려는 시도가 꾸준히 이루어지면서 희소성을 토대로 한 비트코인의 가치 또한 시장에서 점차 인정받고 있다.

2010년 3월엔 첫 비트코인 거래소인 비트코인 마켓이 등장했다. 이후 일본의 마운트 곡스 등이 그 뒤를 이었다. 흥미로운 점은 초기 비트코인 전문가들은 이 암호화폐를 통해 '기술'이 아닌 '사회'를 혁신하고자 했다는 것이다. 그들은 정부보다 시장을 신뢰했고, 19세기 말 오스트리아에서 시작되어 시장과 개인의 자유를 강하게 지지하는 오스트리아학파의 자유주의 경제철학을 품었다. 또한 암호 기술과 자유시장 원리가 기존의 국가 시스템을 대체할 수 있다고 믿었다.

오스트리아학파는 경제를 거대한 공식들로 따지지 않고, 개인들의 선택이 쌓여 움직이는 살아 있는 생명체로서 바라봤다. 특히 정부와 중앙은행에서만 독점해 돈을 발행할 수 있는 구조를 경계했으며, 희소성이 있어야 돈에 가치가 생긴다고 봤다. 화폐 공급이 마음대로 조절되는 순간 통화량 증가에 따른 인플레이션과 그로 인한 화폐 가치 하락, 자산 가격의 왜곡, 빈부격차의 심화와 같은 문제들이 쉽게 벌어질 수 있기 때문이다. 화폐에 대한 신뢰가 깨지면 시장의 자유도 함께 무너진다고 봤기에 그들은 화폐 발행의 독립성을 가장 중요한 가치로 삼았다. 그들에게 비트코인은 어떤 국가나 중앙은행도 관리할 수 없고, 누구도 마음대로 찍어낼 수 없는 절대적으로 희소한 디지털 자산이다.

돈의 권력은 누구에게도 독점되지 않아야 한다는 비트코인의 이 같은 선언은 비트코인의 철학이 오스트리아학파의 사상과 정확히 맞닿아 있음을 보여준다. 총발행량 고정, 채굴 난이도 조절, 반감기를 이용한 공급량 축소 등 비트코인 시스템은 금보다 더 강한 희소성을 끌어내고 있다. 그들에 따르면 비트코인의 가치는 이 절대적 희소성에 의해 장기적으로 더욱 강화될 것이다.

2020년 이후 수많은 암호화폐가 등장했다가 사라졌지만, 희소성에 기반한 비트코인만은 오히려 그 존재감을 키우고 있다. 물론 비트코인으로 자금 유입이 커질수록 버블 논쟁이나 디지털 결제 수단에 대한 논의가 더 깊어질 것이다. 자본주의는 우리에게 '희소성에 뿌리를 둔 자산이 디지털 시대에도 최후의 가치를 증명할 수 있는가'라는 질문을 던지고 있다.

· · ·

최악의 투자인가, 부의 지름길인가

세계 최고의 투자자인 워런 버핏은 '디지털 금'인 비트코인에 대해 어떻게 생각했을까? 우선 그는 희소성이 높음에도 금 투자를 좋아하지 않았다. 그는 투자 유형을 아래와 같이 3가지로 나누고, 금 투자를 이상한 투자라고 봤다.

- **나쁜 투자**: 가장 안전해 보이는 MMF, 채권, 은행예금
- **이상한 투자**: 아무런 산출물도 나오지 않는 자산인 금
- **좋은 투자**: 기업, 농장, 부동산 같은 생산자산

비트코인을 향한 시선도 크게 다르지 않다. 버핏은 2018년 버크셔해서웨이 주주총회에선 비트코인을 "쥐약일 것"이라고 했다. 또

한 2023년 4월엔 CNBC의 〈스쿼크 박스〉라는 방송에 출연해 비트코인에 대해 이렇게 말했다.

"비트코인은 도박 토큰이며, 본질적인 가치가 없습니다. 하지만 사람들이 룰렛 게임을 하려는 것을 막을 순 없습니다."

비생산적인 자산을 사는 것은 다음 사람이 당신에게 더 많은 돈을 낼 것이란 기대일 뿐이라는 그의 말은 디지털 세상을 사는 지금의 우리에겐 가슴에 와닿지 않을 수도 있겠다.

비트코인이 제도권 화폐에 대한 불신으로 탄생했고, 사람들이 비트코인에 신뢰를 부여하기 시작하며 가격이 결정된 것이기에 비트코인 역시 자산이란 사실은 부인할 수 없다. 하지만 버핏의 말에 따르면 비트코인의 진짜 가격은 '0'이어야 하고, 현재 가격은 비이성적 거품에 불과하다. 이와 달리 미국 헤지펀드인 브리지워터 어소시에이츠 설립자이자 헤지펀드계의 거장인 레이 달리오Ray Dalio는 자신의 고객들에게 보내는 뉴스레터에서 비트코인은 엄청난 발명품이며, 지난 10년간 그 나름의 가치를 확립했기 때문에 금과 같은 대체 자산이나 자산을 다양화할 수 있는 수단이 될 것이라고 말해 주목받기도 했다. 이처럼 신뢰가 부여된 비트코인은 높은 변동성에도 그 절대적 희소성의 가치가 매우 크다.

비트코인을 중앙은행이 주도하는 디지털 화폐CBDC에 대응하는 강력한 가상자산이라고 하면 과장일까? 초기에 각국 정부는 비트코인이 자금 세탁 및 테러 자금 조달에 악용될 수 있다고 우려했다.

이런 우려는 곧 비트코인을 이용한 자금 세탁 및 테러 자금 조달 방지, 비트코인 투자자 보호, 비트코인으로 인한 금융시장의 안정성 제고를 위한 다양한 규제로 이어졌다. 2025년 12월 말, 비트코인과 금은 각자 다른 행보를 보였다. 12만 달러대까지 치솟던 비트코인의 가격은 8만 달러대까지 떨어지기도 했지만, 가격 조정을 받았던 금은 연일 사상 최고가를 경신했다. 무엇이 이 둘의 흐름을 정반대로 이끌었는지, 앞으로는 또 어떻게 될 것인지 유심히 지켜보아야 할 때다.

하지만 그럼에도 세계 각국은 비트코인과 같은 가상자산을 제도권에 포함시키고 있다. 블록체인 기술의 발전과 금융 포용성 증대를 위해 비트코인의 제도권 화폐 채택과 사용은 점점 더 증가할 전망이다. '비트코인 회의론자'에서 이른바 '구세주'로 변신한 세계 최대 자산운용사 블랙록의 CEO인 래리 핑크Larry Fink는 비트코인을 두고 많은 사람이 비트코인에 매혹되어 흥분하고 있다고 분석한다.

투자 성향, 목표, 시기 등에 따라 비트코인 투자 여부도 달라진다. 비트코인에 직접 투자하거나 관련 ETF에 투자하기 전에 잠재된 리스크와 이점이 무엇인지 신중히 고려해야 한다. 비트코인의 가격이 미래에도 꾸준히 오를 것이란 세간의 기대가 높아지고 있음을 부인할 수 없지만, 매우 변동성이 커서 예측이 어렵기 때문이다. 그래서 부자들이 비트코인을 보는 근본 전제는 '국가가 더 이상은 모든 경제 게임의 심판이 아닐 수도 있다'는 전망일 것이다. 그래서 부자들에게 비트코인은 단순한 투자 대상이 아니라 자산 시스템의 변화 신호기도 하다. 월가와 글로벌 자산가들이 비트코인을 본격 포트폴리오에 넣기 시작한 이유는 단순하다. 제도가 규제보다 포용을 시작하면 게임은 이미 바뀐 것이나 다름없기 때문이다. 물론 부자들은 극단적으로 베팅하지 않는다. 전체 자산의 1~5퍼센트 정도만 장기 보유를 택하는 정도다.

이처럼 비트코인은 이제 자산·화폐·국가 권력의 구조를 재편하는 하나의 역사적 사건으로 해석된다. 이런 흐름에서 우리는 어떻게 판단하고 행동해야 할까? 우리에게도 경제적 주체로서 시대 전환을 빠르게 읽어나가고자 하는 태도가 필요하다. 그런 의미에서 비트코인의 진정한 의미는 '희소성의 언어가 바뀌기도 전에 미래의 부는 이미 새로운 세계로 넘어가고 있다'는 메시지를 전달하는 게 아닐까 싶다. 누군가는 자산 일부로 비트코인을 함께 투자하고 있거나 투자를 고려하고 있을지도 모른다. 자본주의의 급변하는 흐름을 이해하고 이에 대비해 자산을 잘 배분하는 사람이야말로 새로운 세계로 넘어가는 부의 기회를 놓치지 않고 잡을 수 있다.

기회비용,
부를 결정짓는 선택

매몰비용의 함정

우리 속담에 '바다는 메워도 사람 욕심은 못 메운다'는 말이 있다. 앞에서 세상의 재화는 한정되어 있는데 인간의 욕구는 다양하고 끝이 없다는 이야기를 다뤘다. '아홉 가진 놈이 하나 가진 놈 부러워한다'거나 '말 타면 경마 잡히고 싶다' 등의 말이 있다는 것을 생각해 보면 인간의 탐욕은 끝이 없는 듯하다. 오죽하면 '외상이면 소도 잡아먹는다'는 말까지 생겼을까.

우리의 삶은 선택의 연속이다. 하나를 선택하면 다른 하나는 포기해야 한다. 적은 용돈으로 읽고 싶은 책을 샀다면 스타벅스 커피를 사는 것은 포기해야 한다. 중국 음식점에서 짜장면을 먹을까, 짬뽕을 먹을까 고민하는 것도 같은 맥락이다. 이때 개인이 선택하는 것은 '편익'이고 포기해야 하는 게 '기회비용'이다. 어떤 선택을 했을 때 포기하게 되는 다른 선택의 가치다. '산토끼 잡으려다 집토끼 놓친다', '멧돼지 잡으려다 집돼지 놓친다' 같은 한국 속담에도 기회비용의 개념이 숨어 있다. 경제학은 바로 이 과정에서의 의사결정 문제를 다루는 학문이다.

지금 눈앞에 있는 것을 놓치면서까지 다른 것을 쫓다간 오히려 둘 다 잃을 수 있다. 경제학적 표현으로 바꾼다면 '좋아 보이는 기회를 잡으려다 기존의 가치를 희생할 수 있다'는 경고다. 일상에서 예를 찾아보자. 당신이 어느 주말에 친구들과 영화를 볼지 말지 고민하고 있다고 해보자. 같은 시간에 집에서 푹 쉬면서 재충전할 수도 있고, 자격증 준비를 위해 공부할 수도 있고, 운동하며 건강을 챙길 수도 있다. 영화를 선택했다면 영화를 보며 얻는 즐거움이 생기지만, 그 대신 쉬는 시간, 공부할 기회, 운동의 이익은 놓치게 된다. 이 '놓친 게 주는 가치'가 바로 기회비용이다. 예를 조금 더 들어보자.

만약 A라는 대학생이 주말에 애인과 데이트하며 3시간을 보내는 데 2만 원이 들었다고 해보자. 그 3시간 동안 평소 일하던 식당에서 아르바이트를 했다면 1시간에 1만 원씩, 총 3만 원을 벌 수 있었다. 또는 집에서 그 시간 동안 청소를 했다면 부모님께 용돈으로

2만 원을 받을 수도 있었다. 과연 A가 애인과 데이트해서 치러야 한 기회비용은 얼마일까?

　경제학에선 '선택의 대가'를 모두 포함한다. 즉 실제 지출과 포기한 기회까지 모두 포함한다는 말이다. 기회비용은 포기한 선택지 중 가장 큰 가치이므로 A가 포기한 선택지 중 가장 큰 가치는 아르바이트로 벌 수 있었던 3만 원이다. 데이트 비용 2만 원은 지출(명시적 비용)이지만, 이에 따른 기회비용은 가장 큰 대안이 가진 가치(암묵적 비용), 즉 아르바이트 시급이다. 그러니 기회비용을 포함해 데이트에 들어간 실제 총비용을 말한다면 5만 원이고, 이게 경제학에서 말하는 기회비용이다.

　회계학에서도 기회비용이란 개념을 쓰긴 하지만, 이때는 실제 지출을 제외하고 포기한 이익인 3만 원만을 따로 떼어 지칭한다. 즉 실제 지출과 포기한 가치를 모두 더해 5만 원을 기회비용으로 보는 경제학과 달리 회계학에서 기회비용은 '포기한 대안의 최고 가치'를 일컫는다. 반면 실제로 재무제표에 기록되는 '회계비용'은 눈에 보이는 실제 지출 내용(2만 원)만을 말한다.

　투자에서도 똑같다. 예를 들어 1000만 원을 은행에 넣으면 연 2퍼센트의 이자를 받을 수 있다고 하자. 그런데 주식 투자로 연 8퍼센트를 더 벌 기회가 있었다면 은행에 돈을 넣는 결정에 따른 기회비용은 잃어버린 추가 수익 6퍼센트다. 겉으로 보면 은행 이자를 '얻은 것' 같지만, 실제로는 더 큰 기회를 '놓친' 셈이다. 경제학

구분	내용	예시(앞선 상황)
명시적 비용	실제로 지출되는 돈	2만 원 (데이트 비용)
암묵적 비용	포기한 대안의 가치	3만 원 (식당 아르바이트 급여)
경제학에서의 기회비용	명시적 비용+암묵적 비용	5만 원 (2만 원+3만 원)
회계학에서의 기회비용	암묵적 비용 (가장 큰 포기 가치 강조)	3만 원

• 경제학과 회계학에서 A의 기회비용 차이

에선 기회비용을 실제로 지갑에서 나간 명시적 비용과 보이진 않지만 포기한 대안이 내게 줄 수 있었던 암묵적 비용을 모두 합쳐서 표현하니 여기에서 비용은 지출만이 아니다. 놓친 기회도 비용이 된다. 그래서 경제학에선 무엇을 선택했는가만큼 무엇을 포기했는가도 중요하게 본다.

현명한 사람과 부자는 단순히 얼마 벌었는지만 계산하지 않는다. 그들은 내가 놓친 기회가 무엇인지를 더 생각한다. 기회비용을 이해하면 선택이 훨씬 신중해지고, 투자할 때도 더 큰 그림을 그리게 된다. 결국 경제란 모든 선택이 가진 숨은 값어치를 파악하는 과정인 것이다.

우리가 투자 행위라는 의사결정을 할 때 이런 기회비용을 모두 파악할 수 있을까? 그런 일은 불가능하다. 앞선 사례에서 각각의 경우에 따른 기회비용을 계산한다면 나 같은 경우 채권 구입에 따른 기회비용이 가장 적었기 때문에 주식에 투자할 이유가 없었다. 따라서 이런 경제학적 계산은 내가 모든 정보를 확실히 알 수 있다는 전제하에서 할 수 있을 뿐이다.

기회비용을 고려해 합리적으로 선택할 때 '매몰비용'은 고려 대상에서 제외해야 한다. 매몰비용은 이미 투자하거나 지출했지만, 원금을 다시 회수하기 어려운 비용을 말한다. 예를 들어 삼계탕 가게를 개업한다고 해보자. 이때 임대보증금 1억 원 중 계약을 파기하면 회수가 불가능한 200만 원의 계약금을 걸고 가게 터를 계약했다고 하자. 그런데 삼계탕 가게 운영이 아닌 부동산 투자가 이익률이 훨씬 높은 것을 알게 됐다면 나는 어떤 선택을 하는 게 합리적일까?

여기서 많은 사람이 회수할 수 없는 200만 원이 아까워 그냥 삼계탕 가게를 개업하기로 결정한다. 하지만 합리적인 선택을 위해선 남은 9800만 원을 어디에 투자해야 더 이익인지 생각해야 한다. 이미 투자해 버린 200만 원은 회수가 불가능한 돈이므로 고려해선 안 된다.

성공 가능성이 희박한 상황에서 이미 투입한 비용이나 노력이 아까워 계속해서 비용과 시간을 투자하는 경우가 발생할 수 있다. 이런 상황을 '매몰비용의 함정 또는 오류에 빠졌다'고 한다. 사람들은 매몰비용도 회수할 수 있다고 착각할 때가 많다. '놓친 물고기가 커 보인다'는 속담은 바로 이렇게 매몰비용에 연연해 선택의 오류를 범하기 쉽다는 사실을 우리에게 일깨운다.

함정	오류
비효율적인 자원 투자	이미 잘못된 지출에 연연하며 손해를 가중함
감정 소모 또는 낭비	잘못됐다고 의심하면서도 후회나 분노가 의사결정에 영향을 미쳐 객관적 판단이 흐려짐
잘못된 목표 달성	유연한 사고를 하지 못해 원래 세운 목표나 계획에 과도하게 몰입하며 새로운 기회나 변화에 제대로 대응하지 못함
인간 심리의 오작동	손실 회피 성향이 커 손절매를 기피함

• 매몰비용의 함정과 오류

· · ·

세계 최고의 투자자가 주식을 파는 이유

2024년 말, 미국 증시는 연일 사상 최고가를 경신하며 뜨겁게 달아올랐다. 반면 워런 버핏은 시장과 정반대로 움직였다. 버크셔해서웨이는 30년 만에 최대 수준으로 현금을 쌓았고, 시장이 과열될수록 버핏은 현금을 움켜쥐었다. 그런 판단의 배경엔 그가 가장 신뢰하고 선호하는 시장 평가 지표인 '버핏 지수Buffett Indicator'가 있다. 버핏 지수는 GDP 대비 시가총액의 비율로, 버핏은 이 지수가 100퍼센트일 때를 정상이라고 본다.

2024년 말의 미국 주식 시장은 시가총액이 GDP의 약 210퍼센트까지 치솟았다. 100퍼센트를 2배 이상 넘어선 수준이자 2000년 닷컴 버블이 터지기 직전의 상황과 1929년의 대공황을 연상케 하는 수치였다. 버핏이 과거에 '버핏 지수가 너무 높으면 향후 10년 수익률이 낮다'고 언급했던 것을 떠올려 보면 그의 '현금 쌓기 전략'은 단순한 보수적 접근이 아니라 철저한 기회비용 계산에 가까웠다. 여기에 그의 애플 주식 매각도 또 다른 단서를 제공한다. 2024년 버크셔해서웨이는 애플 지분을 절반 가까이 줄이며 투자자들을 놀라게 했다. 그 배경엔 자본이득세가 인상될 것이란 예측, 빅테크 기업들의 AI 투자 경쟁에 대한 회의 그리고 더 이상 매력적 가격이 아니란 판단이 깔려 있었다. 즉 당장의 수익 증가를 포기하는 대신 더 큰 기회의 문이 열릴 때까지를 기다린 셈이다. 버핏의 이런 선택을 경제학적으로 표현하자면, 그는 포기로 얻은 지금의 수익을 매몰비용이 아닌 기회비용으로 본 것이다.

2025년 트럼프 대통령의 관세 협상에 대한 잡음으로 미국 증시는 단기 조정을 겪은 뒤 다시 최고치를 경신했다. 버핏의 주식 매각은 몇 달 전만 해도 '싸게 던졌다'는 평가를 받았지만, 현재로선 그의 결정이 틀렸다고 단정할 수 없게 됐다. 시장은 종종 합리성보다 기대와 스토리텔링에 의해 움직인다. 많은 투자가가 반복해 말했듯 시장은 단기적으로 보면 자산의 인기도를 반영하는 투표 집계기지만, 장기적으로 보면 자산의 가치를 평가하는 저울이기 때문이다. 시장은 늘 현재를 찬양한다. 그 찬양 속에서 투자자는 자신을 설득하고 싶어지기 마련이다. 이번엔 다르다고 말이다. 일각에선 버핏 지수가 완벽하지 않은 지표라고 지적하는 이들도 있지만, 버핏 지수는 과열된 시장을 향해선 항상 경고등을 깜박인다.

자본주의 시장의 역사에서 버핏 지수처럼 완벽하지 않은 지표조차 과열된 순간에 관해 깊은 교훈을 준다. 버핏은 언제나 숫자 뒤에 숨은 원칙을 말한다. 시장의 속도는 우리가 원하는 만큼이 아니라 준비된 자에게 보상을 줄 수 있는 만큼 움직인다. 버핏이 현금을 쌓았던 이유는 기회가 사라지기 때문이 아니라 반드시 더 큰 기회가 돌아오리란 확신이 있었기 때문이다. 기회비용을 외면한 채 시장의 달콤함만 좇는다면 언젠가 매몰비용이란 씁쓸한 청구서가 날아오게 된다. 버핏은 그 청구서를 미리 피하기 위해 자신이 가장 좋아하던 기업조차 주저 없이 내던졌다.

투자에서 가장 위험한 순간은 가격이 오를 때가 아니라 사람들이 리스크를 잊었을 때다. 2025년 국내 시장과 미국 시장에서 유례없이 상승하는 주가를 보며 모두가 장밋빛 미래를 확신했던 시기야말로 가장 진지하게 리스크를 어떻게 관리해야 할지 고민해야 할 때였다. 우리는 이런 때일수록 진짜 질문을 던져야 한다.

"나는 주가가 오르는 이유를 이해해서 투자하는가, 아니면 그저 오르고 있기 때문에 투자하는가?"

버핏이 우리에게 보여준 메시지는 단순하다. 그의 현금 더미는 투자란 '속도'가 아니라 '방향'이라는 사실을 일러준다. 기회비용을 생각하지 않는 투자는 결국 매몰비용으로 귀결될 수밖에 없다. 우리가 이 질문에 대한 답을 찾아가야 하는 이유다. 버핏이 말한 '때를 기다리는 지혜'는 단순한 인내가 아니라 경제적 사고와 자본주의의 구조를 이해하는 데서 비롯된 것임을 명심해야 한다. 당신은 시장을 '쫓고' 있는가, 아니면 시장을 '기다리고' 있는가.

• • •

리스크를 관리하라

높은 수익을 얻으려면 높은 리스크를 부담해야 한다는 게 일반적인 이야기다. 경제학에서 리스크란 대표적으로 '개별 투자 종목의 리스크'가 있을 것이고, 시장 전반의 위험을 가리키는 '시스템 리스크(시장 리스크)'도 있다. 개별 투자 종목 리스크는 시장과 무관한 개별 종목에서 발생할 수 있는 불확실성이나 불규칙한 변동성을 의미한다. 예를 들면 특정 기업의 실적 부진이나 부정적인 뉴스로 인해 주가가 하락할 위험을 말할 수 있겠다. 시스템 리스크는 전체 시장의 변동으로 인해 주식 가격이 하락할 위험을 말한다.

이 외에도 우리는 금리 변동에 주식 가격이 영향받는 '금리 리스크'와 마주하기도 한다. 만일 주식을 원하는 시기에 원하는 가격에 팔지 못할 위험이 있다면 이는 '유동성 리스크'에 직면했다고 하겠다. 특히 부동산의 경우 유동성 측면에서 보면 하락기엔 주식보다 제때 제값을 받고 팔기가 굉장히 어려울 때가 많다.

우리는 어떻게 이 많은 리스크를 현명하게 관리해 수익률을 높일지 항상 생각해야 한다. 리스크 관리는 투자자의 기술이기 전에 태도다. 시장 예측 이전에 예측할 수 없는 순간들을 견디도록 준비하게 하는 원칙이다. 이 원칙을 가장 명확하게 보여주는 자들이 바로 가치투자자와 경제학자다. 그들이 리스크 관리에 대해 남긴 유명한 어록들을 한번 쭉 살펴보자.

문제가 발생하기 전에 적절한 전략을 갖는 게 중요하다. 왜냐하면 어느 누구도 주식 시장이나 경제 방향성을 정확히 예측할 수 없기 때문이다.

— 세스 클라먼(바우포스트 그룹 설립자 겸 회장)

위기가 도래했을 때 유동성을 확보하기 위해 비유동성 자산을 현금으로 바꾸는 것은 매우 값비싼 전략이다. 폭풍우 속에서 우산을 찾는 것은 거의 불가능하거나 매우 비싼 대가를 치러야 한다.

— 마이런 숄스(1997년 노벨경제학상 수상자)

나는 포트폴리오에서 공격적인 부분과 방어적인 부분 간의 균형을 어떻게 조화할 것인지 숙고하는 데 많은 시간을 투자했다.

— 하워드 막스(오크트리 캐피털 회장)

시장은 언제나 불확실하다. 그래서 위기와 기회가 늘 같이 온다. 리스크 관리는 예측과 통제의 싸움이 아니라 자본주의 시장에서의 생존과 대비를 위한 하나의 미학과도 같다. 리스크 관리를 단순히 시장 예측 측면으로만 생각하는 사람은 멀어져만 가는 시장의 신호를 쫓아가기 위해 애쓰지만, 시장 대비 측면으로 생각하는 사람은 불안정한 폭풍도 조용히 견뎌낼 수 있다. 사실 리스크에 관한 이런 원칙들은 자본주의 시장뿐 아니라 우리가 마주하는 인간관계에서도 동일하게 적용된다. 관계의 불안정성에 대비하고자 하는 사람은 감정의 폭풍을 피하고, 소통을 통해 오해라는 리스크를 최소화한다. 일종의 방어 전략으로 신뢰를 지켜나가고, '관계의 헤지 자산'으로 열린 마음을 갖고 있다. 그러니 리스크 관리란 곧 돈과 사람을 모두 지키고자 하는 태도라고 볼 수도 있다.

지혜로운 사람은 수익률보다 지속 가능성을 더 중시한다. 부는 빠르게 쌓는 게 아니라 무너지지 않았기에 쌓이는 것이기 때문이다. 결국 자본주의 시장에서 진정한 승자는 수익을 많이 낸 사람보다 큰 손실을 피한 사람이라고 할 수도 있겠다.

· · ·

분산투자 vs. 집중투자

사실 예측 불가능한 개별 투자 종목의 리스크는 분산투자로 어느 정도 관리할 수 있다. 한 회사에 100퍼센트를 투자했다면 쉽게 망하겠지만, 30퍼센트만 투자했다면 재기 가능성이 아직 남아 있다.

5퍼센트만 투자했다고 한다면 그 회사가 완전히 망해도 전체 포트폴리오에 미치는 영향은 무시할 만하지 않겠나.

그러나 워런 버핏은 분산투자를 기피한다. 그는 철저히 집중투자로 성공한 인물이다. 이런 버핏의 그늘에 가려 투자자로서 크게 주목받지 못한 분산투자자가 있다. 증권분석의 창시자이자 가치투자 이론을 만든 벤저민 그레이엄Benjamin Graham의 또 다른 제자, 월터 슐로스Walter Schloss다. 그는 45년의 투자 인생에서 721배의 수익을 낸 전설적인 투자자로, 항상 100~200개의 종목에 투자했다. 그의 말을 들어보자.

"저는 워런 버핏과 심리적으로 다릅니다. 버핏처럼 되기 위해 노력하는 사람들도 많지만, 그는 훌륭한 분석가일 뿐만 아니라 사람과 사업을 잘 판단하는 사람입니다. 저는 제 한계를 알죠."

그가 분산투자에 집중한 이유가 게으르거나 어리석기 때문은 아니다. 그는 자신의 한계를 스스로 명확히 지적할 수 있는 인물이었고, 시장에도 겸손한 투자자였다. 그 덕분에 45년이나 자본주의 시장에서 생존할 수 있었고, 버핏이 인정하는 최고의 투자가도 될 수 있었다.

1984년 워런 버핏은 에세이 「그레이엄과 도드 마을의 초일류 투자가들The Superinvestors of Graham-and-Doddsville」에서 슐로스에 대해 '엄청나게 다각화된 투자 포트폴리오를 통해 지금은 낮은 가격에 거래되고 있지만 가치 있는 유가증권을 식별하는 방법을 아는 사람'이라고 말하며, 자신을 비롯해 그 누구도 그의 투자에 큰 영향을 끼치지 못할 것이라고 썼다.

미국의 경제학자 해리 마코위츠Harry Markowitz는 1952년 최초로 현대 포트폴리오 이론MPT을 제시했다. 그에 따르면 약 30가지 종목에 분산투자를 할 경우 개별 투자 종목의 리스크를 90퍼센트 이상 제거할 수 있다. 마코위츠는 이 이론으로 1990년 노벨경제학상을 수상했다.

현대 포트폴리오 이론은 주어진 리스크 수준에서 기대 수익을 최대화하는 수학적 투자 분석 틀이다. 수익률의 분산과 표준편차로 리스크를 정의하기 때문에 '평균-분산 분석'이라고도 불린다. 이 이론은 어떤 금융자산을 단독으로 평가하지 않는다. 대신 자산 그 자체가 아니라 그 자산이 포트폴리오 전체의 리스크와 수익에 어떤 영향을 미치는지에 따라 자산의 성격을 판단한다. 이 이론이 던지는 메시지는 분명하다. 투자란 '최고의 하나'를 찾는 게임이 아니라 '최악을 피하면서 좋은 조합을 만드는 과정'이란 것이다. 미래를 완벽하게 예측할 수 없기에 우리는 불확실성을 통제하는 기술을 배워야 한다. 그리고 그 시작점이 바로 분산투자라 할 수 있겠다.

많은 투자자가 분산투자를 기피하는 이유는 분산이 오히려 기대 수익률을 낮춘다고 생각하기 때문일 것이다. 그러나 리스크 분산과 관리에 각별히 신경 써야 결국 자본주의 시장에서의 생존도 담보할 수 있다. 달걀을 한 바구니에 담지 말라는 말도 시장의 변덕 앞에서 무방비로 노출되지 않기 위한 최소한의 원칙에서 비롯된 것이다.

물론 집중투자는 최고의 기회를 정확히 가려낼 줄 아는 사람에겐 가장 높은 수익률을 제공해 줄 수 있는 투자법이다. 하지만 개인 투자자 대부분은 20~30가지 종목을 정밀 분석하며 포트폴리오를 구성하는 게 현실적으로 쉽지 않다. 직장과 일상에서 투자에 쓸 수 있는 시간과 정보가 제한적이기 때문이다. 이런 경우 ETF를 활용한 분산투자로 개별 종목 투자에 대한 리스크를 제거하고, 시장 전체의 흐름을 따라가며 포트폴리오 변동성을 낮추는 게 현실적인 대안이 된다.

나에겐 분산투자와 집중투자에 대한 신념이 따로 없다. 시장 또한 하나의 정답만을 강요하지 않는다. 다만 시기마다 다른 표정을 지을 뿐이다. 그래서 나는 그때그때 맞다고 믿는 길을 걸어왔다. 2021년 삼성전자가 '9만 전자'가 되면서 동학개미의 마지막 열기가 시장을 달구던 시기, 모두가 주식이 답이라고 외칠 때 내겐 주식이 거의 없었다. 버핏 지수가 역사상 최고점에 올라 있었기 때문이다. '지금은 시장이 과열됐다'는 단순한 판단은 당시의 내 선택이 됐다. 반대로 2022년 고금리가 모든 위험자산을 짓누르던 시기엔 역발상으로 미국 빅테크 기업에 과감하게 투자했다. 세상이 흔들릴수록 견고한 기업은 더 단단해진다는 믿음 때문이었다.

25년간 월가에서 활약한 미국의 투자전략가 리처드 번스타인Richard Bernstein이 말했듯 가장 위험한 시기는 모두가 안심할 때고, 가장 안전한 시기는 모두가 공포에 빠졌을 때다. 금리가 절정에 올랐을 때 산 채권은 내게 일시적으로 큰 손실을 안겨주기도 했다. 하지만 그때 나는 '떨어졌으니 팔아야지'가 아니라 '이 정도면 저렴해지지 않았나'라고 생각해 더 구매했어야 했다.

내 경험을 정리하면 이렇다. 시장엔 가격의 등락을 쫓지 말고 가치의 흐름을 읽어야 한다는 단순한 원칙이 존재한다. 주식 시장이 하락장일 때는 미래가 분명한 기업에 집중하고, 출렁임을 기회로 삼아야 한다. 상승장일 때는 레버리지 ETF나 분산투자가 오히려 더 이익을 얻기 좋다. 나도 매번 완벽하지 않았다. 그렇기에 시장에 내 철학을 강요하기보다 시장 상황에 맞추어 전략을 조정하는 게 결과적으로 더 현명하다. 우리는 모두 각자의 방식으로 배운다. 나도 하나는 확실히 배웠다. 시장엔 예측에 성공하는 천재가 아니라 후회를 자산으로 바꿀 줄 아는 투자자가 필요하다는 것을.

• • •

레이 달리오의 사계절 자산 배분

앞서 말했듯 자산 배분은 리스크 관리를 위한 핵심 도구다. 서로 다른 유형으로 자산을 분산해 두면 개별 자산의 변동성이 전체 자산 가치에 미치는 충격을 줄일 수 있다. 예를 들어 주식은 성장 잠재력이 크지만 변동성이 높다. 상대적으로 채권은 안정적이지만 기대수익률이 낮다. 현금은 유동성이 뛰어난 반면 수익률이 거의 없고, 부동산은 장기적으로는 안정적이지만 현금화하기가 쉽지 않다. 이처럼 각 자산이 가진 장단점이 달라서 명확한 하나의 정답은 없다. 어떻게 섞느냐가 곧 전략이 된다.

자산 배분의 대표적 사례로 자주 언급되는 인물이 바로 레이 달리오다. 달리오는 미국 최대 규모의 헤지펀드 중 하나인 브리지워터 어소시에이츠를 설립해 꾸준한 성과를 거두며 '위기에 강한 투자자'라는 명성을 얻었다. 헤지펀드는 시장이 상승하든 하락하든, 공매도·파생상품·레버리지 등을 활용해 시장 방향과 무관하게 수익을 노리는 펀드다. 일반 투자자에겐 다소 낯선 개념이지만, 헤지펀드는 글로벌 금융시장의 방향을 바꾸는 힘을 가진 '큰손'으로 평가받는다.

달리오의 투자 경력은 놀라울 정도로 이른 시기에 시작됐다. 12세에 월가 투자자들이 모이는 골프장에서 일하던 그는 우연히 기업 인수합병M&A 정보를 접했고, 이를 바탕으로 (지금은 합병된) 노스이스트항공에 투자해 3배의 수익을 거뒀다. 청소년 시절부터 투자 감각이 남달랐던 셈이다. 글로벌 금융위기가 세상을 뒤흔들던 2008년에도 수많은 투자자와 기관이 손실을 입은 반면 그의 펀드는 14퍼센트의 수익률을 기록했다. 모두가 공포에 휩싸였던 그 시기에 그는 어떻게 성공할 수 있었을까?

비밀은 바로 '올 웨더 포트폴리오All Weather Portfolio' 전략에 있다.

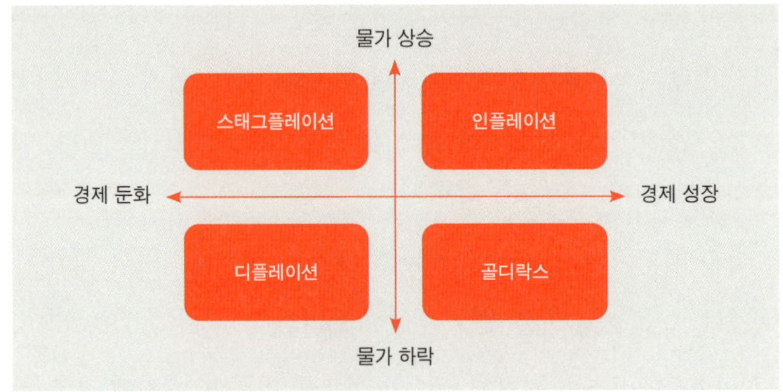

• 레이 달리오가 분류한 4가지 경제 상황

'사계절(올 웨더)'이라는 이름이 상징하듯 이 전략의 목표는 어떤 경제 환경에서도 흔들리지 않는 포트폴리오를 구축하는 것이다. 달리오는 경제 상황을 크게 4가지로 나누고, 각 환경에 강한 자산을 조합해 지속 가능한 수익과 리스크 최소화를 추구했다. 거시경제 변화란 불확실성 속에서 생존하기 위한 구조적 투자 설계였다. 그는 미래를 정확히 예측할 수 없다면 예측에 의존하지 않는 포트폴리오가 필요하다는 단순한 메시지를 보여줬다.

올 웨더 포트폴리오에서 '스태그플레이션stagflation'은 경제가 둔화되는 와중에도 물가가 상승하는 경우를 말한다. '인플레이션inflation'은 경제 성장과 물가 상승이 함께 일어나는 경우를 말하며, 불황과 연관된 '디플레이션deflation'은 경제 둔화와 물가 하락이 함께 일어나는 경우다. '골디락스goldilocks'는 경제 성장 와중에 물가 상승 압력이 없어 경제가 더 이상 좋을 수 없는, 최적의 상황을 말한다.

달리오는 각 경제 상황에서 상대적으로 더 뛰어난 성과를 보여온 자산군을 오랜 기간 통계를 내서 데이터베이스화했다. 그리고 매해 이 데이터를 바탕으로 자산 비중을 조정해 나갔는데, 이를 '리밸런싱rebalancing'이라고 한다. 성과가 좋았던 자산은 일부 이익을 실현해 투자 비중을 낮추고, 상대적으로 덜 오른 자산엔 추가로 투자해 비중을 높이는 방식이다.

이 과정에서 달리오는 '니들 자산needle assets'이라는 개념을 강조했다. 경제 상황의 변화에 따라 성과가 두드러지며, 포트폴리오 전체의 방향성을 찌르는 '바늘needle'처럼 움직일 수 있는 자산군을 의미한다. 예를 들어 인플레이션 시기엔 주식이나 원자재가 니들 자산이 될 수 있고, 디플레이션 시기엔 금리와 반대로 움직이는 장기 국채가 니들 자산이 될 수 있다.

경제 상황별로 어떤 자산이 니들 자산이 되는지 분석하고, 이를 체계적으로 포트폴리오에 반영하고자 했던 그의 리밸런싱 철학은 1982년 미국 주식 시장에 대한 공매도 실패를 겪으며 큰 손실을 입은 후 더 정교해졌다. 즉 그가 경제 사이클과 무관하게 안정적으로 수익을 내고 리스크를 줄이는 법을 연구한 끝에 얻은 결론이 바로 '사계절을 모두 견디는 투자', 올 웨더 포트폴리오인 셈이다.

많은 투자자가 주식과 채권을 함께 보유하며 리스크를 관리한다.

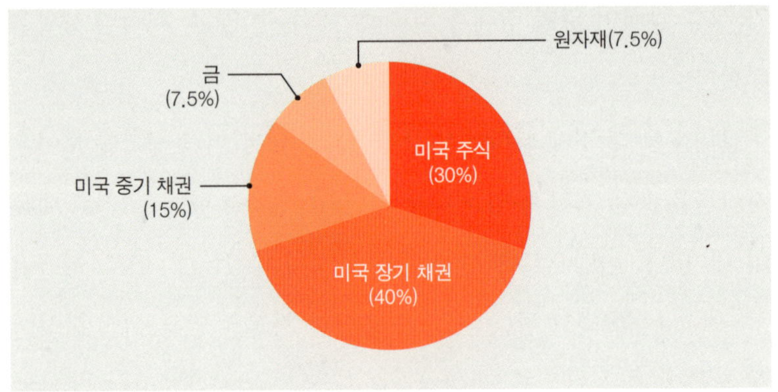

• 레이 달리오의 올 웨더 포트폴리오

그러나 높은 금리와 높은 물가가 동시에 나타나는 스태그플레이션처럼 자산 시장은 언제나 예외를 품고 있다. 바로 이런 현실에서 출발해 달리오는 주식, 채권, 원자재, 금 등 서로 성격이 다른 자산군을 어떤 경제 상황에도 무관하게 살아남는 조합으로 구성했고, 해마다 리밸런싱하며 균형을 유지하는 전략을 완성했다.

하지만 달리오는 자산 가격의 등락을 단순히 경제 지표나 수급 요인만으로 설명하지 못한다는 사실을 누구보다 잘 알고 있었다. 물론 시장은 숫자로 움직이지만, 그 숫자 뒤엔 인간의 감정과 기대, 탐욕과 공포가 자리한다. 그래서 그는 금리나 기업 실적만으로 시장을 판단하지 않고, 심리적·구조적 요소까지 포함한 '버블 지수'를 만들었다. 달리오의 버블 지수는 시장 과열 정도를 0~100퍼센트로 수치화한 것으로 버블 지수가 100퍼센트에 가까울수록 시장에 거품이 끼었다고 봤다(그는 이를 바탕으로 세계 금융위기도 예측했다). 버블 지수는 다음과 같은 다양한 요인을 종합하여 계산된다.

- 투자자들의 과도한 낙관 또는 공포 수준
- 레버리지와 차입 확대 수준
- 투기적 매매 비중(단타 및 추격 매수의 비중)
- 전통적 가치 평가 대비 가격 괴리(PER, PBR 등)
- 신규 투자자 유입 속도와 군중 심리 지표
- 스토리텔링 기반 투자 열풍 여부(기술·정책·미래 테마 등)

달리오는 어떤 자산이 특정 기준에 비해 얼마나 비싸졌는지가 아니라 '왜 사람들이 이렇게 행동하는지' 들여다보려 했다. 즉 그의 버블 지수는 인간 본성을 수치로 표현하고자 한 시도였다. 버블 지수가 높을 때는 시장을 끌어올리는 투기적 매수세를, 버블 지수가 낮을 때는 투자 심리 약화와 실물경제 데이터의 반영을 의미했다.

달리오는 버블은 경제적 현상이지만, 뿌리는 심리적이라고 말하곤 했다. 이 말은 곧 가격이 오르면 사람들이 더 사고, 가격이 내려가면 더 팔게 되는 '약한 손'의 심리 메커니즘을 버블 지수로 정량화했다는 의미와 같다. 결국 '지금 시장은 논리가 지배하는가, 감정이 지배하는가'라는 질문에 대한 매우 정교한 나침반인 셈이다. 버블은 환희의 순간에 극대화되고, 그 붕괴는 언제나 과신過信의 절정에서 시작된다. 달리오의 도구는 바로 그 '절정'을 포착하려는 시도였다. 그는 2024년 AI 관련 주식이 한창 달아올랐을 때 자신의 링크드인을 통해 이렇게 말했다.

> 미국 주식 시장을 분석해 보면 주가가 가장 많이 상승하고 언론의 주목을 받은 일부 기업조차도 그다지 거품이 없어 보인다. 닷컴 버블 당시에도 시장은 오늘날 우리가 보고 있는 것보다 훨씬 더 투기적이고 장기적 성장을 가격에 반영하고 있었다.

자본주의는 보상만 주지 않는다. 불확실성, 공포, 군중 심리, 정책 변화, 기술 충격 같은 예측 불가능한 리스크를 수시로 던진다. 그래서 중요한 것은 준비, 예측, 적응, 욕망을 통한 확신이 아니라 절제다. 자본주의 시장에서 우리가 마주하는 리스크는 단순한 수익률의 등락뿐 아니라 불확실성과 인간 심리가 만들어내는 복합적 위험에서 비롯된다. 그래서 부자는 정보를 예측하려 들지 않는다. 달리오가 강조한 바와 같이 부자는 세상을 정보가 아닌 체계와 원리로 읽는다. 투자자에겐 단기 성과에 들뜨기보다 끊임없는 경제 변동성 속에서 살아남는 힘, 즉 '생존'의 관점이 필요하다.

자본주의 시대에 부자란 세상을 예측한 사람이 아니라 변화와 리스크를 전제로 움직인 사람이다. 우리가 길게 살아남고 싶다면 시장을 이기려 하기 전에 먼저 시장을 존중해야 한다. 이는 위대한 투자자들이 공통으로 하는 말이기도 하다.

우리가 종종 잊는 진실이 있다. 가장 위험한 리스크는 가끔 오는 충격이 아니라 오지 않을 것이라 믿는 순간이란 사실을 말이다. 투자에서의 오만은 언제나 가장 비싼 수업료를 지불하게 한다. 리스크를 피하긴 어렵지만 어떻게 대응할지는 선택할 수 있다. 부자는 무작정 기회를 좇지 않는다. 리스크를 관리하는 태도에서 진짜 투자자란 무엇인지 배울 수 있다. 자본주의 시대에 우리에게 필요한 진짜 지혜는 투자 고수처럼 보이기 위한 데가 아니라 평범한 투자자가 반복하는 실수를 피하는 데 있다.

• • • •

삶에서 기회비용을 만들지 않으려면

20세기 가장 위대한 종교 사상가인 마르틴 부버^{Martin Buber}는 열린 마음이 사람에게 가장 귀중한 재산이라고 말했다. 자산 시장에서 리스크를 줄이는 데 정보와 소통이 핵심이듯 관계에서도 기회비용을 낮추는 가장 강력한 수단은 결국 소통이다. 열린 마음으로 소통하면 정보 비대칭을 줄일 수 있고, '갈등'이라는 거래 비용을 낮출 수 있으며, 관계의 기회비용도 최소화할 수 있다.

그렇다. 인간관계에도 기회비용이 존재한다. 예를 들어 연애 중인 커플이 있다고 해보자. 사랑이 돈 계산에 종속되는 것은 아니지만 요즘엔 현실을 고려하지 않고 사랑의 균형을 잡기 어려운 것도 사실이다. 데이트 비용 관련해서 커플은 명확성, 공평함, 대화를 통해 새로운 규칙을 만들 것이다. 모든 관계엔 저마다 다른 사연이 있지만, 오해가 늘 기회비용을 만든다는 공통점이 있다. 이때 바로 소통이 서로의 마음과 시간을 덜 소모시켜 기회비용을 줄여준다. 여기에서 중요한 것은 자기만의 방식으로 정답을 정하는 게 아니라 가치관을 조율하는 과정이다.

레이 달리오가 시장을 수치로 구분하고, 애매한 회색지대를 줄여가며 예측 가능성을 높이려 했던 철학 또한 인간관계에서도 똑같이 통한다. 우리 삶에서 가장 큰 리스크는 숫자보다 오해에서 비롯된다. 정보 비대칭이 심화할수록 시장이 왜곡되듯 관계도 마찬가지다. 경제학에서 말하는 기회비용처럼 관계에도 명확한 소통이 부족하면 감정 소모란 불필요한 비용을 치르게 된다.

흔히 부자들은 돈만 본다고 오해한다. 그러나 진짜 부자들은 돈보다 사람이 만들어내는 '신뢰의 복리'를 더 크게 본다. 좋은 관계는 시장에서의 레버리지처럼 기회를 확장하고, 나쁜 관계는 리스크처럼 복리로 손해를 키운다. 그래서 그들은 말 한마디, 약속 한 번, 오해 하나를 허투루 대하지 않는다. 즉 부는 돈의 문제가 아니라 태도의 문제다. 큰 자산을 지켜낸 사람들은 모두 인간관계를 관리하는데 뛰어나다. 그들은 소통으로 정보 비대칭을 줄이고, 신뢰란 자본을 쌓는다.

일반적으로 투자자들은 리스크를 '돈을 잃는 것'이라고 생각하고, 교과서에선 수익률의 변동성, 즉 가격의 흔들림으로 설명한다. 하지만 리스크의 본질은 알 수 없는 미래에 있다. 통제할 수 없는 불확실성 말이다. 가격이 요동치는 것은 그저 우리 눈으로 보이는 현상일 뿐 실제 리스크는 우리가 모르는 것에서 비롯되는 두려움이다. 따라서 그 본질은 인간 심리와 훨씬 가깝게 있다. 베테랑 투자자가 폭락장에서도 담담할 수 있는 이유는 가격 변동성이 낮아서가 아니라 불확실성을 견딜 수 있는 자기만의 시스템과 신념을 갖췄기 때문이다.

우연처럼 보이지만 사실 부는 명확성과 신뢰가 쌓인 결과다. 달리오가 강조한 리밸런싱, 워런 버핏이 강조한 현금 보유, 벤저민 그레이엄이나 하워드 막스Howard Marks가 말한 안전 마진은 모두 다른 개념처럼 보여도 사실은 다 같은 뿌리다. 나는 이 장을 마치며 이렇게 정리하고 싶다. 리스크는 피하는 게 아니라 다루는 것이라고 말이다. 때로는 시장 예측보다 철저한 리스크 관리가 진정한 승자를 만든다.

80:20,
부의 흐름이
한쪽으로 쏠리는 이유

20퍼센트의 인구가
80퍼센트의 부를 갖는다

삼성의 고故 이건희 회장은 인재 확보야말로 삼성을 초일류 기업으로 성장시키는 밑거름이라고 믿었다. 2002년 6월, 이 회장은 삼성 인재전략사장단 워크숍에서 이렇게 말했다.

> 200~300년 전엔 10만~20만 명이 군주와 왕족을 먹여 살렸지만, 21세기엔 탁월한 한 명의 천재가 10만~20만 명의 직원을 먹여 살리는 인재 경영의 시대, 지적 창조력의 시대가 열린다.

어디 한 명의 인재뿐이겠는가. 한때 주가가 160만 원을 넘겼던 삼양식품을 보라. 과거엔 우지牛脂 파동으로 도산 직전까지 갈 만큼 어려웠고, 주식 시장에서 관리 종목으로 편입됐던 회사가 바로 삼양식품이다. 그러나 현재 삼양식품의 '불닭볶음면'은 전체 매출에서 상당한 비중을 차지할 뿐 아니라 면·스낵 부문 매출의 90퍼센트 이상을 차지할 만큼 대성공을 거뒀다. 불닭볶음면의 해외 인기에 힘입어 삼양식품의 수출 비중도 큰 폭으로 증가했다. 2025년 상반기 기준 삼양식품 전체 매출 중 수출액은 80퍼센트에 달했는데, 이는 불닭볶음면의 세계적 성공에 기인했다.

이 수치들을 이렇게 말하면 어떨까? 결과의 약 80퍼센트가 원인의 약 20퍼센트에서 발생한다고 하는 법칙이 있다. 전체 결과의 상당 부분이 소수의 원인에 의해 발생하며, 나머지 다수의 원인은 비교적 적은 영향을 미친다는 의미다. 예를 들어 한 기업에서 매출의 80퍼센트가 전체 상품의 20퍼센트에서 발생한다고 해보자. 그렇다면 20퍼센트의 상품에 집중하여 전략을 수립하는 게 효율적이다. 이처럼 상위 20퍼센트의 핵심이 회사 전체 성과의 80퍼센트를 창출하는 게 '파레토 법칙'이다.

파레토 법칙은 소수 인원이 부의 대부분을 차지하는 불균형적 분배 현상을 설명할 수 있다. 이 법칙의 주인공은 프랑스의 경제학자이자 사회학자인 빌프레도 파레토Vilfredo Pareto지만, 이 용어를 처음으로 경영학에 사용한 사람은 미국의 경영컨설턴트인 조셉 주란Joseph Juran이다. 주란은 이탈리아 인구의 20퍼센트가 이탈리아 전체 부의 80퍼센트를 가지고 있다고 주장했는데, 이로 인해 파레토 법칙은 '2080 법칙'이라고도 불리게 됐다. 다시 말해 노력, 투입량, 원인 등에서의 작은 부분이 대부분의 부, 성과, 산출량, 결과 등을 이루어낸다는 의미다. 예를 들어 고소득자는 소득세가 너무 높다고 말하지만, 개인적으로는 사실 경제를 이끄는 소수의 고소득자가 사회 전체의 복지를 담당하는 게 맞다고 생각한다. 이 불평등한 세상에서 20퍼센트의 주류가 그런 책임이라도 느껴야 세상이 그래도 평화롭게 굴러가지 않을까.

하지만 파레토 법칙이 항상 옳지는 않은 것 같다. 파레토 법칙을 기업에 적용해 보자. 20퍼센트의 정예 요원만 확보하고, 나머지 80퍼센트의 인력이 하는 일은 외주로 작업을 맡겨 비용을 절감하는 게 나을 것이다. 실제로 외주화는 아니지만, 마이크로소프트에선 2025년 7월에 AI 중심의 조직 재편과 생산성 강화를 위한 조치로 대규모 구조조정을 실시했다. 전 세계적으로 약 9000명을 감원했는데, 이는 회사 전체 인력의 무려 약 4퍼센트에 해당하는 규모였다.

하지만 이런 외주화가 지배하는 사회는 왜곡된 엘리트주의 사회로 가는 지름길이 될 수 있다. 20퍼센트의 우수한 능력을 지닌 사람이 나머지 80퍼센트의 사람이 하던 일을 AI에게 맡겨버리면 된다는 가설은 너무나 끔찍하다. 더군다나 일자리의 80퍼센트가 사라진다면 너무 슬프지 않나. 물론 상위 20퍼센트 중심의 파레토 법칙에 반대되는 법칙도 있다.

• • • •

80퍼센트의 비주류가 만드는 핵심 가치

어떤 서점에서 도서를 판매한다고 해보자. '머리'는 매장에 많이 진열된 베스트셀러 책들이다. 반면 '꼬리'는 그 이외에 상대적으로 판매가 부진한 책들이다. 꼬리라고 무시하지 말고, 머리와 함께 독자와 꼬리를 공유할 기회를 제공해서 영업도 잘하고, 매출도 어느 정도 올리는 비법은 없을까?

이때 필요한 게 바로 '롱테일 법칙'이다. 이 용어는 2004년 미국의 IT 잡지 《와이어드》의 편집장이었던 크리스 앤더슨Chris Anderson이 처음 사용했다. 롱테일에서 '테일tail'은 '꼬리'라는 의미로, 80퍼센트의 비핵심 다수가 20퍼센트의 핵심 소수보다 더 높은 가치를 만든다는 이론이다.

하위 80퍼센트의 다수가 20퍼센트의 뛰어난 소수보다 더 많은 가치와 업적을 창출해 낸다는 것에 동의할 수 있는가? 물론 사회를 선도하는 게 소수 엘리트 집단이 아니라 대중이라면 파레토 법칙보다 롱테일 법칙이 맞을 수도 있다. 과거엔 백화점 진열대에 전시된 상품을 중심으로 재력이 있는 소수 고객 20퍼센트가 백화점 매

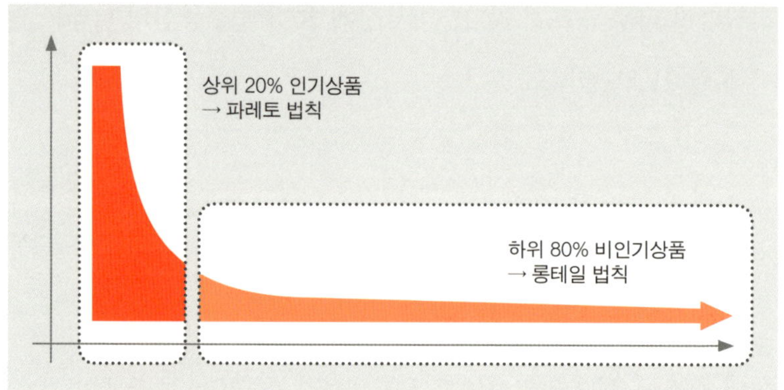

• 상품에 대한 파레토 법칙과 롱테일 법칙

출의 상당 부분을 점유했다. 하지만 지금 우리는 인터넷이 일반화된 세상에서 누구에게나 전자상거래로 다양한 상품을 소개하고 판매할 기회가 있고, 다수의 비인기 상품이 수많은 소비자에게 판매되는 현상을 목도하고 있다. 물류비용도 저렴해져서 재고 보관이나 진열 공간의 제한도 줄어들었다. 개별로는 판매량이 적은 상품이라도 이렇게 모이면 틈새시장을 형성하게 되며, 인기 상품보다 비인기 상품의 매출이 더 커지는 현상도 발생한다.

파레토 법칙은 인기 상품에 집중하는 전통적인 시장을 설명하는 데 적합하다. 반면 롱테일 법칙은 인터넷과 물류기술의 발달로 비인기 상품에 대한 수급이 증가하는 시장을 설명하는 데 적합하다. 대표적으로 넷플릭스를 들 수 있다. 요즘 영화관 인기가 예전만 못한 이유는 넷플릭스라는 존재가 있기 때문이다. 영화관은 한정된 상영관과 시간 때문에 인기 있는 영화만 상영하고, 인기가 없으면 영화 간판을 매우 쉽게 내린다.

그러나 넷플릭스는 시공간의 제약을 받지 않는다. 언제 어디서나 자신이 원하는 다양한 콘텐츠를 볼 수 있다. 틈새 콘텐츠를 찾기 위한 관객의 노력과 시간을 절약해 줄 뿐만 아니라 비용까지도 현저히 줄여준다. 넷플릭스는 인기 콘텐츠와 '톱 10' 콘텐츠 같은 '머리' 콘텐츠를 먼저 선보이고, 필터 기능과 자체 알고리듬으로 이용자들의 수요를 분석해 이를 적극 반영한다. 이용자가 시청한 콘텐츠와 비슷한 인기작을 추천하거나 인기작이 아니더라도 이용자가 볼 만한 작품들을 적극 추천하면서 틈새 상품을 홍보할 수단을 마련한 것이다. 물론 가격 전략 중 하나인 구독 서비스가 유용하게 작용했기 때문도 있다.

영화관에선 상위 20퍼센트의 흥행작들이 전체 매출의 80퍼센트를 차지한다. 그러니 전통적인 영화 시장은 파레토 법칙이 적용되는 영역이라고 할 수 있다. 하지만 넷플릭스와 같은 OTT 플랫폼들은 다양한 장르와 국가의 영화를 제공하며 상당한 인기를 골고루 얻을 수 있다. 실제로 넷플릭스에선 잘 알려지지 않은 영화나 다큐멘터리도 많은 이용자의 주목을 받는다. 상대적으로 인기가 적은 영화들의 매출 합계가 상위 20퍼센트 흥행작들의 매출을 능가하거나 비슷한 수준에 이르게 되는 것이다. 이게 바로 롱테일 법칙이다. 다시 말해 인터넷과 디지털 기술의 발달로 롱테일 법칙이 여러 시장에 적용 가능해졌고, 다양한 소비자의 취향과 수요를 만족시키면서도 생산과 유통비용을 절감하며, 소비자의 만족을 극대화할 수 있는 시대가 열리고 있다.

'철의 여인'으로 유명한 영국의 마거릿 대처Margaret Thatcher는 모두에게 사랑받으려고 하면 결국 누구에게도 존경받지 못한다고 말했고, 세계적 물리학자 알베르트 아인슈타인Albert Einstein은 성공은 인기를 얻는 게 아니라 내 가치에 충실한 것이라고 말했다. 롱테일 법칙을 보면 이런 생각이 든다. 자연법칙은 물리학, 화학, 생물학 등 자연계에서 일어나는 보편적·필연적 법칙을 의미하며, 물리적인 현실에서 반복적으로 나타나는 질서를 설명한다. 여기서 잠깐 수학적 이야기를 해보자. 어려울 수도 있겠지만 잘 따라오면 충분히 이해할 수 있다.

중심극한정리는 무작위 속에도 예측 가능한 패턴이 나타난다는 사실을 설명하는 통계 이론이다. 즉 여러 개의 독립적인 요인이 우연하게 더해져 만들어진 결과값은 개별 요인들이 어떻든 간에 결국 평균값을 중심으로 모여드는 '정규분포' 형태를 띤다는 말이다. 앞서 언급한 '개별로는 판매량이 적은 상품이라도 모이면 틈새시장을 형성한다'는 현상도 큰 그림으로 보면 이 법칙적 경향성을 통계적 자연법칙으로 정리한 셈이다.

더 쉬운 예로 키를 생각해 보자. 키는 유전, 영양, 수면, 운동, 생활 습관 등 여러 요인이 합쳐져 결정된다. 이 다양한 요인이 만들어

낸 결과가 '최종 키'라는 하나의 숫자로 나타난다고 하면, 사람들의 키를 모두 모아 그래프를 그렸을 때 특정한 패턴을 발견할 수 있다. 개개인의 키는 무작위로 흩어져 있는 것처럼 보이지만, 전체적으로는 평균을 중심으로 좌우 대칭적으로 퍼져 있는 종鐘 모양의 곡선, 즉 '벨 커브bell curve'를 보인다. 간단히 정리하면 '각각은 우연이지만, 충분히 많이 모이면 법칙이 된다'는 의미다.

어떤 확률 분포를 가진 데이터(주사위 던지기, 동전 던지기 등)에서 같은 크기의 표본을 여러 번(n) 뽑아 그 평균을 계산하면 평균값들의 분포는 정규분포(벨 커브)에 가까워지며, 표본크기가 클수록, 즉 한 번에 더 많은 데이터를 포함할수록 그 경향이 뚜렷해진다.

동전을 던져야 하는 실험에서 동전을 10회씩 던져 '앞면이 나오는 비율'의 평균을 여러 번 반복해서 내다 보면 그 평균값이 모인 분포는 한 개의 동전에서 각각 앞뒤가 나올 확률인 50퍼센트일 때와는 다른 정규분포 형태를 띠게 된다. 여기서 던지는 횟수를 30, 40, 50, …, 100회로 늘려갈수록 앞면이 나오는 비율의 평균값 분포는 벨 커브에 더 가까워진다. 다음의 표는 모집단의 형태가 달라도 표본을 여러 번 뽑아 평균을 구하면 그 모양이 점점 정규분포에 가까워진다는 것을 보여준다.

이처럼 중심극한정리 이론은 충분히 많은 표본을 뽑아 평균값을

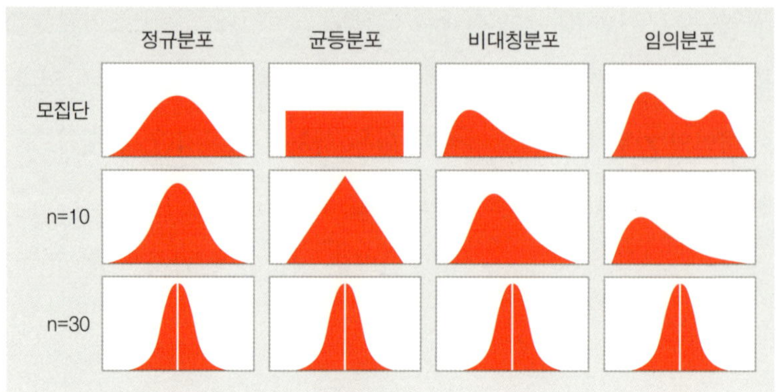

• 모집단 형태와 표본값에 따른 평균값들의 분포

계산한다면 그 표본의 집단이 어떻든지 간에 평균값을 예측할 수 있고, 안정된 분포 형태를 띤다는 사실을 알려준다. 쉽게 말해 '크고 작은 영향을 받은 결과값들은 대부분 평균 근처에 몰리고, 극단값은 적다'는 의미다. 하지만 안타깝게도 자본주의 시대에 맞이하는 부는 우리가 지금까지 살펴본 중심극한정리 이론과 거리가 멀다. 현대사회의 중산층 몰락과 극심한 양극화 현상은 국내뿐 아니라 전 세계적으로 관찰되는 경제적·사회적 구조 변화의 핵심이다. 이 현상은 소득 불평등, 집중된 자산, 기회의 불균형 등 여러 문제를 동반하고 있다.

파레토 법칙은 이런 사회적·경제적 불균형을 해석하는 도구로도 흔히 활용된다. 그래서 개인별 소득분포에서 나타나는 '상위 20퍼센트가 전체 부의 80퍼센트를 차지하고, 나머지 20퍼센트를 하위

80퍼센트가 나누어 가진다'는 이야기를 종종 파레토 법칙으로 설명하기도 한다. 하지만 넷플릭스처럼 하위 80퍼센트가 더 큰 생산 성과를 창출하도록 시스템을 개선하는 게 바로 혁신이다.

그렇다. 이처럼 파레토 법칙이든 롱테일 법칙이든 얼마든지 또 다른 혁신으로 깨질 수 있다. 맹신할 이유가 없다. 그래서 전체 시스템이 맞물려 잘 작동될 때 시장과 사회도 더 견고해진다는 사실을 항상 인식하며 그에 초점을 두어야 한다. 하지만 그럼에도 누군가가 만약 정책이나 시장 왜곡 등 외부적 영향은 거의 미비하며, 성과급 또는 자기조정 기능 같은 내부적 요소들이 잘 작동되는 것만으로 총체적 효용이 극대화되고 부의 쏠림도 방지할 수 있다고 강조한다면, 당신은 그를 어떻게 바라볼 것인가?

사실 어떤 경제법칙으로 이 세상에서 양극화를 해소한 적은 그 어느 역사에서도 없었다. 양극화 문제가 점점 심해지는 상황에서 우리는 이를 어떻게 바라보아야 할까?

• • • •

자유시장경제를 대하는
정책의 온도

2025년 초 미국 캘리포니아주 남부에서 산불이 발생했다. 주민 생활에 심각한 지장이 생겼고, 상당수의 피해자가 금전적으로도 매우 큰 피해를 입었다. 많은 사람이 화재보험에 가입하지 않았거나 수령할 보험금이 부족했다. 왜 이런 일이 발생했을까? 캘리포니아주 정부의 보험 감독기관이 취한 조치가 그 원인으로 지목된다.

2025년의 처참한 화재가 발생하기 전부터 캘리포니아주의 화재보험 시장은 규제로 인한 제약, 보험사의 영업 철수, 산불 발생 위험 증가가 맞물려 이미 위기에 빠져 있었다. 보험사에서 산불 위험에 대한 보험료 산정에 재난 예측 모델 사용이 금지되어 있었고, 캘리포니아주에선 보험사들이 과거 20년의 평균 손실을 근거로 보험료율을 책정하도록 법으로 규정했다. 보험사들이 높아진 재보험료를 반영해 보험료를 올리는 것 또한 규제 대상이 됐다. 하지만 이런 접근법은 산불 발생 빈도가 잦아지고, 강도는 높아져 과거의 데이터가 미래의 위험을 예측하는 능력을 잃으면서 문제가 됐다.

그 결과 대형 보험사들이 시장에서 철수하거나 화재 빈발 지역에 대한 신규 보험 인수를 중단하기 시작했다. 캘리포니아주 정부에선 화재보험에 매길 수 있는 보험료를 제한해 주택 보유자를 도우려 했지만, 보험계약을 유지한 주택 보유자들은 급격히 인상된 보험료와 마주해야 했다. 많은 부동산 소유자의 보험 보장 범위가 축소됐고, 보험 가입조차 하기 어려운 처지가 됐다. 그래서 2025년 화재 발생 당시 피해를 본 부동산 중 화재보험에 가입되어 있던 부동산은 4분의 1 미만이었다. 여기에 보험료 변동에 따라 규제 당국의 승인 절차가 갈수록 느려진 것도 문제였다. 보험사가 보험 보장에 대해 청구하는 금액엔 제한을 둘 수 있지만, 보험사가 그 청구액을 반드시 보장하도록 강제할 순 없었기 때문이다.

자유시장경제 원리에 반하는 해결책을 시행하고자 한 캘리포니아주 정부의 노력은 선의를 담고 있다. 보험료 인상을 억제해 소비자의 부담을 줄이겠다는 취지였다. 그러나 결과는 역설적이었다. 보험료 규제로 인해 보험사는 손실을 회피하고자 가입 문턱을 높였고, 결국 많은 사람이 보험 가입의 기회조차 잃고 말았다. 그들 중 상당수는 불의의 사고나 질병에 대한 어떤 보호도 받지 못한 채 절망적인 상황에 놓일 수밖에 없었다.

이런 사례는 정부의 개입이 언제나 공공이익을 보장하지는 못한다는 사실을 보여준다. 분명 단기적으로는 보험료 규제가 비용 부담을 낮추어 줄 수 있다. 그러나 지나친 규제는 오히려 보험사의 재무 건전성을 훼손하고, 상품 개발을 위축시키며, 나아가 보험금 지급 기준을 강화하는 부작용을 낳는다. 결국 이는 시장 경쟁과 혁신을 가로막고, 취약 계층을 위험에 내모는 결과를 초래할 수 있다.

문제는 캘리포니아주가 아니라 우리 사회에서도 이 같은 딜레마가 점점 더 선명해지고 있다는 점이다. 자산과 소득의 80:20 양극화가 심화하고, 사회적·경제적 취약 계층도 더 늘어나고 있다. 시장 실패를 바로잡기 위해 정부가 개입하지만, 그 과정에서 다시 실패 리스크가 등장한다. 선의와 현실 사이의 긴장 속에서 정책은 종종 엇박자를 내고, 시장 또한 제 역할을 다하지 못하게 되는 것이다. 자율적으로 기능하는 경제 체제와 다른 결과를 원한다면 정부가 시장에 관여할 수밖에 없다. 그런 경제법칙에 우선하도록 만들어진 규정과 규제가 늘 합당할까? 꼭 그렇지만은 않다.

앞에서 살펴봤던 것처럼 수요와 공급의 법칙에 따라 아파트 수요가 공급을 초과하면 임대료가 상승한다. 해당 지역에 거주하는 사람들이 계속 거주할 여력이 없어지면 정치인이나 행정 당국은 유권자를 위하는 일을 하려고 임대료 인상 폭을 제한하는 법을 통과시킬 수도 있다. 이는 임차인에겐 만족스러운 일이나 모두에게 만족스러운 일은 아니다. 임대인은 자유시장경제에서 부과할 수 있는 온전한 임대료를 청구할 수 없다는 사실에 불만을 가질 것이다. 신축 아파트 건설에 관심 있는 건설업체는 충분한 수익을 내지 못하리란 우려로 건설 프로젝트에 나서지 않을 수 있다. 나아가 시세 이하의 임대료로 인해 사람들이 한 채 이상 아파트를 점유하면서 공실 아파트를 찾지 못한 사람들이 불만을 가질 수 있다. 이런 현상에 대해 탁월한 통찰력으로 유명한 하워드 막스는 정부가 승자와 패자를 선택함으로써 시장 논리에 따라 선택되도록 내버려두지 않는 게 과연 합당한지 의문을 제기했다. 아파트에 사는 사람이나 정치인은 정부의 개입으로 승자가 될지도 모르나 임대인, 건설업체, 아파트를 구하려는 사람은 패자가 될 수 있다.

때때로 정부는 금융 규제를 통해 주택 시장을 안정시키고자 한다. 예를 들어 특정 대출의 한도를 일률적으로 제한하거나 총부채

상환비율DTI을 엄격하게 적용해 주택 구매 여력을 조정하는 방식이 그것이다. 이런 정책들엔 투기 억제, 실수요자 보호, 가계부채 감소와 같은 명분이 있다. 그러나 이런 접근이 언제나 공정하다고 할 수 있을까?

일률적인 대출 제한은 특정 소득 계층이나 지역에 상관없이 동일한 기준을 적용한다는 점에서 오히려 형평성 문제를 낳을 수도 있다. 고소득자가 더 큰 구매력을 가지고 있음에도 저소득자와 동일한 한도 아래 놓이게 된다면 오히려 자산 가격 상승기에 실수요자마저 기회를 잃을 수 있다. 반대로 저소득자 또한 대출 기준이 완화되더라도 실제 구매 능력이 부족해 정책 효과를 제대로 체감하지 못하게 될 수도 있다. 즉 단일 기준이 모든 가구와 모든 시장 상황을 설명한다는 전제는 현실경제의 복잡성과 다양성을 간과한다. 막스가 봤다면 아마도 정책 의도는 이해하나 정책이 적용되어야 하는 현실은 훨씬 복잡하다고 말했을 것이다.

자본주의 사회에선 정책 하나가 계층 이동성, 자산 축적 기회, 시장 유동성을 좌우한다. 더 나아가 한 사회의 양극화 방향을 바꾸기도 한다. 하워드 막스가 강조했던 것처럼 중요한 것은 '의도'가 아니라 '균형'이다. 정책은 시장을 무작정 억누르기보다 시장이 왜곡될 위험을 줄이는 방향이어야 하며, 공정성과 효율성 사이에서 섬세한 조정이 필요하다. 과도한 규제가 언뜻 시장 실패를 바로잡는 듯 보이지만, 또 다른 형태의 실패를 불러올 수 있다. 그러니 '한 사회의 정책이 기회를 배분하는 방식인가, 아니면 기회를 제한하는 방식인가'를 생각해 보아야 한다.

고소득 국가일수록 제조업 비중이 자연스럽게 줄고 서비스업 중심 경제로 이동한다. 1950년 30퍼센트였던 미국 제조업 고용률이 현재 8퍼센트까지 감소한 이유다. 무역 적자는 이런 경제 구조가 변화한 결과이지, 어느 한 국가가 피해를 본 증거가 될 수 없다. 트럼프 대통령은 무역 적자를 '착취'로 보고 관세를 올렸지만, 국제무역은 본질적으로 상호 이익을 전제로 한다. 관세 상승은 단기적으로 제조업을 보호하는 데 도움이 되지만, 장기적으로는 물가 상승, 국내 경쟁력 약화, 소비자 부담 증가를 초래한다. 관세만으로 과거 찬란했던 제조업 중심 시대로 되돌릴 순 없다.

이 지점에서 하워드 막스의 통찰은 중요한 교훈을 준다. 그는 시장과 정책, 위험과 대응의 균형에 대해 누구보다 냉철한 시각을 가진 인물로, 2025년 6월「경제법칙을 무시하려는 시도에 대한 더 많은 이야기」라는 제목으로 새로운 메모를 게시했다. 이는 2024년 9월에 발송된「경제법칙을 폐기할까요?」라는 메모의 후속편이다. 막스의 책들은 많이 알지만, 그가 30년 넘게 써온 이 '메모'의 위상은 모르는 사람이 많을 것 같다. 그가 회장으로 있는 오크트리 캐피털 홈페이지에 게시되는 메모는 단순한 투자 의견서가 아니다. 월가에서 그의 메모는 '투자의 나침반', '시장 사이클의 연대기'로 불린다. 워런 버핏은 지인들이 보내는 글 중 가장 먼저 읽는 글이라고

ABOUT   STRATEGIES   RESPONSIBILITY   INSIGHTS   Investors   Careers   Contact Us

Shall We Repeal the Laws of Economics?

For months, I've been saving up clippings for a memo on the above topic, but favorite subjects such as risk, debt, and uncertainty repeatedly jumped the queue, delaying my intended memo until the U.S. election season got into full swing, making it compelling.

Like me, you've undoubtedly noticed that politicians ranging from former President Trump and Vice President Harris to down-ballot candidates are back to making promises that ignore economic reality. Trump's call for tariffs and Harris's attack on grocery profiteering are merely two examples of proposals that would impose costs the candidate ignores (in Trump's case) or that fail to reflect a meaningful understanding of the problem (in Harris's case). My purpose, of course, is not to promote or dismiss either candidate, but rather to illustrate that there is no "free lunch" in economics, despite candidates' assertions to the contrary.

The Background

ABOUT   STRATEGIES   RESPONSIBILITY   INSIGHTS   Investors   Careers   Contact Us

More on Repealing the Laws of Economics

Last September, I wrote a memo titled *Shall We Repeal the Laws of Economics?* in which I described economies as organic entities that operate on their own pursuant to some underlying laws. The best known is the law of supply and demand: in general, people will buy more of something as the price goes down and produce more of it as the price goes up. Another has to do with incentives: in general, people will allocate resources (such as their labor) to the activities for which they will be best rewarded. These and the rest of the rules are straightforward, and it doesn't take a Ph.D. to understand them. In fact, they're part of human nature.

But governments sometimes want outcomes different than those a free-functioning economy will produce. To that end, they enact rules and regulations designed to override the laws of economics. Some governments even go so far as to adopt socialism or communism, creating economies where government commands take over entirely from the laws of economics.

Rent Control

- 2024년 9월과 2025년 6월에 게시한 하워드 막스의 메모

말했을 정도다. 막스는 시장이 과열될 때면 메모를 통해 경고했고, 지나치게 비관적일 때면 마찬가지로 메모를 통해 기회를 말했다. 그의 메모는 항상 '지금 시장은 무엇을 간과하는가'라는 하나의 질문에서 출발한다.

재정 적자와 관련된 메모도 마찬가지였다. 막스는 코로나19 팬데믹 이후 가파르게 상승한 미국 연방정부의 부채와 금리가 가져올 재정적 부담을 우려했다. 단순히 숫자의 문제가 아니라 부채가 성장을 앞질러 버린 구조적 불균형을 지적한 것이다. 막스는 재정 적자와 위태로운 사회보장제도 사이에 있는 미국 연방정부를 보며 20층 건물에서 뛰어내린 남성의 이야기를 떠올렸다. 10층을 지날 때만 해도 그는 "아직까진 괜찮군"이라고 말했다고 한다. 막스는 메모를 통해 부채 증가 속도가 경제 성장률을 뛰어넘으면 국가도, 기업도, 개인도 결국 지속 가능성을 잃는다고 봤다. 나아가 그

는 정부가 끝없이 빚을 늘려선 경제 성장을 밀어붙일 수 없다고 말했다. 지금의 미국은 더 많은 부채로 과거의 성장을 반복하려는 단계에 와 있고, 이는 장기적으로 볼 때 투자자에게 리스크를 의미한다는 것이다.

경제법칙이 제 기능을 발휘하게 하면 혁신, 생산성, 효율을 북돋는 인센티브가 되어 국가 번영을 일으키고 사회 전반의 복지도 최적화시킬 수 있다. 물론 자유시장경제가 완벽한 해결책이 될 순 없을 것이다. 하지만 더 저렴한 비용으로 더 뛰어난 상품을 비교하며 모든 곳의 소비자들이 최선을 선택할 수 있는 비교우위 혜택을 실현시켜 줄 순 있다. 시장을 심각하게 규제하려는 시도는 상황을 더 악화시킬 뿐이다.

분명 파레토 법칙은 사회의 불균형을 설명하는 유용한 틀이다. 그러나 정부가 이 법칙을 그대로 수용하면 지역 격차, 부의 양극화, 사회적 갈등, 교육 불균형 등 여러 문제가 발생할 수 있다. 지금은 디지털 경제가 전통적인 파레토 법칙 구조를 일정 부분 흔들고 있다. 유튜브에선 작은 채널 수천 개가 트래픽을 모으고, 넷플릭스에선 다양한 취향의 콘텐츠가 수익을 내고, 아마존에선 조용하지만 꾸준히 팔리고 있는 수십만 개의 상품 매출액이 더 크다.

소수의 인기 상품이 대부분의 매출을 차지한다는 파레토 법칙과 달리 롱테일 법칙에선 수요가 작은 틈새 상품들이 모여 거대한 시장을 형성한다. 온라인 유통, 스트리밍, 플랫폼 기술의 발달 등으로 선반 제약이 사라지며 희소 취향이 경제적 힘을 가진 시대가 열렸다. 이처럼 디지털 경제는 다양성과 분산된 기회를 통해 불균형을 완화하는 경로를 제공한다. 그러나 이런 잠재적인 균형 회복 메커니즘은 시장의 자율성과 경쟁이 유지될 때 제대로 작동한다.

막스가 설명했듯 정부가 시장의 자연스러운 조정 능력을 과도하게 제약하려 하면 그 의도가 선하더라도 오히려 양극화를 심화시키고 혁신을 방해하는 결과를 낳을 수 있다. 그래서 롱테일 법칙으로 넘어가는 시대에선 억제보다 촉진, 규제보다 생태계 설계를 고민하는 정부가 필요하다. 잘못된 개입은 영원한 불균형을 만들 위험이 있다.

• • •

인생의 파레토 법칙

앞선 사례들에서 보듯 파레토 법칙은 절대적이지 않다. 하지만 분명 실생활에서도 매우 유용하게 활용할 수 있는 사고 도구다. 그 비율은 고정되지 않았지만 '소수의 원인이 다수의 결과를 만든다'는 점은 일상생활부터 업무, 재정, 인간관계, 학업 등 다양한 부분에 적용될 수 있다.

먼저 시간 관리와 생산성 향상 측면이다. 업무 중 효율이 가장 높은 20퍼센트가 성과의 80퍼센트를 낳는다. '정말 중요한 2가지'에 먼저 집중하라. 우선순위를 정해 핵심 업무에 집중하고, 나머지는 위임하거나 생략하라. '일이 많다'보다 '핵심적인 일을 한다'는 생각이 중요하다. 회의할 때도 앞 시간의 20퍼센트에서 중요한 80퍼센트가 결정된다. 핵심 문제부터 논의하고 정리해야 한다.

그다음 공부와 학습 전략 측면이다. 시험에서 자주 출제되는 20퍼센트의 개념이 점수의 대부분을 좌우한다. 기출문제를 분석해야 하는 일이 중요한 이유다. 영단어를 공부할 때도 자주 사용하는 상위 20퍼센트 단어가 전체 문장의 80퍼센트를 차지한다. 모든 내용을 다 이해하려 하기보다 핵심 개념 위주의 반복 학습이 중요하다는 것을 강조하는 데는 다 이유가 있다.

투자 성과와 비즈니스 적용 측면에서도 투자 수익 포트폴리오의 상위 20퍼센트 종목이 전체 수익의 대부분에 기여한다. 투자 성과를 분석한 뒤 포트폴리오에서 실패 원인을 집중적으로 관리할 필요가 있다. 마찬가지로 기업을 경영할 때도 반복되는 80퍼센트의 문제가 20퍼센트의 특정 원인에서 비롯되는 경우가 많다. 근본적인 원인을 파악하면 많은 부분을 개선할 수 있다.

마지막으로 인간관계 측면이다. 사실 당신에게 진짜 의미 있는 관계는 전체 중 20퍼센트 정도일지도 모른다. 그러므로 그들과의 관계에 에너지를 집중하는 게 중요하다. 이런 태도는 때로 갈등 해결에도 도움을 주는데, 갈등의 80퍼센트는 매번 반복되던 20퍼센트의 문제와 관련이 있기 때문이다.

미국의 작가이자 철학자인 에리히 프롬Erich Fromm은『사랑의 기술』에서 사랑을 감정이 아닌 능력이라 했다. 사랑은 우연히 찾아오는 행운 같은 게 아니라 끊임없는 훈련과 선택의 결과란 것이다. 성숙한 사랑은 자기애, 타인애, 인류애가 균형을 이룰 때 가능하다. 나 자신을 돌보지 못한다면 타인을 사랑할 수 없고, 특정인만을 향한 사랑이 전체 세계에 대한 무관심으로 이어지면 그것은 소유나 욕망에 지나지 않는다. 이 지점에서 파레토 법칙은 또 한 가지 흥미로운 통찰을 준다.

우리는 모든 사람, 모든 감정, 모든 관계를 똑같이 대할 수 없다. 그러나 내가 가장 중요하다고 생각하는 소수의 관계와 가치에 깊이 투자할 때 시간과 관심, 배려와 이해란 감정 자본이 꾸준히 쌓인다. 그때 비로소 성숙한 사랑이 되어 지속 가능한 힘으로 유지되며 '사랑의 파레토 곡선'이 완성된다.

경제학에서도 그렇듯 인생에도 파레토 법칙을 적용해 보자면 우리의 에너지와 감정의 대부분은 단 몇 가지 중요한 관계와 선택에 따라 결정된다는 것을 알게 된다. 다시 말해 삶을 풍요롭게 만드는 핵심 20퍼센트에 충분히 집중하는지에 따라 우리의 행복도 좌우된다. 가능성 있는 모든 것을 추구하기보다 진짜 가치 있는 것에 집중할 때 비로소 성장한다. 그러나 이런 파레토 법칙은 '꼬리'들의 잠재력을 통해 보완되고 있는 것도 사실이다. 균형 감각 없이 함부로 교정하려 들면 이 두 법칙이 조화롭게 만드는 자연스러운 다양성과 혁신이 오히려 훼손될 수 있다. 그러니 20퍼센트에 집중하면서도 다양한 꼬리를 성장시킬 수 있는 환경을 같이 조성해 보자. 시장에서도 우리 삶에서도 진정한 포용과 지속 가능한 발전이 가능할 수 있다.

회복탄력성,
위기를 버텨내는 최고의 기술

- - -

고생 속에 답이 있다

내적 혹은 외적 충격으로 위기가 닥치면 기존 시스템은 더 이상 유지될 수 없다. 이때야말로 '창조적 파괴'를 단행할 절호의 기회다. 세계 반도체 기업 1위인 엔비디아의 CEO 젠슨 황Jensen Huang은 숱한 어려움을 겪으면서 회복탄력성의 진정한 의미를 알게 됐다고 말했다. 2024년 3월, 미국 스탠퍼드경제정책연구소에서의 연설에서 그는 젊고 야심 가득한 학생들에게 성공 가능성을 높이는 방법에 관한 질문을 받고 이렇게 대답했다.

지구상 최고의 교육 기관 중 하나인 스탠퍼드대학교를 졸업한 것을 자랑스럽게 생각합니다. 본질적으로 이 학교를 졸업한 학생들은 미래에 대한 높은 기대치를 가지고 있습니다. 하지만 불행히도 이는 여러분의 성공을 방해할 수도 있습니다. 기대치가 매우 높은 사람은 (일이 잘 안되면 상처를 쉽게 받아) 회복탄력성이 매우 낮습니다. 회복탄력성은 성공에 매우 중요합니다. 고통이 일어나기를 바라는 것 외에 회복탄력성을 어떻게 가르쳐야 할지 모르겠습니다. (……)

여러분은 자신의 성격을 연마하려 합니다. 또한 여러분은 위대함도 원합니다. 위대함은 지성에서 나오는 게 아니라 인격에서 나옵니다. 인격은 똑똑한 사람에게서 형성되는 게 아니라 고난을 겪은 사람들에게서 형성됩니다. 여러분, 많이 고생하시기를 바랍니다.

젠슨 황은 자신의 가장 큰 장점 중 하나가 매우 낮은 기대치라고 말했다. 현실적인 목표를 세우고 가능한 일을 하면서 어려움을 묵묵히 견뎌내고자 했던 그의 인성이 나타나는 대목이다. 동시에 그는 스탠퍼드대학교 졸업생들은 기대치가 매우 높아 쉽게 좌절할 수 있다고 말했다. 젠슨 황은 고통과 괴로움이라는 표현을 자주 사용했지만, 삶에 대한 긍정적인 태도가 그런 역경들을 이겨내는 데 크게 기여했다고 밝혔다.

일단 기대치를 낮추고 목표하는 바를 빨리 시도하는 게 중요하다는 그의 말이 의미 있게 들린다. 학벌이나 경력이 좋은 사람은 기대

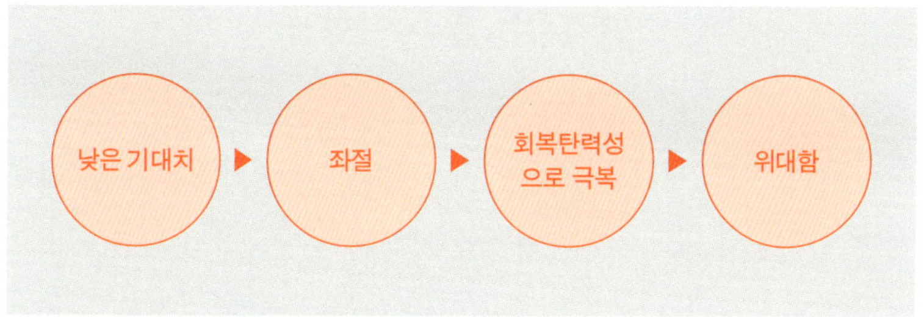

• 삶의 위대함이 만들어지는 과정

치도 높지만, 그만큼 일이 잘못되면 쉽게 좌절하는 경향이 있다. 회복탄력성은 오뚝이처럼 다시 일어나는 힘이라 성공을 위해 매우 중요하다.

젠슨 황의 연설에서 볼 수 있듯 회복탄력성의 핵심은 '자기긍정'이다. 이는 개인의 삶뿐만 아니라 시장에서도 매우 중요하다. 일방적 희생이나 이기심이 아닌 진정한 주체성을 발현하는 태도다.

기대치를 낮추고, 좌절을 경험하며, 회복탄력성으로 극복해 나가는 과정을 반복해서 겪다 보면 어느새 위대함이 만들어진다. 그 과정에서 자기긍정은 선순환을 통해 모든 면에 강한 회복탄력성을 갖게 해준다. 젠슨 황은 어려운 상황에서도 자신에 대한 긍지를 잃지 않은 덕분에 지금의 자리까지 온 것이다. 그는 항상 삶에 대해 이런 태도를 가졌다.

'새로운 고생살이, 거기엔 무엇인가 있어.'

위기라는 필수 아이템

우리는 역경을 이겨내는 사람들의 이야기에 감동한다. 힘들고 좌절하는 사람들이 많은 요즘, 역경을 이겨낸 사람들의 숨겨진 비법으로 회복탄력성이란 개념이 화제가 된 지도 오래다. '원래의 자리로 되돌아오는 힘'이라는 의미의 회복탄력성은 심리학에선 주로 시련이나 고난을 이겨내는 긍정적인 힘을 의미한다. 같은 강도의 시련이라도 어떤 사람은 금방 털고 일어나지만, 어떤 사람은 그 충격으로 오랜 시간 고통받으며 힘들어한다. 우리 몸에 근육이 많을수록 위험한 상황에 더 안전하게 대처할 수 있고 면역력도 높아지는 것처럼 마음에도 근육이 많을수록 스트레스와 위기를 극복하는 능력이 그만큼 증가한다. 바로 이 지점에서 회복탄력성이 중요한 이유를 알 수 있다.

넘어져도 다시 일어날 수 있다는 믿음은 경험을 통해 얻을 수 있다. 회복탄력성은 낙관주의처럼 인간을 강하게 하는 자원인 심리적 자본이기에 노동, 자본, 신뢰(사회적 자본) 못지않게 혁신가에겐 필수다. 우리가 알고 있는 무無에서 유有를 이룬 부자의 대부분이 강한 회복탄력성을 가졌다. 소설가 알랭 드 보통Alain de Botton은 예술이야말로 인간의 심리적 취약함을 치유하고 회복력을 길러주는 중요한 역할을 한다고 말하며, 이런 문장을 남겼다.

늘어난 스프링이 제자리로 복구되는 것과 같은 회복탄력성은 경제에도 적용할 수 있다. 회복탄력성이 약해지면 우리 경제엔 공급망 붕괴, 노동력과 인프라 부족 등 경제를 재구축하기 위한 막대한 비용이 발생할 수 있다.

회복탄력성을 거시경제학 관점에서 보면 '충격 이전의 장기적 성장 추세로 복귀할 수 있는 총체적 역량'과 같다. 세계적인 석학이자 프린스턴대학교 경제학 교수인 마커스 브루너마이어Markus Brunner-meier는 위기를 막아내기 위해 지나치게 견고함에 집착하는 태도에 반대한다. 그는 저서 『회복탄력 사회』에서 웬만한 비바람을 견뎌내는 떡갈나무는 태풍 같은 거센 충격을 직면하면 부러지지만, 가벼운 바람에도 흔들리는 갈대는 태풍에도 절대 꺾이지 않고 다시 일어선다고 비유했다. 떡갈나무의 견고함보다 갈대의 회복탄력성이 바람직하다는 의미다. 다음에 나오는 그래프 또한 위기의 소용돌이에서 우리가 견지해야 할 회복탄력성의 총가치를 알려준다.

'회복탄력성의 총가치'란 각각 위기 상황에서 더 적게 영향받고, 더 빠르게 벗어나고, 더 넓게 회복할 수 있는 범위의 총합을 말한다. 즉 개인뿐만 아니라 기업 경영, 나아가 국가 경제에서 어떤 충격이 가해지더라도 그 파급력이 크지 않도록 유연하게 대응하는 능

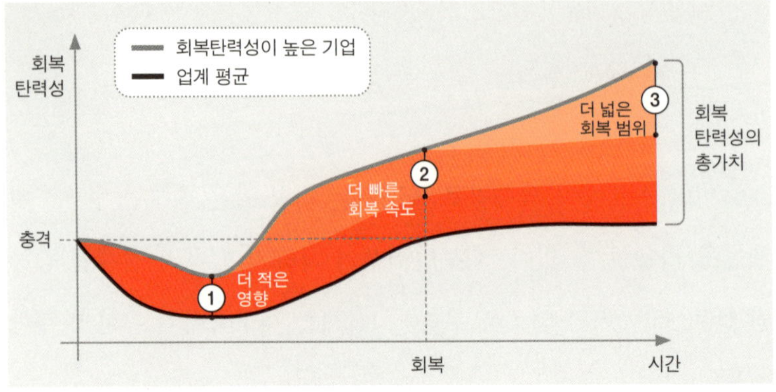

• 3단계 위기 대응 상황에서 드러나는 회복탄력성 총가치

력을 갖추어야 한다는 의미다. 다시 말해 외부 리스크를 재빨리 흡수하고, 회복 속도를 올려야 하며, 다음으로 기업조직과 외부 환경 간의 복잡한 상호 연계를 제대로 이해해 변화와 혁신을 도모해야 한다. 젠슨 황의 말에서 찾은 자기긍정이 높은 조직원들로 구성된 기업이라면 민첩하고 기민한 대응 과정을 통한 회복탄력성이 높은 기업이라고 할 수 있겠다.

누군가는 위기 상황에서 성장을 가속시키는 방법을 찾고, 누군가는 비용 절감에 집중해 혁신을 내세운다. 부채를 줄이고, 조직의 유연성을 높이는 것도 경영에서의 회복탄력성에 있어 중요한 방법이다. 위기가 발생한 뒤 시간이 지날수록 혁신을 통한 회복탄력성 구축 가능성은 낮아진다. 그래서 회복탄력성을 높이기 위한 혁신은 위기 발생 직후에 시작해야 여러모로 생산적이다.

BCG(보스턴컨설팅그룹)에서 진행한 회복탄력성 관련 연구에 따르면 위기 발생 후의 즉각적인 혁신은 위기 발생 12개월 후에 진행된 혁신보다 성장 가능성을 19퍼센트 더 높이고, 부채 증가 가능성은 20퍼센트 더 낮춘다. 2024년 국제재해보험사인 FM 글로벌에서도 회복탄력성과 관련된 조사를 진행했다. 회복탄력성을 기반으로 한 18개 지표를 바탕으로 130개의 국가·지역 연간 순위를 결정하는 이 조사에 따르면 몇 년간 덴마크가 위기 극복 역량이 가장 높은 국가였다. 한국은 2024년 기준 32위다.

이 순위를 보며 우리 사회가 지금 위기 상황에서 얼마나 절박함을 가지고 문제 해결 능력을 갖추며 전진하고 있는지 묻고 싶다. 위기에 대한 경계심을 갖고, 위기가 발생했을 때 즉각적으로 대응하는 유연성이 바로 기업 생존의 본질이다. 위기에 대한 민감성을 극대화해 조직 운영의 민첩성을 제고하는 것은 무엇보다 중요하다. 경쟁사가 창조적 파괴를 만들어 시장을 공략할 때 차별화된 전략적 행보를 가능하게 하는 것도 회복탄력성의 핵심이다. 오늘날 역동적인 시장에서 회복탄력성은 경기순환 과정 전반에 걸쳐 이점을 제공하는 창조적 혁신의 요체다.

행동경제학의 탄생에 결정적인 역할을 한 대니얼 카너먼Daniel Kahneman은 노벨경제학상을 수상한 최초의 심리학자다. 그의 이론에 따르면 한 인간에겐 '경험의 자아'와 '기억의 자아'가 있다. 경험의 자아는 현재 내가 경험하는 것을 느끼는 자아고, 기억의 자아는 지나간 경험을 회상하고 평가하는 자아다. 이때 회복탄력성은 기억의 자아와 연관이 있다. 기억의 자아는 자신의 경험에 끊임없이 의미를 부여하고 스토리텔링을 한다. 기억의 자아가 자신의 고난과 역경에 긍정적 의미를 부여하고, 스토리텔링을 하는 능력을 갖출 때 그 사람의 회복탄력성이 높아진다고 할 수 있다. 개인이나 기업 구성원들은 그런 연습을 지속적으로 해야 한다.

우리는 늘 삶과 경제의 안정성을 바란다. 하지만 안정성은 주로 일상적이고 사소한 충격을 회복하는 의미로 국한된다. 반면 회복탄력성은 견고한 벽을 뚫고 들어오는 충격도 받아들인다는 의미가 있다. 때로는 위기를 아예 피하기보다 어느 정도 대가를 치르더라도 위기를 감내하는 편이 낫다. 위기야말로 평소에 그토록 필요하던 혁신을 실행에 옮길 기회기 때문이다.

혁신이 없으면 시간이 지날수록 불균형이 누적되고, 위기도 그만큼 더 심각해진다. 회복탄력성이 좋은 기업이나 사회는 위기를 자주 맞을수록 점점 더 강해지고 튼튼해진다. 이런 현상을 '변동성 역설'이라고 일컫는다. 우리는 어쩌면 변동성이 매우 낮은 상황을 경계해야 할지 모른다. 그때가 오히려 조심해야 할 때인 것이다.

자본주의 시대에서 혁신가로 살아남기

삶의 역경은 누구에게나 찾아올 수 있기에 회복탄력성 역시 누구에게나 필요하다. 높은 위험과 불확실성을 감수해야 하는 직업에 종사하는 사람들에겐 그만큼 높은 수준의 회복탄력성이 필요하다. 예를 들어 실패 확률이 매우 높은 아이템으로 사업을 하는 스타트업에선 회복탄력성에 각별히 주의를 기울여야 한다. 젠슨 황이 회복탄력성을 중시하고, 전 세계를 대상으로 회복탄력성 조사들이 이루어지는 것을 보면 아마도 끊임없는 혁신에 필요한 미덕은 '흔들림을 극복할 줄 아는 꿋꿋함'이 아닐까? 지금부터는 그런 생각으로 저성장 시대를 타파할 혁신의 미덕에 대해 살펴보려 한다.

'창조적 파괴'라는 단어에선 철학자 프리드리히 니체Friedrich Nietzsche의 사상을 떠올릴 수 있다. 그는 인간의 주체성을 근간으로 하여 20세기 실존철학의 등장을 알렸다. 19세기 사람들에게 절대자였던 신神을 부정하고, 인간 삶의 방향을 결정짓는 의지를 앗아가는 모든 억압과 우상을 부정하고자 했다. 니체는 제대로 된 삶을 살기 위해서 구속과 저항을 극복하는 게 중요하다고 봤다. 그런 니체의 사상을 대변하는 상징이 바로 '망치'다. 니체에게 망치는 파괴의 도구가 아니라 창조의 도구였다.

파괴가 어떤 의미와 가치를 지니기 위해선 새로운 창조로 이어지도록 하는 노력이 뒤따라야 한다. 이때 새로운 창조는 낯선 세계와 마주칠 때 발생한다. 다시 말해 익숙함에서 낯섦으로 떠나야만 창조의 세계를 경험할 수 있다. 같은 맥락에서 니체는 고대의 신비주의자, 차라투스트라의 입을 통해 안정과 만족을 버리고 '깨어날 것'을 촉구했다.

차라투스트라는 인간의 운명과 인생의 본질을 끊임없는 창조와 전진이라고 역설한다. 창조와 전진을 향해 몸부림치는 사람은 관념을 깨부수어야 한다. 선하고 정의로운 것으로 간주되던 기존의 틀을 부수고, '새로운 선'과 '새로운 정의'를 창조해야 한다. 즉 변해가는 세상에선 변해가는 스스로만이 자기 자신을 고양시킬 수 있고, 그런 힘이 있는 삶을 살아야 한다는 것이다.

스스로 삶의 정답을 찾아가야 한다는 니체의 이야기는 창조적 파괴의 출발이 된다. 니체는 진짜 초월해야 할 대상은 어떤 가치가 아니라 인간 자신이어야 한다고 봤다. 대다수의 사람은 삶의 가치를 외부에서 찾는다. 줏대 없이 다른 사람은 어떻게 사는지, 어떤 생각으로 사는지 눈치를 본다. 하지만 세상에 획일화된 정답은 없다. 그저 타인을 따라 하기만 하는 삶은 눈앞의 이익에만 눈을 돌리며 필연적으로 세속적 가치를 추구하게 된다. 사회가 강요하는 끝없는 경쟁 속 강요된 자기계발에 매진한다.

니체의 '초인超人 정신'이나 '안티프래질antifragile'은 회복탄력성과 직결된다. 회복탄력성이 강한 사람은 삶에 주체적이다. 니체가 남긴 이 유명한 문장은 삶의 목적, 즉 '왜'에 대한 깊은 이해가 역경을 견디는 강력한 도구가 되어 회복탄력성을 키운다는 사실을 우리에게 일러준다(니체는 독일어로 남겼겠지만, 이해를 돕기 위해 영어 문장으로 수록했다).

니체는 이 외에도 우리에게 또 다른 이야기로 삶의 조언을 건네는데, 바로 낙타, 사자, 어린아이 이야기다. 각 단계를 넘어서야 어려운 세상을 헤쳐 나갈 수 있다.

1단계인 낙타는 언제나 등에 짐을 짊어지고 사회가 요구하는 도덕적 명령에 순응하며, 나에게 무거운 짐이 무엇인지 고민한다. 2단계인 사자는 날카로운 발톱과 강인한 이빨로 장애물을 파괴하며, 자유의지로 자신에게 명령할 힘이 있다. 부정과 파괴의 단계로, 자신이 뭘 원하는지를 진지하게 고민한다. 3단계인 어린아이는 순진무구하며 순간순간을 쉽게 잊기도 하지만, 스스로 규칙을 만들고 실행하는 존재다.

자신의 가치를 알고 힘차게 살아갈 때 한 단계씩 성숙해질 수 있다. 자신의 왕국을 건설하려면 자기실현을 이루려는 의지와 어린아이의 때 묻지 않은 창조 행위가 어우러져야 한다. 그게 혁신의 동인 動因이다. 즉 창조적 기업가는 '(꿈+재능+에너지+즐거움)×자기다움'을 갖춘 사람으로 정의할 수 있다.

애플의 CEO였던 고故 스티브 잡스Steve Jobs를 보자. 그는 자신의 내면을 제대로 관찰했으며, 세속적인 것을 멀리하고 고요한 분위기에서 고정된 틀에 얽매이지 않고 '자연스러운 변화무쌍함'을 추구했다. 잡스는 니체의 철학을 제대로 공부한 적이 없지만, 그럼에도 니체의 '권력에의 의지' 개념과 특별한 본성을 지닌 '초인' 개념을 자연스럽게 터득했다. 우리도 내 안에서 나를 만드는 것들을 하나둘 모으다 보면 잡스가 만든 '혁신적 발명품'을 만들 수 있다.

나를 사랑하는 마음은 모든 사람과 세상을 연결한다. 생각의 의미를 연결하고 사회적 담론을 연결해 새로운 경제적 부가가치를 창출한다. 기존 시스템에서 버릴 것은 버리고, 혁신적인 대안을 만들며 회복탄력성을 확보할 수 있다. 그래서 회복탄력성의 다른 이름은 창조적 파괴다. 이런 맥락에서 창조적 파괴의 가장 중요한 덕목은 자기애와 자기혁신에서 비롯된 회복탄력성에 바탕을 둔 기업가 정신이 아닐까 하는 생각도 든다. 창조적 파괴 과정을 통해 시스템을 새롭게 한다면 위기에 필요한 회복탄력성을 갖출 수 있다.

경제 한파가 지속되고 있다. 지금의 경제생활 위기는 끔찍할 정도다. 하지만 그 충격은 한 번으로 그치지 않을 것이다. 꼬리에 꼬리를 물고 또 다른 위기를 만들려는 소용돌이 속에서 여전히 고금리나 높은 물가 등으로 많은 이가 어려움을 겪고 있다. 자본주의의 역사에서 100번이 넘는 위기가 있었지만, 자본주의는 언제나 위기를 돌파하고 앞으로 나아갔다. 경제가 재도약하려면 회복탄력성에 주목해야 한다. 한파에서도 꽃피는 춘삼월을 준비하는 자는 흔들림을 극복할 줄 아는 꿋꿋한 DNA로 승자가 될 가능성이 높다. 세상이 어렵다고 비관만 해서야 되겠나! 위기일수록 자신을 스스로 돕는 게 절실하게 필요하다는 사실을 잊지 말아야 한다.

경제학,
자본주의 시대에 꼭 필요한 무기

경제학은 삶에 관한 가장 실용적인 과학이다.

– 토머스 제퍼슨(미국의 제3대 대통령)

자본주의는 복잡하고 때로 냉정하다. 그러니 그 안에서 경제적 주체로 살아남기 위해선 경제학이란 실용적 도구를 반드시 이해해야 한다. 경제학을 제대로 이해하면 돈에 지배당하지 않고 '돈을 통제하는 주인'이 될 수 있다. 자본주의란 무대 위에서 자신의 삶을 주체적으로 설계하는 힘은 바로 거기에서 나온다.

'수요'와 '공급'부터 '회복탄력성'까지, 1부에서 배운 5가지 자본주의의 언어는 이 거대한 시장질서 속에서 우리에게 길잡이가 되어주며, 각자 다른 조건과 기회를 가진 개인과 조직이 경쟁하고 협력하는 체계에서 현명한 선택과 균형 잡힌 판단을 가능하게 도울 것이다. 나아가 불확실성을 계산하고, 위험을 감수하고 회복하는 법을 알려주며, 한정된 자원을 최대한 효율적으로 활용하면서 끊임없이 변화하는 시장에서 적응하는 힘을 줄 것이다.

워런 버핏은 단순히 부를 축적하는 데 집중하지 않았다. 그가 강조한 것은 돈을 어떻게 다룰 것인가, 즉 선택과 준비였다. 우리가 마주할 수많은 기회와 위험 속에서 무턱대고 뛰어들기보다 신중하고 명확한 판단으로 길을 찾는 자세가 더욱 중요하다. 재정적 성공은 결과일 뿐 그 결과를 가능케 하는 과정과 태도야말로 진정한 자산으로 남는다.

바로 이 지점에서 경제학은 다시 한번 빛을 발한다. 경제학은 단순한 계산법이 아니다. 삶의 선택지를 넓히고, 현명한 결정을 돕는 도구다. 이렇게 준비된 자세는 곧 흔들리지 않는 마음이 된다. 시장의 변화와 예기치 않은 위기 앞에서도 당황하지 않고 다시 일어설 수 있는 회복탄력성 또한 꾸준한 준비로 만들어진다.

1부에서 배운 자본주의의 언어들이 현명한 선택과 준비된 자세를 갖추는 데 작은 등불이 되기를 바란다. 이제 당신은 ‘최소한의 경제학’이라는 무기를 손에 쥐었다. 복잡한 자본주의 세상에서 돈이라는 언어를 읽고 쓰며, 당신만의 길을 걸을 준비가 된 것이다. 이 무기를 제대로 다루는 게 자본주의에서 살아남는 첫걸음임을 명심하자.

2부

부자는
욕망의 흐름을 해석한다

산업이 재편하는 세계 질서

각자도생 자본주의 시대엔
시장 개방과 자유무역의 시대를 지나
국가 주도의 산업 경쟁력 강화와 공급망 재편에 초점이 맞추어진다.
2부에선 이런 현시대에
기업과 국가 경영이 어떤 의미를 갖는지,
산업별 생존 전략은 어떻게 바뀌어야 하는지 살펴본다.
기업과 국가 경영의 경계가 희미해지며
서로 복잡하게 얽혀가는 지금 같은 시대엔
양쪽의 경영 방식을 모두 이해하고
현실에 맞게 해석하는 지혜가 필요하다.
치열한 글로벌 경쟁 속에서 국가와 기업이
어떻게 생존하고 번영할 것인지 그 답을 찾아가 보자.

트럼프 대통령,
경제 질서 재편을 선언하다

OBBBA, 거대하고 아름다운 법안

2025년 7월 4일, 도널드 트럼프 대통령의 서명으로 OBBBA One Big Beautiful Bill Act가 정식 법안으로 발효됐다. 이 법안으로 트럼프 대통령은 세금 감면부터 불법 이민 차단, 부채한도 상향, 이전 정부의 정책 지우기 등 정책 추진 동력을 확보했다. 내치內治에서 자신의 핵심 대선 공약들을 실현할 수 있는 기반을 마련한 것이다. 이 '거대하고 아름다운 법안'의 주요 목적을 살펴보자.

가장 먼저 세금 감세를 통한 경제 번영이다. 트럼프 2기 행정부는 OBBBA를 '미국 역사상 가장 큰 감세'로 규정하며, 2017년 제정된 감세 및 일자리법TCJA의 만료에 따른 약 4조 5000억 달러 규모의 세금 인상을 막는 게 최우선 목표라고 밝혔다. 이를 통해 노동자와 가계의 가처분소득을 늘려 소비 등 경제활동을 촉진하겠다는 것이다.

다음으로 미국 우선주의에 입각한 산업 및 에너지 정책 재편이다. OBBBA는 미국 내 에너지 탐사 및 생산을 장려하고, 제조업의 미국 내 리쇼어링reshoring을 유도하며, 국방 산업 기반을 강화하는 것을 목표로 한다. 이는 조 바이든Joe Biden 행정부의 그린뉴딜Green New Deal 정책, 특히 인플레이션 감축법IRA을 체계적으로 폐기하는 것과 맞물려 있다. 전기차 의무화를 폐지하고, 소비자의 선택을 존중한다는 명분 아래 화석연료 중심 에너지 정책으로 회귀하는 것은 OBBBA의 핵심 중 하나다.

국가 안보 및 국경 통제 강화도 있다. OBBBA의 중요한 축은 국방비 증액과 국경 통제 및 추방 작전을 위한 전례 없는 규모의 예산 배정이다. 이는 국경을 확보하고, 외부 침략으로부터 국가를 방어한다는 안보 논리에 기반한다.

논란의 여지가 있지만 재정건전성 확보도 내세우고 있다. 트럼프 2기 행정부는 OBBBA가 역사상 최대 규모인 1조 7000억 달러의 의무 지출을 절감하고, 경제 성장을 촉발하여 비용을 상쇄함으로써 국가의 재정건전성을 개선한다고 주장한다. 백악관 경제자문위원회CEA는 OBBBA가 미국 GDP를 최대 5.2퍼센트까지 끌어올릴 뿐 아니라 평균 노동자의 연간 실질 임금을 7200달러까지 상승시키는 등 막대한 경제적 이익을 가져올 것이라고 예측했다. 또한 경제 성장을 통해 최대 3조 7000억 달러에 달하는 세수가 추가로 확보되며 재정 적자를 줄일 것이라고 강변했다.

그러나 이런 주장에 대해선 많은 반대 의견이 있다. 의회예산처CBO, 펜 와튼 예산 모델PWBM, 책임 있는 연방예산위원회CRFB 등 비당파적 분석 기관들은 훨씬 암울한 전망을 내놓고 있다. 의회예산처는 OBBBA가 향후 10년간 재정 적자를 최대 4조 1000억 달러까지 증가시킬 것으로 추산했다. 또한 GDP 성장률은 최대 1.2퍼센트 증가에 그치는 미미한 수준이며, 30년간 국가 부채가 19조 달러까지 늘어날 수 있다는 예측도 제기됐다. 이렇게 늘어난 부채가 민간 투자를 몰아내면서 장기적으로는 오히려 마이너스 성장을 기록할 수 있다는 것이다.

OBBBA의 이런 주요 목적들은 서로 분리된 정책이 아니라 미국 연방정부를 민족주의적 포퓰리즘 이념에 따라 근본적으로 재정비하려는 트럼프 대통령의 일관된 시도로 이해해야 한다. 즉 OBBBA는 세금 정책, 지출 우선순위, 규제 변경 등 모든 정책 수단을 동원하여 기후 위기 협력, 사회 복지, 자유무역보다 화석연료, 국가 안보, 국내 생산 등을 우선시하는 거대한 이념 전환을 시도하고 있다. 따라서 향후 미국 연방정부의 정책 방향 또한 관세 등 특정 사안에 대한 협상을 안보 분담금, 시장 개방 등과 같은 다른 사안들과 연계해서 진행할 가능성이 있다. 그렇다면 OBBBA가 미국 내 개인과 기업에 어떤 영향을 미치는지 살펴보자.

개인 세금 면에선 낮은 소득세율이 연장되고 표준공제가 높아지는 한편, 일부 개인 공제는 폐지됐다. 팁 소득이나 초과근무수당에 대해 한시적으로 공제받을 수 있는 규정이 도입되는 점도 개인 납세자라면 주목할 만하다. 고소득층에 한해 단계적으로 축소되긴 하지만, 주 및 지방세SALT 공제 한도 또한 약 4만 달러로 일시적 상향 조정됐다. 중산층이나 일반 근로자 입장에서 세금 부담이 낮아지고 혜택을 받을 수 있는 조항이 늘어난 셈이다. 그러나 일부 조항은 한시적 시행(2028년까지)이라 모든 혜택이 영구적이지는 않다.

기업 입장에선 장비 투자나 연구개발R&D 비용에 대해 100퍼센트 즉시 비용 처리가 가능해졌다. 특허권, 상표권 등 글로벌 기업이 세율이 낮은 국가에서 벌어들인 무형소득에 대한 실효세율도 14퍼센트 인상됐고, 세율이 낮은 국가에서 세금을 내던 글로벌 기업이 차액만큼 본국에 다시 세금을 내도록 부과했던 세원잠식방지세 또한 약 10.5퍼센트 수준으로 설정됐다. 따라서 사실상 OBBBA는 OECD의 글로벌 최저한세인 15퍼센트 규정에서 미국계 글로벌 기업들의 방패막이 되어주고자 하는 의도로 설계됐다고 평가받는다. 즉 단순한 감세가 아니라 제조업, 연구개발, 화석연료 등 특정 산업에 유리하도록 설계된 산업 정책적 세제 수단인 것이다.

앞서 살펴본 것처럼 OBBBA에선 국방 및 국경 안보 예산이 대폭 증대됐다. 특히 국경 안보를 위해 2029년까지 이민세관단속국ICE 예산을 10배 증대하는 계획이 포함되어 있다. 청정에너지 세액공제는 폐지되거나 축소됐고, 복지 프로그램 이전 등 연방정부가 주정부로 재정 부담을 이전하기 위한 조항들이 포함됐다.

아마 이 시점에서 궁금해진 독자들이 있을지도 모른다. 우리가 왜 미국 법인 OBBBA의 조항에 대해서 알아야 하는지 말이다.

먼저 OBBBA의 이 조항들은 미국의 납세자나 기업뿐 아니라 글로벌 공급망, 국제조세 체계, 외국인 투자 등에 직접적인 파급 효과를 가진다. 또한 기업 투자유인(감가상각, 연구개발 비용 처리 등)을 강화하면서 미국 내 제조업의 회복과 자국 내 생산 강화란 트럼프 2기 행정부의 정책 전략 방향도 뚜렷해졌다. 이는 우리나라의 삼성, SK, 현대 같은 글로벌 기업들이 미국 내 투자를 재고하게 만드는 요인으로 작용한다.

국경 안보와 이민 단속 강화는 국가 간 이동, 인력 수급 등에 영향을 줄 수 있다. 특히 이민세관단속국의 예산이 10배 증가한다는 것은 미국 내 해외 인력, 비자 정책, 이민자 유입 경로에 변화 가능성이 있음을 내포하며, 특히 미국에서 일하거나 투자하는 한국인들도 주목할 만한 사안이다.

마지막으로 청정에너지 지원 축소 및 화석연료 중심 전환은 글로벌 기후·에너지 공급망 재편에 연쇄효과를 가져온다. 미국이 공제 혜택, 보조금 등 청정에너지 관련 인센티브를 줄이면 타국 경쟁력이 올라가거나 에너지·소재 관련 기업 구조가 바뀔 수 있다.

쉽게 말하자면 OBBBA는 세율을 낮추는 것을 넘어 제조업, 연구 개발 등 특정 활동과 초과근무자, 팁 소득자 등 특정 집단에 유리하도록 당근과 채찍 구조를 아주 치밀하게 설계해 둔 산업 정책이다.

관세라는 21세기 전쟁터

트럼프 2기 행정부는 한국과의 새로운 무역 협상이 타결되지 않을 경우 2025년 8월 1일부터 한국의 모든 수출품에 25퍼센트의 상호 관세를 부과하겠다고 명확히 경고했었다. 이런 미국의 요구는 단순한 관세 문제를 넘어 한국의 농산물 시장 개방, 디지털 플랫폼 규제 완화 그리고 비관세 장벽 철폐 문제와도 연결된다. 한국은 관세 충격을 최소화하면서도 자율성과 기술 주권을 지킬 수 있는 균형점을 찾아야 했다. 즉 관세 협상은 단순 세율의 문제가 아니라 산업 및 국가 전략의 시험대였다.

다행히 경주에서 치러진 2025 APEC(아시아태평양경제협력체) 한미 정상회담에서 무역 협상의 일정 합의점을 찾았다. 상호관세율은 15퍼센트로 지속 적용됐고, 자동차와 자동차 부품 관세도 15퍼센트로 조정됐다. 반도체 분야에서도 한국이 주된 경쟁국인 대만에 비해 불리하지 않은 수준으로 관세율이 합의됐다. 이런 합의는 지난 한미 자유무역협정FTA의 틀을 유지하면서도 미국의 핵심 요구를 부분적으로 반영한 타협적 성격을 갖는다.

초미의 관심사였던 대미 금융투자는 총 3500억 달러(약 497조 원) 규모로 합의됐다. 현금 투자 2000억 달러(약 284조 원)와 조선업에서의 협력 투자 1500억 달러(약 213조 원) 구성이다. 투자는 한 번에 하지 않는 대신 연간 200억 달러 한도 내에서 사업 진척 정도에 따라 단계적으로 집행되며, 한국 외환 시장의 부담을 최소화할 수 있는 구조로 설계됐다. 특히 '미국의 조선업을 다시 위대하게Make American Shipping Great Again', 이른바 '마스가MASGA 프로젝트'로 명명된 조선업 협력 투자 1500억 달러는 한국 기업 주도로 추진되며 투자외 보증도 포함한다. 마스가 프로젝트는 중국의 '해양 실크로드' 전략에 맞서 해양 패권을 되찾으려는 미국의 장기적 지정학 전략의 핵심이다. 이는 미국 내 기존 조선소 인수 또는 신규 조선소 신설, 기자재 공급망 재구축, 조선 인력 양성, 유지보수 및 정비MRO, 심지어 자율운항 및 디지털·친환경 조선 기술 이전까지 포함하는 광범위한 협력 패키지다.

조선업은 바이든 행정부 때부터 미중 갈등의 새로운 전쟁터였다. 미국은 중국이 보조금과 세제 혜택으로 전 세계 조선업 시장의 절반 이상을 차지할 만큼 성장했다는 데 우려를 표한다. 2024년 대선을 앞두고 조선업 경쟁력과 공급망이 완전히 중국에 넘어가면 해상 지배권을 빼앗길 수 있다는 여론이 확산됐다. 실제로 지난 20년 동안 중국이 세계 운송·물류 네트워크를 장악해 나가는 동안 미국의 조선업은 지속적으로 쇠퇴했다. 이에 미국 연방정부에서도 무역법 제301조에 따라 조선업에 실행 가능한 적절한 조치를 취해야 한다는 입장을 취하기 시작했다. 한국의 조선업은 미국이란 든든한 우방과 함께 더 큰 성장을 도모할 수 있을 것이다. 마스가 프로젝트에서 한국은 미국의 전략적 핵심 동반자일 수밖에 없기 때문이다.

이번 합의는 APEC에서 강조된 기술·공급망·안보 협력 논의와도 맞물린다. APEC 기간 중 이루어진 한미 정상회담에선 다자무역보다 반도체, AI, 배터리, 첨단 제조업 등 전략 산업에서의 국제 협력이 부각됐고, 한국과 미국 모두 공급망 안정과 기술 협력의 필요성을 확인했다. 이제 단순한 관세 조정만으로는 안정적 전망을 확보하기 어렵게 된 만큼 이에 따라 산업별로 기회와 리스크가 복합적으로 나타날 수 있다.

APEC 정상회담을 통해 전체 수출 구조와 한미 동맹 관계의 구조적 변화 가능성도 엿볼 수 있었다. 앞서 말했듯 기술·공급망·안보를 통합한 경제외교 전략이 강조되며 미국과의 관계 또한 일반적인 무역 협상국에서 경제·안보 패키지 상대국으로 중요도가 더 상승했다. 이런 전환은 앞으로 정부와 기업이 지정학적·경제적·국가 안보적 관점에서 대미 전략을 재설계할 필요가 있음을 의미한다.

200억 달러씩 10년간 분납하는 2000억 달러의 대미 금융투자 추진을 자세히 살펴보면 2025년 하반기에 1달러 환율이 1500원에 육박하던 고환율 상황을 봤을 때 상당한 압박이 될 수 있다. 이 외에도 산업별 협력 사업 추진 과정에서 여러 변수가 있을 것이다. 그러니 매년 사업 진척도를 고려한 단계별 투자 방식이 실제로 어떻게 이행될지도 중요하다. 정부와 기업은 단기적 관세 충격과 장기적 산업 전략을 동시에 고려해 각 산업 분야별 시장 접근과 투자 실행 전략을 세밀하게 조율해야 한다.

이렇듯 세계 경제는 트럼프 대통령의 관세 정책으로 큰 불확실성에 직면했다. 트럼프 대통령이 국제비상경제권한법IEEPA을 근거로 광범위한 관세를 부과할 수 있는지는 다시 논쟁으로 떠오르고 있다. 이 법안은 본래 외국의 비상 위협에 대응하기 위해 만들어진 법이었다. 금융자산 동결이나 특정 거래 제한 같은 규제적 조치를 상정한 것이지, 이렇게 전방위적인 대규모 관세를 부과하기 위한 도구가 아니다. 미국의 하급심 법원은 트럼프 대통령의 관세 부과 권한이 헌법이 정한 범위를 넘어선다고 판단했다. 이 판례는 법적 해석을 넘어 경제적·정치적 파장을 불러오며 시장에도 또 다른 중대한 불확실성으로 확산됐다. 하지만 이런 법원 판결에도 트럼프 대통령이 다른 수단들을 동원해 결국 관세를 부과하리란 사실을 부정하는 사람은 많지 않다. '트럼프 2.0 시대', 세계 경제의 가장 약한 고리는 여전히 무역 정책이다.

고전에서 찾은 트럼프 대통령의 전략

미국이 독립을 선언한 이듬해인 1777년 6월 14일, 성조기가 미국의 국기로 채택됐다. 트럼프 대통령은 그로부터 169년이 지난 1946년, 성조기가 탄생한 날에 태어났다. 그는 조국에 대한 자부심이 대단한데, 세계에서 가장 위대한 경찰과 세계 최고 정예의 군대 덕분에 자신과 가족이 안전하게 생활할 수 있다는 사실에 항상 가슴 벅차했다.

초등학교 2학년 때 그는 음악 교사의 얼굴을 때려 퇴학당할 뻔한 적이 있다. 아버지는 그런 아들을 뉴욕군사학교로 보내 투철한 군인 정신을 갖추게 했다. 그 영향인지 트럼프는 저서 『챔피언처럼 생각하라Think Like a Champion』에서 『손자병법』의 지혜를 배우라고 말한다. 미국이 중국과 패권 전쟁을 벌이는 지금 상황에서 기원전 6세기에 쓰인 중국의 병법서를 읽어보란 그의 말은 매우 역설적으로 느껴지기도 한다.

실제로 모든 것을 전략적으로 생각하는 그는 『손자병법』에서 많은 것을 배웠다고 한다. 『삼국지』의 조조나 인천상륙작전을 펼쳤던 더글러스 맥아더Douglas MacArthur 장군 역시 자신이 본 여러 병법서 중에서 가장 뛰어난 책이 『손자병법』이라고 했으니, 책의 위상을 알 만하리라. '적을 알고 나를 알면 100번을 싸워도 위태롭지 않다'는 말은 누구나 한 번쯤 들어봤을 것이다. 그만큼 『손자병법』은 오늘날

• 2020년 노스캐롤라이나주 그린빌
에서 열린 마가 유세 현장

에도 경쟁이 극심한 사회를 살아가는 각계각층의 사람들에게 삶의 지혜를 전달해 주는 최고의 고전이다.

이 책은 제나라의 손무가 중국 춘추전국시대를 배경으로 썼다. 5가지 전쟁의 기본 원칙을 담고 있는데, 그중 하나가 전쟁의 이유가 분명하고 바른 것이어야만 국민을 하나로 모을 수 있다는 것이다. 트럼프 대통령은 2016년과 2024년 대선 후보였을 당시 '미국을 다시 위대하게Make America Great Again', 즉 '마가MAGA'를 슬로건으로 내세우며 국민 단합을 꾀하고자 했다. 이런 기조는 국경 보호, 에너지 개발 활성화, 트럼프 1기 행정부 때의 감세 정책 연장, 관세 인상 같은 미국 우선주의를 강조하는 공약들로 이어졌다. 여당인 공화당을 향해서도 가능한 한 빨리 서명할 수 있도록 어서 법안을 만들어 본인 책상으로 보내라고 재촉했을 정도다.

국민 단합 외에도 『손자병법』에선 적기適期, 지형, 훌륭한 장수, 규범 등 다른 4가지 원칙이 승리에 필수적이라고 강조한다. 방대한

책의 내용 가운데 트럼프 대통령의 마가에 맞는 몇 가지 전략을 소
개해 보고자 한다.

1. 적을 뜻대로 움직이기 위해선 이익에 끌리도록 하라

트럼프 대통령은 이념보다는 실리를 우선하며 상대가 작은 이익
이라도 얻는다는 생각을 유도해 자신의 의도대로 움직이게끔 한다.
북한과의 대화, 러시아와의 군사 협력 사례에서 볼 수 있듯 때로는
'적과의 동침'도 불사하며 협상과 거래를 전략적으로 활용한다. 따
라서 한국도 미국과의 협상에서 실리를 챙기면서 산업 보호와 일자
리 확보란 국익을 최우선에 두어야 한다. 투자와 경제적 혜택을 제
공하며 미국의 관심을 유도하되 우리가 얻는 조건을 명확히 확보하
는 전략적 접근이 필요하다.

2. 전쟁엔 엄청난 돈이 든다

『손자병법』에선 전쟁과 전략에 충분한 자원과 계획이 필요하다
고 강조한다. 트럼프 대통령은 이를 경제적 수단으로 활용한다. 멕
시코·캐나다 국경 강화와 관련된 관세 압박은 상대를 협상 테이블
로 끌어들이는 전략적 행동이었다. 캐나다의 마크 카니 Mark Carney
총리는 트럼프 대통령 자택에서 약 3시간 동안 회담하며 국경 강화
예산으로 13억 캐나다달러를 약속했는데, 이는 트럼프 대통령이
상대의 비용 부담을 통해 목표를 달성하는 전형적 방식이다.

한편 미군 주둔 비용 문제는 트럼프 대통령이 경제 카드로 국가 방위와 외교를 활용하는 대표 사례다. 그는 한국에도 부담해야 할 연간 분담금을 현재 수준보다 크게 올리려 했는데, 이는 단순한 비용 문제가 아니라 미국이 방위 부담을 최소화하면서 상대국에 실질적인 경제적·정치적 양보를 얻어내려는 전략이다. 즉 주둔 비용을 협상 카드로 삼아 동맹국의 경제적 부담을 증대시키면서 자국 내 정치적 지지와 재정적 이익을 동시에 확보하려는 속셈이다.

3. 싸우지 않고 적을 굴복시켜라

진정한 승리는 무력이 아니라 지혜에서 나온다. 트럼프 대통령은 관세, 투자, 에너지 거래, 미군 주둔 비용 조정 등 다양한 수단으로 상대를 압박하면서도 협상을 통해 자신에게 유리한 결과를 얻어낸다. 이런 전략은 백전백승보다 싸우지 않고 상대를 굴복시키는『손자병법』속 원칙을 보여준다. 동시에 그는 행정부의 기강을 다지고 경제·외교 주도권을 확보하며, 중국과의 관계에서도 실리와 전략적 균형을 모색한다.

결론적으로 한국은 트럼프 대통령과 같은 일관되지 못한 상대와 협상할 때 단순히 맞추거나 따라갈 게 아니라 전략적 주도권과 실리를 확보하고자 해야 한다. 아무리 잘 조직된 군대라 해도 규율이 바로 서지 않으면 힘을 제대로 발휘할 수 없듯 국가 운영에서도 리더십과 기강은 필수다. 트럼프 대통령은 이미 행정부 기강을 다스리는 단계에 진입했으며, 트럼프 2.0 시대의 주도권을 잡기 위한 전략적 주사위를 던진 상태다. 중국을 견제하려는 미국의 입장에 동조하면서도 동시에 실리를 도모할 방안을 모색해야 하는 복합적 상황에서 한국과 미국, 양국 지도부의 호흡과 협력이 그 어느 때보다 중요해졌다.

트럼프 대통령의 세계 경제 질서 재편에 대응하기 위해 한국이 취해야 할 자세 역시 앞서 살펴본 워런 버핏의 태도에 찾을 수 있다. 버핏은 단기적 변동과 주변 소음에 휘둘리지 않고, 장기적 가치와 원칙을 중심으로 행동하며 기회를 선별했다. 트럼프 2.0 시대의 불확실성 속에서 한국도 그래야 한다. 이런 관점에서 워런 버핏 등의 이야기를 통해 불확실한 자본주의 시장에서 어떻게 전략적 선택과 장기적 안목을 유지할 수 있을지 살펴보자.

• • •

트럼프 2.0 시대를 바라보는 두 부자의 시선

2025년 봄은 유별났다. 기온과 강수량 변화가 눈에 띄게 심했다. 건조한 날씨가 한동안 계속되다가 집중호우가 내리는 등 변덕이 죽 끓듯 했으니 말이다. 우리뿐 아니라 전 세계가 기상재해로 몸서

리를 쳤다. 앞서 말했던 2025년 1월, 미국 로스앤젤레스에서 발생한 산불은 최근 40년 동안 캘리포니아주 지역에서 발생한 화재 중 가장 심각했다. 우리나라에서도 크고 작은 화마가 있었다. 그래서 2025년 캐나다에서 개최된 G7 정상회의에서 여기저기 참사로 이어진 산불에 대한 지구촌의 공동 대응 조율은 너무도 중요했다.

산불은 기후, 환경, 국가 경제 등에 심각한 영향을 미치기 때문에 국제적인 공동 대응이 필요하다. G7은 세계 경제 강국들로 구성되어 있어 산불 진화와 재해 복구에 필요한 기술적·재정적 지원을 해 줄 수 있다. 하지만 트럼프 대통령은 산불을 기후 변화에 따른 문제로 보지 않는다. 그는 기후 변화가 인간 활동 때문이 아니라 단순한 자연현상이라고 믿는다. 정부가 나서서 기후 변화 대응책을 세우는 것을 반대하는 그를 보며 기후 변화에 민감한 많은 전문가가 그의 태도를 비난했다. 그중엔 2025년 5월, 은퇴를 선언한 워런 버핏도 있었다.

버핏은 60년 동안 버크셔해서웨이를 이끌었다. 회장직에서 물러난 그는 산불과 기후 위기를 심각하게 바라봤다. 그 이유로 우선 사업적 리스크를 들 수 있다. 버핏은 에너지·유틸리티 사업에서 산불 증가 문제, 특히 미국 서부 대형 산불이 전력망에 미치는 영향에 주목했다. 산불로 인해 전력 기업의 수익이 감소하고, 전력망 안정성이 위협받는 상황도 발생할 수 있기 때문이다. 보험 사업도 마찬가지다. 버크셔해서웨이는 보험 회사를 소유하고 있다. 산불, 폭우 등 기후 관련 재해는 보험금 지급 증가로 이어져 회사의 수익에도 부정적 영향을 미칠 수 있다.

나아가 그는 미래 세대를 아끼는 투자가로서 ESG(환경, 사회, 거버넌스) 경영 차원에서 산불 문제를 사회적 문제라고 보기도 했다. 해가 갈수록 점점 심화하는 기후 변화의 피해로 버핏은 환경 보호의 중요성을 강조했다. 기후 변화 문제를 경제적인 문제로만 인식하지 않고, 인류의 지속 가능한 미래를 위협하는 중차대한 문제로 생각한 것이다.

사실 버핏은 정치적 사안이나 논란이 될 주제에 대해선 언급을 피하기로 유명하다. 민주당의 대선 후보였던 힐러리 클린턴Hillary Clinton에 대해 공개 지지 선언을 한 이래로 그는 민주당을 지지하면서도 더 이상 그 어떤 후보도 공개적으로 지지한 적이 없다. 그러나 트럼프 대통령을 바라보는 그의 시선은 분명 곱지 않다. 2025년 3월, CBS 〈선데이 모닝〉과의 인터뷰에서 버핏은 관세 협상이 전쟁 행위란 견해를 밝혔다. 사실상 트럼프 대통령을 향해 반기를 든 것이다.

버핏은 기업들이 미국에서 파는 제품을 미국에서 만들도록 강요하기 위해 관세를 부과한 트럼프 대통령의 정책을 비판했다. 특히 무역은 무기가 아니라 서로 협력하여 경제를 발전시키는 도구란 점을 강조했다. 또한 트럼프 대통령의 관세 정책으로 많은 사람이 피해를 볼 것이란 점을 지적하며, 미국 경제에 부정적인 영향을 미치는 데서 나아가 그의 정책이 전 세계 75억 명을 달갑지 않게 만들 것이라 말했다.

한편 일론 머스크는 트럼프 2기 행정부와 함께 뛰며 정책과 규제 환경이 기업 경영에 영향을 미치는지 직접 체험했다. 특히 그는 정책을 둘러싼 논란을 통해 정치적 변동성에 기업 경영 전략을 어떻게 맞추고 리스크를 관리해야 하는지 그 중요성을 재확인했다. 모두의 예상대로 트럼프 대통령과 머스크의 관계에 균열이 생겼지만, 여기서 중요한 것은 그들의 불화가 아니다. 트럼프 2.0 시대에 머스크가 어떻게 새로운 정치·경제 환경을 인식하고 대응했는지를 보아야 한다.

머스크의 기업 경영 기조는 그때의 경험을 통해 조금 달라졌다. 트럼프 2기 행정부에서 신설된 정부효율부^{DOGE} 공동수장이었을 때의 경험과 트럼프 대통령과의 갈등은 기업이 정치 환경에 지나치게 의존할 경우 발생할 수 있는 위험을 직접 경험한 사례가 됐다. 이후 머스크는 정치적 우호나 연줄에 의존하기보다 정책 변화와 시장 변동성에 대응할 수 있는 유연한 전략과 독립적 경영 판단을 강화하는 쪽으로 움직였다.

이런 머스크를 보며 버핏은 어떻게 생각할까? 버핏의 오랜 친구이자 버크셔해서웨이의 부회장이었던 찰리 멍거^{Charles Munger}는 그들과 머스크의 차이를 묻는 질문에 머스크는 불가능한 일들에 도전해서 해결하는 것을 좋아하지만, 우리는 우리가 식별할 수 있는 쉬운 일을 찾는다고 대답하기도 했다.

실제로 머스크와 버핏은 서로 상대의 능력과 성취를 존중하지만, 접근 방식이나 생활 철학 등에서 극명한 차이를 보인다. 머스크는 복잡하고 불확실한 문제를 직접 다루는 것을 즐긴다. 그는 불가능을 가능으로 만드는 집념과 혁신적 도전으로 주목받으며, 변화와 불확실성을 기회로 삼아 공격적으로 혁신하는 대신 일정 부분 리스크를 감수하는 식으로 미래를 설계한다. 머스크가 기존의 '경제적 해자' 개념을 비판하며 테슬라를 중심으로 새로운 기술 우위를 구축하려는 전략은 바로 이 불확실성 속에서 자신만의 방식으로 경쟁력을 확보하려는 시도다. 그는 이를 통해 큰 성공을 거두기도 하지만, 큰 실패에 직면하기도 한다.

반면 버핏은 안정적 기반과 장기적 가치에 초점을 맞추며, 과도한 시간과 에너지를 한 프로젝트에 쏟는 생활 방식은 자신과 맞지 않는다고 봤다. 그는 불확실성을 통제할 수 있는 범위 내에서 관리하며, 정치적 변동과 관계없이 장기적 수익과 원칙을 지키는 방식을 택했다. 그래서 원칙 중심의 경영을 선호하며, 그 덕분에 외부 충격이나 변동에 흔들리지 않는다.

이처럼 정치·경제 환경이 급변하는 상황 속에서 두 사람이 보여주는 태도는 흥미로운 대비를 이룬다. 변동성과 혼란 속에서 기회를 포착하며 공격적 혁신을 택할 것인가. 안정적 성장과 방어적 구조를 추구할 것인가. 결국 두 사람의 차이는 불확실성의 시대에서 우리가 취해야 할 전략적 자세의 예시다. 버핏의 안정 전략과 머스크의 혁신 전략은 각각 다른 형태의 성공과 지속 가능성을 보여준다. 이 두 접근법을 적절히 조합한다면 예측 불가능 시대를 사는 우리에게 중요한 인사이트가 될 것이다.

버핏과 머스크는 성격과 접근 방식이 저마다 다르지만, 자신의 길을 개척하고 장기적 안목에서 주체적으로 판단한다는 공통점이 있다. 단순히 재산을 축적하는 것에 그치지 않고, 오늘날 변화무쌍한 환경 속에서 자신의 전략과 원칙을 지켜가며 기회를 놓치지 않는 법을 보여준다. 이런 공통점과 차이점은 우리에게 아주 중요한 통찰을 제공한다. 눈앞의 유혹이나 외부 압력에 흔들리지 말고, 자신만의 판단 기준으로 장기적 관점에서 시장을 읽을 줄 알아야 한다. 동시에 어느 정도의 도전과 모험을 감수하며 위험과 기회를 식별할 줄 알아야 하고, 그 과정에서 전략적 선택도 필요하다.

트럼프 2.0 시대는 우리를 포함한 전 세계인에게 예측할 수 없는 불확실성 시대의 문을 열었다. 이런 상황에서 두 부자는 장기적인 가치와 기회를 고려하며 꾸준히 길을 개척해 나가는 태도의 중요성을 일깨운다.

전쟁,
자본을 움직이는 거대한 위협

* * *

전쟁은 돈이 된다

글로벌 자동차 기업인 포드 모터 컴퍼니를 창립한 헨리 포드Henry Ford가 말했듯 모든 전쟁은 은행가의 전쟁이다. 전쟁은 그 자체로 막대한 비용이 들지만, 거기서 이익을 보는 것은 자본을 가진 사람들이다. 프랑스 속담에서도 '전쟁은 가난한 사람들이 죽고, 자본가들이 이익을 보는 사업'이라고 했다. 애덤 스미스 또한 전쟁은 국가가 벌이지만, 그 비용은 결국 국민의 주머니에서 나온다고 지적했다. 이런 전쟁에 관한 격언들은 지금까지도 유효하며, 전쟁과 돈은 인류 역사에서 떼려야 뗄 수 없는 관계임을 보여준다.

전쟁은 때로 경제적 이유로 발발한다. 인류 역사에서 석유, 금속, 식량, 물 등 자원을 둘러싼 전쟁은 계속 반복됐다. 19세기 아편전쟁은 중국 시장을 열기 위한 영국의 경제적 전쟁이었고, 1990년 걸프전은 이라크의 석유 야욕과 관련됐다. 식민지 시대 제국주의 국가들이 벌였던 전쟁 역시 새로운 시장과 노동력, 원자재 확보를 위한 경제적 전쟁이었다.

부국富國이란 관점에서 보면 전쟁은 정부 재정을 불가피하게 확장하게 만드는 요인이다. 무기, 군대, 보급, 복구 등 다양한 곳에 천문학적 자금이 필요하며, 자연스럽게 국채 발행이나 세금 인상이 뒤따른다. 제1차 세계대전 이후 독일에서 발생한 하이퍼 인플레이션hyper inflation이 대표적인 사례다. 제2차 세계대전 때도 미국이 전쟁 채권war bonds을 판매해 자금을 동원했는데, 전쟁이 끝난 뒤 통화량 증가로 인플레이션이 발생하기도 했다.

하지만 아이러니하게도 전쟁은 경제를 자극해 성장시키기도 한다. 군수軍需, 차량, 식량 등 전쟁물자 수요 폭증으로 특정 산업을 성장시키기도 하며, 군사 기술이 민간 기술로 전환되면서 경제 발전을 견인하기도 한다. 인터넷, GPS, 원자력, 항공 기술 등은 모두 전쟁 기술에서 비롯됐다. 20세기를 대표하는 영국의 경제학자 존 메이너드 케인스John Maynard Keynes가 말했듯 총수요가 침체된 경제 상황에서 군비 지출은 경기부양 효과를 낸다. 하지만 '최악의 경기부양책'이라는 역설적 평가도 같이 존재한다.

전후 재건 프로젝트 등은 막대한 투자 수익을 안겨주기도 한다. 제2차 세계대전 후 미국의 유럽 재건 지원은 서방 경제 안정과 냉전 시대 초기 자본주의 진영 질서 확립에 기여했다. 미국의 제34대 대통령인 드와이트 D. 아이젠하워Dwight D. Eisenhower가 퇴임 연설에서 경고했듯 군부, 산업계, 정치권이 얽혀 전쟁을 통해 이익을 추구하고자 하는 구조는 견고한 카르텔을 형성할 수 있다. 이는 불필요한 군비 경쟁과 지역 분쟁을 조장할 위험을 내포한다. 현대에 이르러 전쟁은 전통적 군사 충돌을 넘어 사이버 전쟁, 정보 전쟁, 경제 제재, 금융 봉쇄, 통화 전쟁 등 다양한 형태로 진화했다. 민간 군사 기업인 아카데미(블랙워터)와 같은 기업들이 군사 작전을 수행하며, 전쟁이 하나의 비즈니스가 되는 양상도 나타나고 있다.

전쟁이란 리스크는 경제를 크게 뒤흔든다. 금융시장에 즉각적인 충격을 주며 주가 하락, 금값 상승, 유가 급등 등 경제적 변동을 유발한다. 오늘날 전쟁과 경제의 관계를 이해하려면 부국의 전략과 이익 구조를 동시에 살펴야 한다. 전쟁은 국방 수단 중 하나일 뿐 아니라 경제적·정치적·자본적 계산이 깔린 수단이며, 국가·시장·기업을 망라해 광범위하게 영향을 끼친다. 그러나 오늘날에도 이런 전쟁의 그림자 속에서 자본가들이 기회를 포착하고, 국가의 전략적 판단 속에 국민이 그에 따른 비용을 치르게 된다는 사실엔 변함이 없다.

패권 전쟁에 떠오르는 방위 산업

2022년 2월에 발발한 러시아-우크라이나 전쟁, 2023년 10월에 발발한 이스라엘-하마스 전쟁 등 여전히 세계 곳곳에서 지정학적 긴장이 이어지고 있다. 아이러니하게도 전 세계적으로 방산업체들의 주가가 급등하며 이 분야의 전망이 좋아졌다. 2025년 국내 주식 시장에서 방위 산업이 주목받은 것도 군사 기술에 대한 세계의 수요와 연계된 결과다. 국내 방산업체들은 첨단 무기 체계, 군용 드론, 방위 통신 장비 등 다양한 분야에서 경쟁력을 확보하며 해외 시장 진출 가능성을 모색하고 있다.

한동안 전쟁이 줄던 때는 국가 국방력이 전쟁 억지력으로 해석됐다. 그러나 이제는 국방력을 전시 수행력과 군수품 보급, 전쟁 지속력 확보 역량과 연결하고 있다. 무기가 부족해지며 전 세계 국방비 상승을 부채질하는 상황이다. SIPRI(스톡홀름국제평화연구소)에 따르면 2024년 전 세계 국방비 지출은 2조 7180억 달러였다. 이는 냉전 종식 이후 가장 크게 증가한 액수며, 연구소가 집계를 시작한 1988년 이래로 사상 최고치다. 동시에 세계 GDP의 2.5퍼센트에 해당하는 규모기도 하다. 주요국들은 지정학적 긴장 속에서 국방을 국가 안보의 최우선 과제로 두고 관련 예산을 확대하고 있다. 특히 유럽과 중동 지역에서 그 증가세가 크게 나타나고 있다. 이런 흐름은 단순히 군사비가 늘어나는 것을 넘어 그 지출이 경제 구조와 산업에 영향을 미친다는 점에서 주목할 필요가 있다. 앞서 언급했듯 전쟁 비용 증가는 전략적 수단인 동시에 경제적 계산의 결과다.

따라서 우리가 지금 시장에서 눈여겨보아야 할 것은 국방비 증가가 경제·기술·정치 구조를 재편하는 신호란 점이다. 국가 안보가 불확실해진 지정학적 환경에서 첨단 기술과 경제 전략 전반에 대한 이해는 필수다. 이는 투자 기회를 살피는 데 그치지 않고, 미래의 세계 질서에서 어떤 위치를 점할 수 있을지 판단하는 중요한 시금석이 될 것이다.

1. 북대서양조약기구의 국방비 지출 증가

북대서양조약기구NATO는 1949년 미국, 영국, 캐나다, 프랑스 등 12개국이 결성한 군사동맹으로, 제2차 세계대전 이후 소련의 영향력 확장을 견제하는 것을 목표한다.

러시아가 우크라이나를 침공한 후 북대서양조약기구(이후 '나토') 는 회원국들의 안보에 가장 중대하고도 직접적인 위협이 가해졌다며 대응을 강화하겠다고 선언했다. 지정학적 위협에 대비해 집단 안보 체제 속에서 자국 안전을 보장받기 위해 유럽 국가들이 나토 가입을 추진했고, 핀란드와 스웨덴 등 전통적 중립국들도 나토에 가입했다. 이는 1990년대 이후 최대 규모의 동맹 확장이었다.

나토는 회원국에 GDP의 2퍼센트를 국방비로 지출할 것을 요구하고 있는데, 일부 국가는 이미 이를 초과했다. 폴란드의 경우

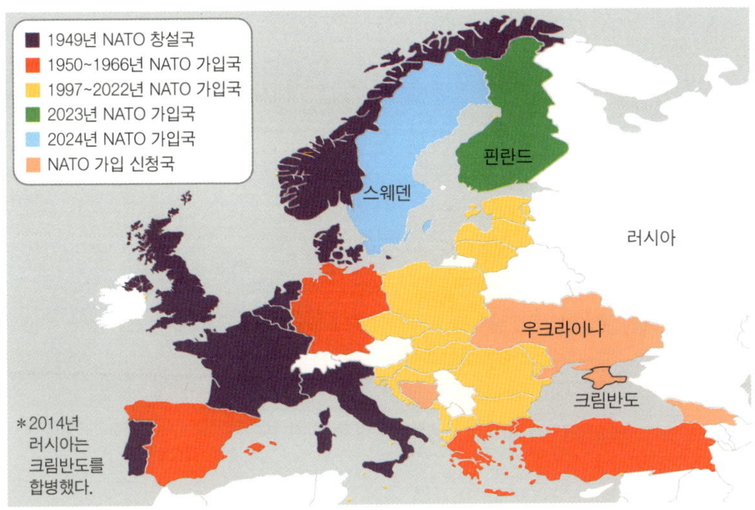

• 1949년 이후 나토의 유럽 내 팽창

2024년 국방비를 1130억 즈워티로 책정하며 전년 대비 국방비 지출을 약 16퍼센트 늘렸고, 독일은 국방비에 827억 유로를 편성해 전년 대비 32퍼센트 증액했다.

　나토의 이런 국방비 증액과 회원국 확장은 군사적 문제에만 머무르지 않는다. 물론 국방비 증액 요구는 한국을 포함한 다른 국가에도 방위비 증가 압력으로 작용할 수 있다. 하지만 전쟁이 자본주의 시장에 직접적으로 영향을 미친 결과 무기 수출, 기술 경쟁, 해외 투자 기회 등이 발생했다. 즉 국방비와 전쟁 리스크가 세계시장에도 중요한 변수가 된 것이다. 그러니 단순히 예산 규모의 변화가 아니라 세계의 군사적 동향이 산업과 시장, 각국 경제 전략 등에 어떤 구조적 변화를 만들어내는지 주목해야 한다.

우리에겐 유럽의 국방력 강화가 기회이자 도전이다. 한화에어로스페이스는 독일에 생산기지를 설립해 유럽 최대 방산업체인 독일의 라인메탈을 추격하고 있고, 현대로템은 역대 최대 규모로 폴란드에 K2 전차를 납품하는 계약을 체결했다. 유럽 전체가 한국 방위산업의 전략 지역이 된 셈이다. 다만 EU(유럽연합) 기반 기업을 선호하는 현지 시장 구조 속에서 한국 기업은 가격과 판매 조건으로 경쟁 우위를 확보하는 게 관건이다.

2. 미국과의 국방 상호조달 협정 체결

SIPRI 등은 미국이 2024년 국방비에 전년보다 5.7퍼센트 증가한 9970억 달러의 국방비를 지출해 전 세계 국방비의 압도적 1위 자리를 지켰다고 추정했다(미국 의회의 2025 회계연도 기준 미국의 국방비는 최대 약 8950억 달러였다). 2위인 중국의 3140억 달러(추정)보다 3.2배 더 큰 규모다. 미국과 중국의 국방비 지출 규모는 전 세계 국방비 지출액의 절반을 훨씬 상회한다. 그만큼 많은 국가가 미국의 대형 방산업체의 필수 부품과 서비스에 의존하고 있다. 록히드 마틴, RTX, 노스롭 그루먼, 보잉, 제너럴 다이내믹스 등이 대표 기업이다.

우리의 방위 산업 또한 미국과의 협력이 불가피해 보인다. 이를 위해 미국과의 국방 상호조달 협정RDP 체결을 확실히 해야 한다. 미국은 무기 도입 시 자국 시장 보호와 군사기밀 유출을 방지하기 위해 수출을 희망하는 업체에 대해 미국산 우선구매 제도를 적용하고 있다. 국방 상호조달 협정은 미국 국방부가 동맹국이나 우방국에 상호조달 제품을 수출할 때 무역 장벽을 없애거나 완화하자는 취지로 체결하는 양해각서다.

미국은 1963년 이후 동맹국 및 우방국 등 28개국과 국방 상호조달 협정을 체결했다. SIPRI의 2024년 국방비 지출 순위에서 상위 15위 국가를 보자. 1위부터 15위까지 차례로 미국, 중국, 러시아, 독일, 인도, 영국, 사우디아라비아, 우크라이나, 프랑스, 일본, 한국, 이스라엘, 폴란드, 이탈리아, 호주 순이다. 세계 방산 수출 15위 이내 국가 중 미국과 협정을 체결하지 않은 국가는 중국, 러시아, 한국 등 3개국뿐인데, 미국의 주요 우방국 중엔 한국이 유일한 비협정국이다. 나토의 수장인 미국과의 협정 체결로 양국 상호 운용성과 표준화 증진을 도모하고 연구개발 협력 확대를 증진해 나토 가입국에 준하는 효과를 일으켜야 한다.

3. 중동 지역 국가들의 국방비 증액

지난 10년간 최대 폭으로 국방비를 올렸던 중동 지역 국가들은 이스라엘-하마스 전쟁의 영향으로 테러와 자국 내 반군과의 무력 충돌에 대비해 국방비를 대폭 높일 것으로 예상된다.

SIPRI에 따르면 2020~2024년 세계 5대 무기 수입국은 우크라이나, 인도, 사우디아라비아, 카타르, 호주였다. 우크라이나는 러시아 침공 이후 무기 수입이 급증해 최대 수입국으로 부상했고, 인도는 지역 안보 상황으로 무기 수입을 늘리고 있다. 사우디아라비아와 카타르는 중동 지역의 지정학적 불안정으로 무기 수입을 지속적으로 확대하고 있는데, 특히 사우디아라비아는 인접국인 예멘의 후티 반군의 공격 위협에 처해 있어 방공 무기 도입이 시급하다. 호주는 지역 안보 강화와 군 현대화를 위해 무기 수입을 늘리고 있다.

중동 지역의 무기 수출을 이제 시작이라고 보는 관점도 있다. 전차, 자주포, 장갑차 등 대부분의 지상 무기가 노후화된 사우디아라비아의 본격적인 무기 교체가 시작될 것으로 보인다. 이미 수출을 계약한 천궁-II의 추가 주문도 충분히 가능해 보인다.

4. 러시아의 뉴스타트 탈퇴와 CTBT 비준 철회

2023년 미-러 핵무기 감축 협정인 '뉴스타트New START'에서 러시아가 참여 중단을 선언했다. 러시아는 포괄적 핵실험 금지 조약CTBT 비준도 철회하는 등 군사비 통제 조약을 무력화하는 모습을 보이며, 자국 방위력 강화를 위해 국방비를 대폭 늘리고 있다. 한편 러시아-우크라이나 전쟁으로 공동화된 유럽의 무기 수요도 증가하고 있다. 전쟁이 끝난 후 평화 유지를 위한 안보 재건은 우크라이나에게 인프라 복구만큼이나 중요한 사안이 될 것이다.

5. 인수합병과 구조적 성장의 필요성

방위 산업은 진입장벽이 높고, 단순한 제품 개발만으로 시장 점유율을 확대하기 어렵다. 따라서 제품의 판로 확보와 제품군 다각화를 위해서라도 인수합병은 선택이 아닌 필수다. 국내 3대 방산업체 중 하나인 LIG넥스원의 고스트 로보틱스 인수 추진 사례는 이런 필요성을 보여주는 신호탄이다.

그러나 한국 방산업체들의 인수합병은 아직 걸음마 수준에 머물러 있다. 여기에 신무기 분야와 첨단 기술에 대한 과감한 투자와 수주도 더해져야 한다. 군용 전기차, AI 기반 무인 전투기, 사족 로봇, 우주 개발, 미사일 방어 등 미래의 전장에 대응하기 위한 기술 투자가 방산 경쟁력의 핵심이다.

한화시스템이 국내 최초로 전력화한 저고도 대對드론 체계 사업 수주는 단순한 계약 이상의 의미가 있다. 한화의 김승연 회장은 방산 사업 수주 실적을 늘리는 데 머무르지 않고, 세계 방산 시장에서 장기적 경쟁력을 확보하고자 했다. 그는 장기적 관점에서 글로벌 방산 생태계 속 전략적 입지를 확보하겠다는 비전에 맞추어 독일 현지 생산기지 설립, 유럽 시장 진출, 첨단 기술 관련 스타트업 투자를 진행했다. 이 과정에서 김승연 회장은 국내 방위 산업의 성장뿐 아니라 나토와 같은 국제적 방위 산업 체계에서 한국이 협상력과 기술적 우위를 동시에 확보해야 한다는 점을 강조했다.

이런 맥락들은 앞서 언급한 나토의 국방비 증액 및 회원국 확장과 자연스럽게 연결된다. 다시 말해 나토의 이런 움직임은 군사적 문제를 넘어 경제 전략과 직결되는 자본주의의 변수다. 김승연 회장이 강조했듯 국내 방산업체들의 인수합병과 투자, 스타트업과의 협력 등은 이런 흐름에서 구조적 경쟁력을 확보하기 위한 필수 전략이다. 전쟁은 산업, 공급망, 투자, 기술 등 여러 분야를 한꺼번에 움직이는 복합적 원인이 될 수 있다는 점을 주목해야 한다.

누구를 위한 전쟁인가

이스라엘과 팔레스타인의 오랜 갈등 속에서 수많은 무고한 민간인이 희생됐다. 이슬람 무장단체 하마스의 테러로 이스라엘은 전쟁을 선포했고, 레바논에 기반을 둔 무장단체 헤즈볼라와 이란의 움직임까지 더해지며 사태는 복잡해졌다. 전쟁은 언제나 '명분'을 내세우지만, 그 이면에서 가장 먼저 희생되는 것은 '이름 없는' 시민들이다. 하지만 이런 비극 속에서도 세계 경제는 냉혹하게 돌아간다. 인플레이션이 장기화되는 가운데 중동 지역의 위기가 자원민족주의와 유가 상승으로 이어질 수 있다는 가능성은 각국 경제에 또 다른 불확실성을 던진다. 시장은 항상 전쟁이란 비극이 남기는 경제적 파장을 먼저 계산한다.

2003년 3월 20일, 이라크전쟁이 발발했을 때도 그랬다. 연합군이 이라크 국경을 넘자마자 국내 주식 시장이 폭등했다. 이른바 '전쟁 랠리'였다. 전쟁이 경제 성장을 자극할 수 있다는 역설적 믿음이 자리 잡은 탓이었다. 그러나 컬럼비아대학교 교수이자 2001년 노벨경제학상 수상자인 조지프 스티글리츠Joseph Stiglitz는 걸프전과 중동전쟁을 사례로, 전쟁은 경제에 유해하다며 반박했다. 그는 영국 일간지《가디언》에서 이렇게 주장했다.

전쟁이 경제 성장의 자극제 역할을 한다고 이야기하지만, 이는 당치 않은 말이다. 1991년 걸프전은 전쟁이 경제에 유해하다는 사실을 극명하게 보여줬다. 이번 전쟁 또한 1973년 있었던 아랍-이스라엘 전쟁처럼 유가 폭등을 낳아 어려운 세계 경제에 더 큰 타격을 줄 것이다.

2008년 노벨경제학상 수상자인 폴 크루그먼Paul Krugman도《뉴욕타임스》에 1973년 아랍-이스라엘 전쟁과 1979년 이란혁명 때의 유가 폭등을 언급하며 스티글리츠의 견해에 동조했다. 경제학자들의 말처럼 2003년의 이라크전쟁은 결국 국제 유가를 상승시켰다.

2008년 세계 금융위기 이후 세계 경제가 침체됐을 때도 경제학자들은 충고를 이어나갔는데, 이때 크루그먼은 전과 달리 위기의 해법으로 전쟁을 언급했다.

미국의 경제 문제를 해결하기 위해선 '가짜 외계인 침략론'이 필요하다. 만약 외계인이 지구를 침략하려는 것을 알게 됐다면 우리는 그 위협에 맞서기 위해 뭔가를 개발해야 한다. 경기 침체를 당장 18개월 안에 해결할 수 있다. 그 과정에서 발생하는 인플레이션과 재정 적자는 부차적인 문제다.

역사적으로 전쟁이 경제의 전환점이 된 순간들은 분명 존재한다. 제2차 세계대전 당시 군수 산업은 대공황을 끝냈고, 미국은 두 차례의 세계대전을 거치는 동안 채무국에서 채권국으로 거듭나며 세계 경제의 중심이 됐다. 일본은 한국전쟁과 베트남전쟁을 통해 산업화 자금을 확보했고, 한국 또한 베트남전쟁으로 군수품 지원 사업을 통해 성장의 발판을 마련했다.

이런 기조는 오늘날까지 이어진다. 러시아-우크라이나 전쟁 발발 이후 각국은 무기 생산에 박차를 가하기 시작했다. 우리나라도 폴란드에 대규모 전차·곡사포 패키지를 수출하며 단숨에 세계 무기 공급망의 주요 축으로 부상했고, 2022년 방산 수출액 또한 140퍼센트 급증했다.

전쟁터가 존재하는 한 세계엔 경제적 기회가 있다. 삶을 부수고, 일상을 지우는 참혹한 전쟁의 폐허 속에서도 자본주의는 작동한다. 현실은 그토록 잔인하다. 더 이상 전쟁은 단순한 군사 충돌이 아니다. 거대 자본의 이동, 기술 경쟁, 공급망 재편을 촉발하는 하나의 경제 사건이다. 전쟁 비용은 전 국민이 치르지만, 그 이익은 특정 기업과 자본에 돌아간다. 이 모순을 직시해야 한다.

전쟁은 결코 일어나선 안 되지만, 불행히도 자본주의의 긴 그림자 아래 끊임없이 반복되고 있다. 경제를 흔들고, 시장을 움직이며 자본주의의 가장 어두운 얼굴을 드러낸다. 자본이 전쟁을 부추기고, 전쟁이 자본을 먹여 살리는 세상은 슬프다. 경제를 살린다는 이유가 전쟁을 정당화할 수는 없다. 오히려 이런 점으로 전쟁의 비극을 더 선명히 보게 된다. 우리는 전쟁이 남긴 상처를 기억해야 하며, 결코 '경제 활성화 수단'으로 이용되지 않게 해야 한다. 전쟁이 자본의 언어로 소비되는 시대에 인간다움을 지켜나가는 것이야말로 어쩌면 가장 중요한 경제적 선택이 되지 않을까.

바이오,
자본주의가 생존에 스며들 때

. . .

본능, 자본, 기술의 3박자

건강은 인간의 삶에서 가장 기본적인 전제 조건이다. 누구에게나 건강하게 오래 살고자 하는 본능과 욕망이 있으며, 이는 자본과 시장에서 거대한 기회로 연결된다. 유전자 편집, 맞춤형 의약품, 백신 개발, 생명공학 소재 등 첨단 기술을 기반으로 한 바이오 산업은 막대한 연구개발 비용과 장기 투자가 요구된다. 그러다 보니 자연스럽게 대규모 자본과 글로벌 투자 전략을 전제로 움직이는 산업이 됐다. 바이오 산업은 단순한 과학기술 영역을 넘어 자본주의 시대에 세계 경제와 시장 구조를 재편한 핵심 산업으로 자리 잡았다.

바이오 산업은 자본 집약적 투자와 리스크 관리의 새로운 기준을 만들었다. 앞서 말했듯 신약 개발, 맞춤형 치료제, 의료기기, 디지털 헬스케어 등은 대규모 투자와 장기 연구가 필수적이다. 임상 시험과 신약 개발 과정에서 수십억 달러가 투입되지만, 성공 확률은 낮다. 그래서 벤처캐피털, 글로벌 제약사, 연기금 같은 대규모 자본이 투입되기 시작했고, 자본주의적 투자 방식과 리스크 분산 전략이 산업 전반에 확산됐다. 투자자들은 단순한 기술 혁신만이 아닌 산업의 시장성과 수익성을 동시에 평가하며 투자 전략을 수립한다.

이런 흐름은 자연스럽게 글로벌 공급망과 시장의 재편을 촉발했다. 백신, 맞춤형 치료제, 유전자 기반 의약품 등은 특정 국가나 기업이 독점으로 기술력을 확보했을 경우 국제 무역, 정책, 투자 흐름에 직접적인 영향을 미친다. 2020년 있었던 코로나19 팬데믹이 대표적 사례다. 백신 개발과 배포 과정에서 국가 간 경쟁과 협력이 동시에 나타났고, 글로벌 자본과 기업의 전략이 바이오 산업의 시장 지배력을 결정짓는 중요한 요소로 작용했다. 이로 인해 고부가가치 시장 창출과 금융 자산화를 통한 경제적 파급력이 확대됐다. 보통 바이오 기업의 혁신은 상장과 투자 유치를 통해 자본시장과 직접 연결된다. 곧 신기술이 금융자산으로 평가되는 구조가 생겨난 것이다. 이 과정에서 바이오 산업은 기술 개발과 경제적 수익, 세계시장 영향력이 긴밀히 연결되는 자본주의적 산업 모델을 형성했다.

이처럼 건강을 향한 인간의 본능적 욕망이 자본주의 시대를 맞아 바이오 산업의 성장 동력을 마련했고, 금융시장에서도 성장성과 기대 수익을 동시에 평가하는 새로운 투자 대상으로 자리 잡았다. 즉 기술력으로만 성장한 게 아니라 자본과 시장의 논리 속에서 건강하게 살고자 하는 욕망을, 자본주의적 구조에 따라 시장과 금융, 글로벌 공급망과 연결한 산업인 것이다. 그런 지점에서 바이오 산업은 현대 자본주의가 기술과 자산, 국가·기업 전략을 결합해 세계시장 질서를 만들어가는 방식을 보여주는 대표적 사례며, 세계 경제를 움직이는 핵심 축으로 계속 부각될 전망이다.

실제로 미국의 기준금리 인하 전망이 나올 때마다 투자자들은 성장 산업에 주목한다. 주식 시장에서 각광받는 산업에서 바이오 산업을 빼놓을 수 없다. '비만 치료제', '생성형 AI', '표적항암제'라는 바이오 산업의 대표적인 3가지 키워드를 살펴보자.

• • •

시장을 휩쓴 비만 치료제

유럽 시가총액 1위는 덴마크 제약회사인 노보 노디스크다. '오젬픽', '위고비', '삭센다' 같은 GLP-1 치료제들을 개발하며 바이오 산업 시장을 선도하고 있다. 원래 GLP-1 치료제는 당뇨 치료제로 개발됐다. GLP-1 치료제는 글루카곤 유사 펩타이드-1로서 혈당 수치를 낮추는 호르몬인 인슐린 분비를 촉진하고, 혈당 수치를 올리는 호르몬인 글루카곤 분비를 억제하는 원리를 가지고 있다. 그런데 췌장에서 분비되는 이 인슐린과 글루카곤이 혈당을 조절할 뿐만 아니라 식욕을 억제하는 데도 영향을 줄 수 있다는 사실이 발견되며 자연스럽게 GLP-1 기반 당뇨 치료제는 비만 치료제로 확장됐다. 하지만 환자들이 얼마나 오랫동안 이 치료제를 사용해야 하는지에 대해선 여전히 불투명하다는 문제가 있다.

그럼에도 노보 노디스크의 위고비와 삭센다는 엄청나게 성장해 매출액으로만 덴마크 GDP를 능가했다. 이에 경쟁사인 미국의 일라이 릴리에서도 당뇨 치료제인 '마운자로'와 동일한 성분을 가진 비만 치료제 '젭바운드'를 출시하며 세계시장에 뛰어들었다. 독일, 스위스, 폴란드에 이어 영국에서도 비만 치료제로서 일라이 릴리의 제품을 도입했고, '월가의 미친 소'라고 불리는 미국 헤지펀드 매니저 짐 크레이머Jim Cramer 또한 2024년 주가 흐름이 부진했던 테슬라를 대체할 종목으로 일라이 릴리를 꼽기도 했다.

일라이 릴리는 엄청난 매출을 기록 중이며, 장기 지속형 주사제 플랫폼으로 일라이 릴리와 기술 계약을 체결했던 펩트론의 주가 또한 엄청나게 상승했다. 코스닥 상장사였던 펩트론의 주가 상승 폭은 2025년 코스닥 시장의 역사에 한 획을 그었다고 해도 과언이 아니다.

GLP-1 치료제들을 시작으로 바이오 산업이 본격적으로 성장하면서 시장 구조 또한 변화했다. 특정 의약품 하나가 한 국가의

GDP 수준에 맞먹는 매출을 창출한다는 사실은 기술 혁신이 곧 경제적 권력으로 직결될 수 있음을 보여줬다. 또한 GLP-1 치료제가 단순 의약품에서 고부가가치 시장 제품으로 확장되면서 자본의 흐름도 급격히 바뀌었다. 건강과 장수를 향한 인간의 본능적 욕망이 어떻게 수요와 소비로 연결되는지를 파악한 투자자들은 시장에 선제적으로 접근하기 시작했다. 그들은 시장에서의 수요와 규제 환경, 글로벌 공급망까지 종합적으로 분석해 투자 전략을 설계했다. 자연스럽게 GLP-1 치료제들을 시작으로 자본주의적 관점에서 인간의 욕망과 경제적 수익은 본격적으로 맞물리게 됐다. 이것들은 산업의 흐름과 자본의 논리가 맞물려 시장의 판도를 바꾸는 과정을 보여준 대표적 사례기도 하다.

세계 최대 투자은행 모건 스탠리는 10년 안에 미국 인구의 7퍼센트에 해당하는 2400만 명 정도가 GLP-1 치료제를 투약할 수 있을 것으로 관측했다. 골드만삭스는 미국인 6000만 명이 GLP-1 치료제를 투약하게 된다면 미국 GDP는 최대 1퍼센트가 늘어날 수 있을 것으로도 전망했다.

GLP-1 치료제를 향한 기대감도 높아지고 있다. GLP-1 치료제가 식욕 억제, 포만감 증대, 인슐린 분비 촉진 등의 역할만 하는 것은 아니다. 2023년 노보 노디스크는 당뇨가 없는 사람들에게 GLP-1 치료제가 심혈관 질환의 위험도를 감소시켰다는 데이터를 발표했다. GLP-1 치료제가 심혈관 질환을 예방하는 치료제로도 자리 잡을 가능성이 높아졌다. 이제 전 세계는 이 치료제가 뇌졸중, 심장마비, 심혈관 질환 같은 여러 질병의 위험도를 낮출 수 있는지 주목하고 있다.

GLP-1은 당뇨, 비만, 심혈관 질환뿐 아니라 뇌 질환에서도 많이 발현되는 단백질이다. 말초신경 면역계, 중추신경 면역계 등에 동시 작용해 만성염증도 줄일 수 있다. GLP-1 치료제의 신경세포 보호 효과와 관련한 연구도 20여 년간 진행됐다. 업계에선 만성염증을 억제하는 GLP-1이 적응증(어떤 약이나 수술로 치료 효과를 볼 수 있을 것이라고 생각되는 질환이나 증세)의 범위를 넓힐 수 있다는 근거가 된다고 보고 있다. 즉 파킨슨병이나 치매 같은 퇴행성 뇌 질환까지도 치료 범위를 넓힐 수 있다는 예측이다. 실제로 치매 환자에게도 GLP-1 치료제가 투여되고 있으며, 알코올의존증 치료에도 효과가 있다는 사례가 등장하며 알코올의존증 환자에게도 GLP-1 치료제가 투여되고 있다.

하지만 GLP-1 치료제는 비용 측면에서 문제가 있다. 비싼 치료제를 사용해도 환자가 식이요법, 운동 등을 함께 충분히 해야 한다는 사실을 인식해야 한다. 2024년 1월, 일라이 릴리는 '릴리 다이렉트'라는 디지털 의료 경험 웹사이트를 개설했다. 질병과 의료교육 정보를 제공하며, 원격의료 서비스를 제공하는 기업과 환자를 연결해 대면 진료를 대체하는 서비스도 제공한다. 미국의 원격의료 서비스 플랫폼 '텔레닥 헬스'는 GLP-1 치료제의 안전한 사용에 대한

• 일라이 릴리 홈페이지 내 릴리
  다이렉트 소개 화면

조언과 함께 대사 건강과 관련한 전반적인 원격의료 서비스를 확대하고 있다.

JP모건 체이스와 골드만삭스는 2030년까지 비만 치료제 시장의 규모가 1000억 달러(약 1300조 원) 수준보다 더 커질 것이라고 봤다. 국내에서도 한미약품, 유한양행 등 15개 기업에서 GLP-1을 중심으로 비만 치료제 개발에 나서고 있다.

독일 속담에 '건강을 잃으면 모든 것을 잃는다'는 말이 있다. 인생에서 가장 중요한 것으로 흔히 건강, 돈, 관계를 꼽는데, 이때 건강은 늘 돈보다 앞서 언급된다. 그만큼 건강은 삶의 기본이다. GLP-1 치료제 등의 등장으로 인간의 생존율은 점점 더 높아졌지만, 평소 규칙적인 생활과 올바른 식습관으로 건강을 지키는 게 훨씬 현명한 방법일 것이다. 미국의 정치인 벤저민 프랭클린Benjamin Franklin도 예방이 치료보다 낫다고 강조하지 않았던가. 건강은 사치가 아니라 의무란 말처럼 하루하루를 건강하게 사는 게 어쩌면 자본주의 시대에 가장 필요한 자본일지도 모른다.

• • •

생성형 AI와 표적항암제로 재편되는 신약 개발 패러다임

최근 바이오 산업 전반에서 생성형 AI가 핵심 혁신 동력으로 부상했다. 평균 10년 이상의 시간과 막대한 비용이 소요되는 신약 개발에서 AI는 후보물질 설계, 단백질 구조 예측, 임상 성공률 분석 등으로 신약 개발의 시간과 비용을 크게 단축했다. 엔비디아의 바이오네모 개발, 사노피와 바이오맵의 협약 사례처럼 글로벌 기업에서도 AI를 전략적으로 활용해 연구 효율과 시장 경쟁력을 높이기 위해 노력하고 있다. 또한 의료 행정이나 보험 청구 등 AI를 활용해 방대한 환자 데이터를 처리해 효율성도 높이고 있다. 특히 환자의 유전체 데이터를 분석해 분자 단위로 최적화된 치료제를 설계해야 하는 정밀 의료나 맞춤형 치료 설계는 AI 없이 현실화하기 어려운 영역이다.

생성형 AI는 바이오 산업의 핵심 과정에 깊숙이 관여하며, 기술적 진보를 통한 의료 혁신에서 나아가 시장 구조와 투자 기회를 모두 재편하는 하나의 경제적 현상을 만들었다. 다시 말해 바이오 산업을 움직이는 또 다른 경제적 엔진이 된 셈이다.

부자들은 바로 이런 흐름을 읽었다. 그들은 이런 기술 혁신이 가져올 시장 기회와 수익성의 신호를 미리 포착했고, 이를 전략적 도구로 삼았다. 글로벌 제약회사들은 AI 외에 특허가 만료될 의약품들을 대비해서 새로운 성장 동력을 확보하기 위해 경쟁적으로 투자를 확대하고 있다.

앞서 말했듯 바이오 산업을 관통하는 핵심 키워드는 비만 치료제인 GLP-1, 생성형 AI, 표적항암제다. 이 중 마지막으로 살펴볼 표적항암제는 'ADC(항체-약물 접합체)'라고도 하는데, 암세포만 정확히 표적으로 삼아 사멸시키는 신개념 항암제다. 지난 10년간 인체의 면역 체계가 스스로 암세포를 공격하도록 유도했던 면역 항암제는 항암치료제의 중심이자 혁신 기술로 평가받아 왔다. 면역 항암제 덕분에 인류 역시 고통스러운 부작용에서 벗어나 삶의 질을 높이는 치료를 추구할 수 있었다.

그러나 면역 항암제의 치료 반응률은 20~30퍼센트에 불과했고, 면역 항암제의 내성으로 암세포는 면역 회피 메커니즘을 진화시키며 항암제 효과를 떨어뜨렸다. 결국 면역 항암제 기술은 정체기에 접어들었고, 새로운 기술이 요구됐다. 이때 등장한 게 바로 ADC다.

전통적인 세포 독성 항암제는 암세포 사멸 효과가 뛰어나지만, 선택성選擇性이 떨어진다. 면역 항암제의 하나인 항체 항암제는 선택성이 높지만, 사멸 효과가 떨어진다. ADC는 이 두 항암제의 접근법이 가진 장점들을 결합한 기술이다. 항체가 특정 암세포를 정확히 인식해 오직 암세포 내부에만 강력한 세포 독성 약물을 방출하도록 설계됐다. 즉 ADC는 암세포만 정밀 타격하는 '생물학적 미사일'인 셈이다.

ADC는 기존 한계를 뛰어넘어 정밀성과 효율성을 동시에 갖춘, 차세대 항암제 시장을 창출할 핵심 전략 기술로 평가받으며 미래 먹거리로 부상했다. 최근 개발되는 ADC들은 항체-약물 접합에 동반되는 불안정성에 따른 독성을 개선하며 신약 승인율도 올리고 있다. 일본의 제약회사 다이이치산쿄와 영국의 제약회사 아스트라제네카가 공동으로 개발한 항암제인 '엔허투'가 대표적인 ADC다. 엔허투는 기존 세포 독성 항암제보다 10배 강력하면서 선택성도 뛰어나 작은 종양까지 정확히 찾아 사멸시킨다. 스위스의 제약회사인 로슈는 2024년 중국의 바이오 기업인 메디링크 테라퓨틱스와 협약을 체결했고, 존슨앤드존슨도 ADC를 개발하는 앰브렉스 바이오파마를 20억 달러에 인수했다.

국내 기업들도 ADC를 새로운 성장 동력으로 삼고, 적극 투자 중이다. 2024년 삼성바이오로직스는 ADC 전용 생산시설을 완공했고, 셀트리온은 국내 ADC 플랫폼 회사인 피노바이오와 ADC 플랫폼 기술 이전 계약을 체결하며 차세대 항암제 개발에 집중하고 있다. 유한양행과 종근당 또한 ADC 플랫폼 도입과 기술 확보를 통해 신약 개발 역량을 강화하며 글로벌 경쟁력을 높이는 데 나섰다. 한미약품은 복합 연구 생태계를 바탕으로 차세대 플랫폼 개발을 병행하고 있으며, LG화학 역시 ADC 시장 진출을 선언했다.

ADC 또한 글로벌 자본과 기술, 전략적 투자가 결합됐다고 볼 수 있다. 다른 두 키워드와 함께 바이오 산업 시장의 흐름을 결정짓는 핵심 키워드다. 그만큼 시장 규모도 빠르게 성장하고 있다. 시장 조사 기관인 마켓츠앤드마켓츠에 따르면 2023년 97억 8000만 달러 규모였던 ADC 시장은 2028년엔 198억 달러까지도 확대될 전망이다. 이는 2028년 반도체 예상 시장 규모의 3배에 달하는 수치다.

• • •

노화 예방의 경제학

영화 〈벤자민 버튼의 시계는 거꾸로 간다〉의 주인공은 나이를 거꾸로 먹는다. 노인의 모습에서 점점 젊어지는 그런 일이 현실적으로도 가능할까? WHO(세계보건기구)에선 사람이 가진 기능의 총합, 즉 '내재역량'이라는 개념을 소개한다. 우리가 선택하는 생활 방식이나 사회적 환경은 내재역량을 올리거나 낮추는 중요한 요인이다. 또한 내재역량은 어떤 사람이 독립적으로 사회에서 생활해 나갈 수 있는지도 결정한다. 예를 들어 언제 치매에 걸릴지, 언제 요양병원에 들어가게 될지, 언제 사망할지 등 많은 것을 예측하게 한다.

버튼과 같은 삶을 살긴 아직 현실적으로 어렵지만, 늙지 않는 것은 분명 모두의 꿈일 것이다. 내재역량을 키우는 것 외에 노화 관련 질병 발생을 예방하거나 지연시킬 수 있는 방법을 찾기 위해 항노화 치료제 개발 시장이 주목받고 있다. 대표적인 예로 당뇨 치료제인 메트포르민이나 면역억제제인 라파마이신이 대사 질환의 속도를 늦추기 위한 치료제로 연구되고 있다. 탄수화물의 흡수를 조절하는 알파 글루코시다아제 억제제나 탄수화물을 신장으로 배출하게 하는 SGLT2 억제제, 노화 세포를 터뜨려 없애는 세놀리틱 등 '리프로그래밍reprogramming', 즉 야마나카 인자나 줄기세포를 활용해 유전자에 있는 후생유전학적 지표를 초기 상태로 되돌리는 기술에도 많은 관심이 쏠리고 있다. 미국의 생명공학 스타트업 알토스 랩스가 이 리프로그래밍 기술과 기술의 효과 측정 기술에서 시장을 선도하고 있다.

아마존 창업자인 제프 베이조스Jeff Bezos와 챗GPT를 만든 오픈 AI의 CEO인 샘 올트먼Sam Altman, 온라인 결제 시스템인 페이팔의 창업자 피터 틸Peter Thiel 등 미국의 빅테크 기업에서도 노화 예방과 관련된 스타트업에 많은 투자를 하고 있다. 특히 상당히 오랫동안 불로장생에 관한 연구에 관심을 가져온 것으로 알려져 있는 베이조스는 알토스 랩스에 투자를 결정하기도 했다. 이전엔 유니티 바이오테크놀로지라는 생명공학 기업에 투자하기도 했다. 또한 그는 아마존 주주들에게 보내는 마지막 편지에 영국의 진화생물학자인 리처드 도킨스Richard Dawkins의 책 『눈먼 시계공』에서 발견한 죽음과 부패를 반추하는 내용을 담아 보내기도 했다.

메타의 CEO인 마크 저커버그Mark Zuckerberg와 그의 아내 프리실라 챈Priscilla Chan은 생명 시스템을 이해하고, 인간의 삶을 연장할 수 있는 혁신적 발전을 이룬 과학자들에게 매년 300만 달러를 수여하는 '브레이크스루상Breakthrough Prize'을 공동으로 제정하기도 했다. 마이크로소프트 공동창업자인 빌 게이츠Bill Gates와 그의 전 아내 멀린다 게이츠Merlinda Gates가 함께 세운 세계 최대 규모의 민간 자선 재단인 빌앤드멜린다게이츠재단이 치매 치료제 개발 비용을 기부하기로 선언한 것은 익히 알려진 사실이다. 게이츠는 이렇게 말했다.

> 과학의 발전으로 심장 질환이나 암, 감염 질환으로 조기 사망하는 사람들이 줄면서 이제 80세 이상 사는 게 이상하지 않을 정도가 됐습니다. 하지만 오래 살게 되면서 만성 질환의 발생 가능성이 더 커졌고, 알츠하이머 병도 사회의 큰 위협이 되고 있습니다.

하지만 모두 이런 관점을 가지고 노화를 바라볼까? 테슬라의 CEO인 일론 머스크는 좀 다르다. 머스크는 《비즈니스 인사이더》와의 인터뷰에서 이렇게 말했다.

흔히 노화로 인한 노인성 질환을 말할 때 가장 먼저 떠올리는 병이 치매일 것이다. 고스톱을 치거나 내비게이션을 가급적 사용하지 말라는 등의 치매 예방 습관 지침을 보면 단순해 보여도 연간 치매 환자들을 관리하는 비용을 생각한다면 어쩔 수 없다고 고개가 끄덕여진다. 이미 국내 GDP 중 약 1퍼센트가 치매 환자 관리 비용이며, 그 증가 속도도 무시무시하다. 보건복지부에선 5년 단위로 치매 관리 종합 계획을 발표하고 있다.

한편 일본에선 치매 대신 '인지증認知症'이라는 용어를 사용한다. 치매라는 단어의 부정적 이미지를 없애기 위해 2004년 도입한 용어다. 치매 환자와의 공감대를 형성하고 유대감을 강화하면서 치매와의 공존을 위한 선택이었다. 국내에서도 치매라는 표현을 퇴출시키기 위한 준비가 한창이다.

치매는 원인도 불명확하고 완치도 불가능하지만, 치매 진행 속도를 근본적으로 늦추는 신약이 세계 최초로 탄생하기도 했다. 전문가들이 치매의 종말이 시작됐다고까지 한 이 신약은 바로 미국 식품의약국FDA이 2023년 7월에 승인한 치매 치료제 '레켐비'다. 레켐비는 미국의 바이오젠과 일본의 에자이, 두 제약회사가 공동으로 개발한 치료제다. 《타임》에선 레켐비를 2023년 최고의 발명품으로 선정했다.

늙는다는 것은 우리가 선택할 수 없는 영역이다. 치매는 가장 소중한 '나'를 잊어버리도록 기억을 포맷한다. 할리우드 배우 브루스 윌리스^{Bruce Willis}, 배우 윤정희, 미국의 제40대 대통령이었던 로널드 레이건^{Ronald Reagan}도 그랬다. 인간의 시간과 건강은 단순한 자연현상이 아닌 경제적 구조와 자본에 의해 거래되는 대상이 됐다. 이런 맥락에서 바이오 산업은 의학적 혁신을 넘어 인간의 수명을 자본주의적 가치로 환산한다. 다양한 치료제로 인간의 삶을 연장하는 동시에 막대한 경제적 수익을 창출하는 것이다.

우리는 바이오 산업과 경제의 교차점에서 기술과 시장 흐름을 주의 깊게 관찰해야 한다. 동시에 돈으로 해결되지 않은 문제들도 인식하고 있어야 한다. 생존과 삶의 질을 고민하는 태도가 그 어느 때보다 중요해진 지금이다.

• • •

자본주의는 인간의 시간을 바꿀 것인가

그렇다면 생애주기 관점에서 우리는 노화를 어떻게 바라보아야 할까. 우리 몸속엔 '노화 시계'가 하나씩 들어 있다. 어떤 사람은 이 노화 시계가 빠르게 돌아가고, 어떤 사람은 그보다 느리게 돌아간다. 이 시계의 속도 차이가 바로 우리의 노화 속도를 결정한다. 생물학에선 이를 '가속 노화'라는 개념으로 설명한다. 물론 스트레스가 해소되면 노화 시계는 되돌려질 수 있다. 노화 시계를 활용해 인간의 노화를 개선하는 연구가 한창인데, 미국에선 일반인을 대상으로 노화 시계를 측정해 주는 기업도 여럿 생겼을 정도다.

현대인은 대부분 가속 노화의 삶을 살고 있다. 인간이 태곳적 설계된 원리와 다르게 생각하거나 생활하면 건강 상태는 금방 나빠진다. 예를 들어 잠을 줄여가며 일을 많이 하면 스트레스 호르몬이 분비되어 가속 노화의 삶을 걷게 되는 것이다. 우리는 이전 세대보다 더 많은 정보와 자본, 기술 속에서 살아가지만 그만큼 신체적·정신적 부담이 커지며 노화 속도도 가속화되고 있다.

바이오 산업은 건강과 자본이 맞물린 산업이다. 자본주의 시대에서 한 걸음 앞서 나간 이들은 인간이 더 오래, 더 건강하게 살고자 하는 욕망을 경제와 연결해 시장 흐름을 읽고 전략적으로 움직이며 수익 구조를 재편했다. 이런 맥락에서 인간이 마주한 노화 문제는 단순히 생물학적 현상으로 치부할 수 없다. 수명 연장과 건강 유지라는 욕망을 충족시켜 줄 제품과 기술의 혜택을 소비하게 됐지만, 아이러니하게도 노화와 질병의 위험을 더 빠른 속도로 관리해야 하는 도전 과제에 직면하게 됐다. 바이오 산업이 인간의 시간을 경제적 차원에서 어떻게 해결하는지 그리고 그 과정에서 시장 구조와 투자 흐름은 어떻게 바뀌고 있는지 살펴보아야 하는 이유다.

생애주기 중간 부분의 과잉을 낮추어 삶을 길게 뽑아내는 노화 지연법으로 인류의 노화 시계는 되돌려지고 있지만, 사실 노화에 가장 큰 영향을 미치는 요인은 각 개인의 '팔자八字', 즉 시간과 유전자다. 전문 용어로 바꾸어 말하면 '후생유전학적 지형'이다. 이를 어떻게 처리하느냐가 100세 시대를 좌우한다. 《MIT 테크놀로지 리뷰》에선 2020년 10대 기술로 '초고도화 맞춤의약'과 '항노화 신약'을 선정했다. 자본주의에서 앞서 나간 이들이 바이오 산업 내 미래 유망 산업으로 꼽았던 바이오헬스 분야가 바로 유전자 분석에 따른 맞춤형 의료서비스를 제공하는 분야다. 그래서 AI뿐만 아니라 빅데이터 플랫폼, 정밀의학 등 다각도에서 미래에 대한 논의가 활발하게 이루어지며 발전하고 있다. 특히 개인별 유전체, 환경요인, 생활 습관 등에 따라 맞춤형 치료를 설계하고 제공하는 정밀의학은 의학계에서도 다시 대세로 떠오르고 있다. 노화와 노인의학 관련 연구에도 불이 붙을 전망이다.

이제 건강은 더 이상 개인의 문제만이 아니게 됐다. 과연 자본주의가 최종적으로 인간의 생물학적 시간을 조절하게 될까? 지금으로선 명확한 답을 내릴 수 없지만, 앞으로 우리가 선택할 생활 방식과 기술이 결국 우리의 삶의 질을 결정하는 핵심 변수가 될 것이란 사실은 분명해 보인다. 그래서 경제적 관점에서 바이오 산업의 전망은 매우 밝다. 미국 빅테크 기업들과 글로벌 제약회사들이 항노화 기술 관련 스타트업에 공격적으로 투자하고 있고, 신약 개발이나 정밀의학, 맞춤형 헬스케어 시장도 향후 수십 년은 계속해서 성장할 것으로 예상된다. 이는 자본주의가 생명을 일종의 '연장 가능한 상품'으로 인식하게 만든 대표적인 사례다.

우리는 SNS를 통해 끊임없이 비교당하며, 술이나 마약 같은 쾌락들에 쉽게 노출된다. 수많은 자극은 도파민을 순간적으로 증가시키지만, 이는 장기적으로 봤을 때 판단력과 자기조절력을 약화시켜 가속 노화의 삶을 촉발한다. 젊을 때 가속 노화가 시작되면 질병이나 신체적 노쇠를 남보다 훨씬 이르게 경험하게 된다.

인간의 생존이 경제적 가치로 환산되는 지금, 자본이 모든 것을 해결할 수 있는가 하는 의문이 생긴다. 실제로 바이오 산업의 기술들이 고도로 발달해 보편화되더라도 자본이나 접근성에 따라 '건강 격차'가 심화될 가능성이 있다. 우리는 시장의 흐름을 이해하고 파악하는 한편으로, 치료제 등에 의존할 게 아니라 앞서 말한 내재역량을 최대한 유지하는 생활 습관을 유지하도록 노력해야 한다.

뷰티,
미의 욕망을 입은 자본주의

진격의 K-뷰티

'K-뷰티'가 전 세계적인 인기를 끌고 있다. 2025년 글로벌 수출액 순위에서 한국은 프랑스에 이어 세계 2위로 발돋움했다. 2025년 K-뷰티는 화장품 수출액으로 114억 달러를 달성했고, 미국이 중국을 제치고 최대 수출국으로 부상했을 정도다.

영어로는 '식의주food, clothing and shelter'라고 하지만, 한국어로는 '의식주衣食住'다. '옷 입는 게 가장 중하다'는 우리말 풍조는 예의와 체면을 중시하던 유교 문화에서 비롯됐다. 하지만 국내 패션업계에선 2024년 3분기부터 소비 심리가 하락해 '침묵의 불황'이 나타났다고 보고 있다. 신발도 마찬가지다. 운동화의 대명사인 나이키의 주가는 미중 무역 협상 타결로 하락세에서 반등했지만, 방향을 돌리긴 힘들어 보인다. 2024년 6월엔 하루 만에 주가가 20퍼센트 폭락하기도 했다. 1980년 상장 이후 44년 만에 처음 있던 하락세다. 이런 패션업계의 하락세는 특히 MZ세대가 패션보다 저렴한 뷰티 제품에 더 관심을 보이게 된 경향도 한몫하고 있다는 분석이 있다. 가성비가 좋고, 자신의 개성을 표현할 수 있는 뷰티 아이템을 선호하는 것이다.

화장품 수입액 기준으로 한국은 일본 시장에서 4년 연속 1위다. 2024년엔 세계 최대 화장품 수입 시장인 미국에서도 사상 처음으로 화장품 수입액 1위를 달성했다. 글로벌 럭셔리 브랜드를 다수 보유한 프랑스도 제친 것이다. 이에 한류를 등에 업은 K-뷰티 브랜드들이 아마존 같은 온라인 시장을 넘어 오프라인 시장도 공략하고 있다. 미국 대형 할인마트 체인점인 타깃엔 K-뷰티 코너가 따로 있을 정도다. 특히 미국의 상호관세 부과를 앞두고 한국산 선크림이 사재기 열풍의 주인공이 되기도 했다. 전 세계가 장기화되는 경기 침체에 허덕이고 있지만, 그런 와중에도 사람들은 한국산 화장품이란 작은 사치를 통해 조금이나마 스스로를 위안하고 있는 것은 아닐까.

물론 과제가 전혀 없는 것은 아니다. 일본에서 한국 화장품은 일본 제품 판매가의 절반 가격에 팔리고 있다. 높은 가격대에서도 반

드시 경쟁력을 확보해 럭셔리 시장까지 공략해야 하는 숙제가 남아
있다.

· · ·

클레오파트라가 만든
최초의 화장품

화장은 더 이상 여성들만의 전유물이 아니다. 요즘은 젊은 남성들
도 화장하는 시대다. 인간은 고대에도 화장을 통해 아름다움과 건
강, 사회적 지위를 표현했다. 화장이 본격적으로 시작된 것은 기원
전 7500년 고대 이집트에서다. 이때도 화장이 단지 아름다움을 표
현하기 위한 목적이었을까? 그렇지 않다. 초기 고대 이집트에서 화
장은 종교적 의식과 신체 보호란 목적을 위해 시작됐고, 이후 외모
를 치장하기 위한 목적으로 바뀌었다. 그리고 이런 경향은 클레오
파트라 시대에 들어와 정점을 찍었다.

클레오파트라는 해박한 지식으로 이집트 화장품을 체계화하고
세분화한 인물로 평가받는다. 클레오파트라가 사용한 화장품은 스
킨케어, 보디·네일·헤어케어, 향수 등을 비롯해 다양하다. 클레오
파트라가 애용한 화장품 원료 중 많은 성분이 무공해·무독 성분이
란 사실도 놀랄 만하다. 클레오파트라가 활용했던 피부관리법과 화
장 기법은 그 일부가 지금까지도 전해지고 있는데, 오늘날 뷰티 산

업에 영향을 준 그녀의 화장품 기술을 지금의 관점에서 몇 가지 살펴보자.

과거에도 선크림은 중요했다. 뜨거운 이집트의 태양으로부터 피부를 보호하기 위해 클레오파트라는 화학적인 선크림을 사용하지 않았다. 대신 천연 오일과 광물질 등을 활용해 자외선을 차단했다. 또한 당시의 염색이나 비듬약 제조 등의 기술력으로 가발을 제작하기도 했고, 광물에서 얻은 녹색과 청색 안료로 눈 주위에 아이섀도를 직접 만들어 칠하기도 했다. 특히 눈화장에 쓰인 소금이나 납은 산화질소를 만들어 눈병을 예방하는 효과까지 있었다.

고대 그리스에선 화장이 신분을 상징하는 도구로 변천한다. 고대 그리스 사람들은 피부를 하얗게 하는 화장을 즐겼다. 계급이나 신분이 낮은 사람은 주로 땡볕에서 일하므로 피부가 금방 검게 그을렸기 때문이다. 하얀 얼굴을 과시하기 위해 백연광이란 납 성분을 얼굴에 발랐는데, 그 결과 어처구니없게도 납에 중독되어 걸려 일찍 죽는 사람이 많았다.

당시 천연 물질로 만든 화장품은 매우 고가여서 극소수 상류층만 사용할 수 있었다. 그들은 피부에 수분을 충분히 보충하려고 올리브 오일과 벌꿀을 섞어 얼굴에 발랐다. 목탄으로 눈썹을 짙게 그리고, 립스틱으로 입술을 붉게 칠했다. 한편 영국 런던 부근의 한 고대 로마 사원 유적지에선 서기 150년경에 만든 크림 통이 발견됐는데, 그 통엔 크림을 떠내던 손가락 자국이 그대로 남아 있다. 통에선 녹말과 동물성 지방이 검출됐는데, 녹말은 지방의 번들거리는 느낌을 줄이기 위해 넣은 것으로 추정된다.

흰 피부에 대한 열망은 우리나라에서도 비슷했다. 흰 피부를 표현하기 위해 신라 시대엔 백분(쌀가루 분)과 연분(납 가루 분)을 만드는 제조 기술이 상당히 발전했다. 일본 고대 문헌에 따르면 신라의 승려가 692년 일본에서 연분을 만든 업적으로 상도 받았다고 한다. 다른 이야기지만, 동·서양 모두 하얀 얼굴에 붉은 입술, 가지런하고 또렷한 눈매가 미의 기준이었다는 게 신기하다.

표현 없는 아름다움은 지루하다고 했던 화가 파블로 피카소Pablo Picasso의 말은 어쩌면 뷰티 산업 또한 단순한 외모 치장이 아니라 표현과 스토리, 경험까지도 제공해 담아야 가치 있다는 의미로 읽힌다. 실제로 오늘날 뷰티 기업들은 단순히 제품을 판매하는 것을 넘어 소비자가 자신을 표현하고 삶의 일부로 경험하도록 유도하는 스토리텔링 전략에 집중한다. 이는 기업과 소비자 간의 정서적 연결을 만들고, 결과적으로는 수익으로까지 이어지는 강력한 산업적 메커니즘을 이루게 했다.

이탈리아의 배우 소피아 로렌Sophia Loren은 아름다움이 욕망을 자극하고, 욕망이 시장을 만든다고 했다. 이 말은 수천억 달러 규모의 글로벌 뷰티 산업을 움직이는 핵심 원리를 단적으로 보여준다. 인간은 본능적으로 아름다움을 추구하며, 이런 욕망은 시간과 문화, 지역을 막론하고 꾸준히 산업적 수요로 전환되어 왔다. 뷰티 산업의 성장은 단순한 유행이나 기호가 아닌 인간의 본성과 결합한 경제적 현상에서 비롯됐다는 점을 알아야 한다.

· · ·

인간의 욕망에서 태어난 가장 오래된 산업

경제학에 '립스틱 효과'라는 게 있다. 경기 침체기에 소비자의 구매력이 자동차 같은 값비싼 여가 활동 제품에서 립스틱 같은 작은 사치품으로 이동하는 경향을 말한다. 2024년 워런 버핏이 울타 뷰티에 투자한 배경에 이목이 쏠렸다. 1990년 설립된 울타 뷰티는 화장품, 향수, 중저가 뷰티 제품 등을 판매하는 미국판 '올리브영'이다. 사람들은 이를 보고 버핏이 립스틱 효과를 노렸을 것이라 짐작했다. 하지만 버핏이 과연 경기 침체를 예상하고 립스틱 효과를 노려 뷰티 기업에 투자한 것인지는 자기 자신만 알 일이다.

미국은 여전히 세계에서 가장 많은 뷰티 기업과 구매력을 보유한 '뷰티 대국'으로 꼽힌다. 그 뒤를 이어 일본과 프랑스가 주요 시장을 형성하고 있다. 이런 시장 구조는 단순한 소비 시장을 넘어 글로벌 산업 경쟁력과 브랜드 영향력으로도 이어진다. 세계적인 뷰티 기업 로레알(세계 시가총액 기준 상위 30대 그룹)의 상속인 프랑수아즈 베탕쿠르 메이예Françoise Bettencourt Meyers는 세계 최초로 재산 1000억 달러를 보유하며 여성 부호 1위에 올랐다. 이는 뷰티 산업이 단순한 취향이나 소비를 넘어 산업과 투자, 글로벌 자산 시장에도 직접적인 영향을 미칠 수 있는 분야임을 시사한다.

한류를 등에 업고 K-뷰티의 인기도 전 세계적으로 높아졌다. 세계 100대 뷰티 기업 중 국내 기업으로 아모레퍼시픽과 LG생활건강이 있을 정도다. 비록 국가별 수출액 증감에 따르면 최근 중국 수출액이 줄어들긴 했지만, 미국과 일본에선 여전히 화장품 수출액이 지속해서 늘고 있다. 2025년 화장품을 유통하고 원료를 생산하는 실리콘투, 코스맥스 같은 기업의 주가가 상승한 후에 조정을 크게 받기도 했다.

종교의 힘이 지배적이었던 서양의 중세 시대로 오면 화장은 달갑지 않은 행위가 된다. 교회 장로들은 화장을 못마땅해했지만, 그럼에도 많은 여성이 자신만의 방식으로 화장을 통해 아름다움을 추구했다. 당시 여성성은 연약함과 가냘픔, 창백한 피부, 밝은 금발로 상징됐기 때문에 분필 가루나 밀가루를 발라 피부를 하얗게 만들고, 피를 뽑아 혈색을 조절하기도 했다. 금발을 위해 물푸레나뭇잎, 식초, 덩이줄기를 태운 재 등으로 머리카락을 염색하기도 했다.

르네상스 시대에 접어들면서 알코올 증류법이 개발됐고 화장수와 유사한 화장품이 등장했다. 청결과 위생 개념이 발달하면서 향수도 일상화됐다. 당시 향수는 단순한 미적 목적을 넘어 전염병 예방에까지 기여했다.

19세기 초가 되자 화장은 산업화의 길에 들어섰다. 소비자들의 수요가 꾸준히 증가하면서 뷰티 브랜드와 소규모 상점이 하나둘 문을 열기 시작했다. 1828년 프랑스 파리의 리볼리 거리에서 피에르프랑수아파스칼 겔랑Pierre-François-Pascal Guerlain이 문을 연 향수 가게는 근대 뷰티 산업의 출발점으로 평가된다. 겔랑은 향수에 대한 깊은 지식을 기반으로 프랑스 황제 나폴레옹 3세의 황후 외제니를 위해 '황제의 물'이라는 뜻의 향수인 '오드콜로뉴 임페리얼'을 개발하며 황실의 후원과 함께 브랜드 신뢰도를 확보했다. 이후에도 그는 최초의 립스틱(1828년), 최초의 페이스 파우더(1830년) 등을 선보이며 메이크업 제품 개발에도 선구자적 역할을 했다.

19세기 말 이후부터 화장품은 대중화되기 시작했다. 1913년 미국의 약사 토머스 L. 윌리엄스Thomas L. Williams가 바셀린에 석탄 가루를 섞어 눈썹에 바른 게 오늘날 뷰티 기업 메이블린의 마스카라의 원형이 됐고, 제2차 세계대전 이후엔 대량생산이 가능해지면서 화장품의 품질과 기능도 크게 개선됐다. 기술 발전과 원료 개발은 단순한 미용을 넘어 피부 개선, 노화 방지 등 기능적 요구를 충족시키는 방향으로 이어졌다. 겔랑, 폰즈, 키엘, 시세이도, 로레알, 니베아 등 당시 뷰티 기업들은 100년 이상 그 명성을 지속하며 오늘날 전 세계 소비자에게 친숙한 이름으로 자리 잡았다.

경제적 측면에서 보면 아름다움을 선호하는 인간의 심리는 화장품 수요를 꾸준히 증가시키는 원동력이 됐다. 산업화 과정에서 이 수요는 투자와 마케팅 전략으로도 연결됐다. 초기의 기업들은 왕실 후원, 유명 인사 기용, 혁신적 제품 개발을 통해 브랜드 신뢰도를 높였고, 점차 다양한 매체를 활용한 광고로 소비자의 구매 심리를 자극했다.

특히 영국의 화장품 브랜드 폰즈는 스킨케어를 화장품 산업으로 확장한 사례로 주목할 만하다. 폰즈는 화장품을 판매하는 데 그치지 않고, 피부 고민을 해결해 주는 '생활필수품'이라는 개념으로 접근해 포지셔닝했다. 이는 마치 스타벅스가 브랜드 이미지 제고를 위해 공간디자인에 공을 들이며 라이프스타일 브랜드로 확장한 것과 유사하다. 폰즈는 제품과 브랜드 스토리, 과학적 효능을 결합해 소비자가 피부 건강과 삶의 질을 관리한다는 경험을 사도록 했는데, 이런 전략은 화장품을 개인 취향과 기호에 기반한 소비재에서 체계적 산업으로 성장시키는 구조적 성장의 기반이 됐다.

코로나19 팬데믹을 거치며 화장품 산업은 독특한 변화를 겪었다. 마스크 착용으로 색조 화장품 수요가 일부 줄어든 반면 스킨케어와 위생 관련 제품 수요가 증가한 것이다. 소비자들은 집에서 즐기는 셀프케어와 디지털 환경을 활용한 맞춤형 뷰티 솔루션에 주목했고, 브랜드들도 이런 변화에 발맞추어 온라인 채널과 개인 맞춤형 서비스 전략으로 시장에 대응했다. 나아가 생명공학과 나노 기술을 접목해 노화 예방과 피부 개선에 꼭 필요한 도구로 포지셔닝하고 있다. 이 과정에서 화장품 산업은 단순한 아름다움의 소비를 넘어 건강·위생·심리적 만족까지 포함하는 종합 뷰티 경제로 자리매김했다.

중세 시대 여성들이 창백한 피부와 밝은 금발을 추구했던 것에서 시작해 19세기 겔랑과 폰즈가 화장품을 체계적으로 산업화하고, 현대의 글로벌 뷰티 기업들이 스토리텔링과 기술력을 결합해 시장을 지배하는 과정까지, 뷰티 산업의 모든 게 인간 욕망을 기반으로 한 산업적 발전의 연속선상에 있었다. 이처럼 뷰티 산업은 인간의 미적 심리에서 출발했지만, 기술 발전과 브랜드 전략, 마케팅, 산업화, 경제 환경과 소비자 행동 변화가 결합한 결과이자 경제적·사회적·기술적 요인이 결합된 산업적 성숙의 과정을 맞이하고 있다. 다시 말해 소비자의 욕망과 기업의 전략이 맞물리며 단순한 생활용품을 넘어 문화와 경제, 심리적 만족을 포괄하는 종합 산업으로 성장해 자리 잡은 것이다.

K-뷰티, 세계인의 마음을 사로잡다

K-뷰티도 마찬가지로 콘텐츠 산업에 기술력과 문화자산, 글로벌 마케팅 전략이 더해진 복합 산업이다. 다른 산업 분야 못지않게 지속적으로 돈이 되는 구조를 갖고 있다. 단순히 수출액만을 말하는 게 아니다. 한류라는 생태계 안에서 K-뷰티는 새로운 고부가가치 산업으로 성장 중이라고 할 수 있겠다. 성장의 핵심 요인을 구조적으로 설명하면 다음과 같다.

1. 문화 콘텐츠와 연계된 수출

K-팝, K-드라마, K-영화 등 다양한 문화 콘텐츠와의 시너지 창출이 가능했다. 방탄소년단, 블랙핑크, 〈오징어 게임〉 같은 한류 콘텐츠가 전 세계적으로 히트하면서 한국 스타일에 대한 관심이 커졌다. 이는 '같이 소비' 효과를 낳았다. 한류 팬들이 한류 스타들의 화장품이나 피부관리법을 따라 하면서 자연스럽게 K-뷰티 수요가 증가했고, 소비가 하나의 문화로 변모해 사회 현상으로까지 자리하게 됐다.

이 과정에서 미의 기준과 소비 문화에도 변화가 생겼다. 자연스러운 아름다움, 즉 건강한 피부를 향한 관심이 높아졌고, 전 세계 소비자들에게도 스킨케어 중심의 K-뷰티가 글로벌 트렌드와 부합한다는 인식이 생겨났다. 자기관리가 일상 속 하나의 뷰티 루틴으로 정착된 것이다. 이제 화장품은 '사치재'가 아닌 '필수재'로 자리 잡으며 지속적인 수요가 발생하고 있다.

2. 가성비와 기술력을 내세운 글로벌 경쟁력

높은 품질 대비 낮은 가격을 추구하는 K-뷰티 제품들은 세계적으로 구매력이 저하되고 있는 시장 상황 속 소비자에게 안성맞춤이다. 한국 화장품은 프랑스, 미국, 일본 화장품보다 가성비가 뛰어나고, 트렌드에 맞게 성분 또한 빠르게 개선되고 있으니 매력적일 수밖에 없다.

마스크팩, 쿠션 파운데이션, 레이어링 스킨케어 제품 등 국내 여러 뷰티 기업이 지속적으로 새로운 포맷의 혁신적인 제품들을 개발하고 있다. 최근엔 AI 열풍으로 K-뷰티의 인기가 미용 의료기기로까지 확장되며 시장에 또 다른 변화가 일고 있다.

3. 빠른 제품 개발 주기

한국인 특유의 '빨리빨리' 기질과 문화에 맞게 한국의 제품 개발 주기가 빠른 것도 K-뷰티의 인기에 한몫했다. 트렌드에 민감하게 반응해 제품을 빠르게 출시하는 것은 뷰티 산업에서 매우 중요하다. 한국 기업들이 만들어놓은 빠르고 민첩한 공급망이 경제적 이익으로 연결된 것이다.

4. 디지털·SNS 중심 마케팅

유튜브, 틱톡 등 SNS를 통한 '바이럴 마케팅'이 적중했다. 전통적인 광고 방식이 아니라 인플루언서, 뷰티 유튜버, 한류 스타 등을 중심으로 자연스럽게 제품을 노출하면서 전 세계 소비자에게 직접 연결된 것이다. 이에 더해 아마존, 쿠팡 글로벌, 올리브영 글로벌 같은 온라인 플랫폼은 소비자 직거래가 가능하게 만들어줬다. 이 덕분에 유통비용을 절감하고 브랜드 충성도를 강화할 수 있었다.

5. 신흥시장에서의 높은 K-뷰티 인기

중국, 동남아시아 등 신흥시장에서 시작된 K-뷰티의 인기가 세계적으로 확산됐다. 아시아인 피부에 적합한 제품으로 시장에서 신뢰를 형성한 것이다. 특히 중국 소비자들 사이에서 K-뷰티는 럭셔리 브랜드와 동등한 취급을 받으며 고급 수입품 시장에 자리 잡은 지도 오래됐다. 이후 서양인들에게도 K-뷰티 화장품이 피부와 잘 맞는다는 인식이 퍼져 나갔다.

6. 정부 지원과 산업 생태계 효과

K-뷰티는 창업과 수출 관련 정부 보조금, 대한무역투자진흥공사KOTRA 지원, 국제 전시회 참가 등을 통해 글로벌 진출의 활로를 개척했다. 또한 한국은 강력한 OEM·ODM 제조 기반으로 글로벌 뷰티 기업들의 공장 역할도 수행하고 있다. 에스티로더, 랑콤 등 글

로벌 뷰티 기업들의 제품 또한 한국에서 제조하고 있다는 사실은
널리 알려져 있다.

뷰티 산업의 선구자들

K-뷰티의 글로벌 영향력은 제품의 우수성에만 기초하지 않는다.
문화적 스토리텔링, 디지털 플랫폼을 통한 콘텐츠 배포, SNS와 인
플루언서 마케팅, 현지 소비자 맞춤 전략 등 경제적·권력적 시장
흐름을 읽고 이를 활용한 종합 전략이 뒷받침된 결과다. 이는 마치
트럼프 2.0 시대에 부자들이 세상의 권력과 그 흐름을 읽고, 자신
들의 자산과 투자 전략을 정교하게 설계하는 방식과 유사하다고 볼
수 있다. 세계시장에서 경쟁 우위를 확보하기 위해선 시장의 흐름
을 읽고 전략적으로 대응해야 한다.

K-뷰티의 성장에서 빼놓을 수 없는 대표적 기업이 바로 올리브
영이다. 올리브영은 단순한 유통 채널을 넘어 소비자와 기업을 연
결하는 경험형 플랫폼으로 진화했다. 오프라인 매장과 온라인 쇼핑
을 결합한 옴니채널omni channel 전략, 신제품 체험과 SNS 콘텐츠
연계, 트렌드 분석 기반 큐레이션 등 소비자에게 단순 구매 경험 이
상의 경험을 제공하며, K-뷰티의 산업적 가치를 한층 끌어올렸다.
올리브영은 플랫폼 전략과 데이터 기반 마케팅이 뷰티 산업에서 얼

마나 중요한지 보여준다.

나날이 발전하는 뷰티 산업에서 우리도 단순한 소비자가 아니라 경제적 주체로서 적극적으로 참여하며 시장의 흐름을 읽는 시각을 갖출 필요가 있다. 세계시장에서 경쟁력을 확보하기 위해선 제품과 브랜드만 보는 게 아니라 산업 구조, 마케팅 전략, 기술적·문화적 트렌드, 나아가 정치적·경제적 흐름까지 읽는 통합적 관점이 필요하다. K-뷰티의 성공은 변화하는 경제 환경 속에서 기회를 포착하고 전략적으로 움직이는 게 얼마나 중요한지 보여준다.

지금과 같이 시장의 불확실성이 높고 소비자 동향이 급변하는 환경에선 선구적 기업들이 어떻게 대응하는지 엿볼 수 있다. 국내 뷰티 산업에선 주식 시장에서 두각을 나타내는 APR과 클래시스 등이 대표적이다. 이 회사들은 각각 소비자용 뷰티 디바이스와 고급 의료기기 분야에서 독보적인 성공을 거뒀다. 두 회사 모두 기술 기반의 뷰티 솔루션을 개발하며 K-뷰티의 고부가가치 산업화를 이끌고 있다는 점에서 의의가 크다.

예를 들어 APR은 아마존을 단순한 제품 판매 채널로 보지 않고, 테스트 마켓과 소비자 반응을 실험하는 공간으로 활용했다. 리뷰 데이터를 분석해 어떤 메시지와 제품이 소비자에게 효과적인지 판단하고, 이를 자사몰과 통합 마케팅 전략에 반영했다. 아마존 리뷰 시스템을 활용하며 APR은 미국 시장에 '리뷰가 곧 신뢰'라는 인상을 심을 수 있었다. APR의 제품인 AGE-R은 수천 건 이상의 실사용 리뷰를 확보해 그 자체로 광고 효과를 낳았다. 리뷰 기반 알고리듬 덕분에 자연 검색 노출이 증가했고, 바이럴 마케팅 효과 역시 증폭했다.

물론 아마존 또한 외부 유통 채널 중 하나일 뿐이다. APR의 핵심은 자사몰에 있다. 아마존은 가격 할인 폭이나 데이터 통제 등에 한계가 존재했기 때문에 브랜드 이미지를 위해선 자사몰을 지속적으로 유지하는 게 매우 중요했다. APR은 자사몰에서만 판매되는 제품군이나 번들(꾸러미) 구성으로 차별화를 기했다.

현재 물리적 자극과 기능성 화장품을 결합해 홈케어 의료기기 시장을 개척하고 있는 APR의 미래는 밝다. 널디(패션), 포맨트(향수), 메디큐브(스킨케어) 등 서로 다른 브랜드군으로 고객층을 다양하게 확보하고 있고, 제품군을 아우르는 통합 브랜딩 전략으로 나날이 발전하고 있다. APR 사례에서 특히 중요한 시사점은 선구적 기업은 유통과 판매뿐 아니라 데이터, 브랜드 이미지, 소비자 경험을 통합적으로 관리한다는 것이다. 시장 동향, 소비자 심리, 기술 혁신이 결합한 산업적 구조를 이해함으로써 APR은 불확실한 글로벌 환경 속에서 변화를 기회로 전환하는 능력을 갖출 수 있었다.

클래시스 역시 고급 뷰티 의료기기 전문 기업으로 발돋움하고 있다. 병원과 클리닉에 최적화한 리프팅 기술로 고가 의료기기 시장을 공략해 차별화를 기하고 있다. 화장품과 달리 재구매가 필요 없는 고가 의료기기를 판매해 높은 마진율 확보도 가능하며, 반복적인 소모품(카트리지 등) 수익도 지속적으로 창출하고 있다. 2024년 기준으로 클래시스의 전체 매출 중 수출액 비중은 80퍼센트를 넘는다. 60개국 이상에서 클래시스 제품을 사용 중이며 특히 중국, 동남아시아, 유럽 등에서 강세다. 클래시스 또한 K-뷰티를 단순 화장품에서 디지털·테크·의료 융합 산업으로 확장한 대표적 성공 사례다.

오늘날 이렇게 대폭 성장한 뷰티 산업을 보면 화장품이나 뷰티 디바이스는 단순히 미용 도구가 아니라 인간의 욕망과 창의성이 뒤섞인 경제적 실험실이란 생각이 든다. 몇 해 전, 대학 동기에게 선물을 하고 싶어 함께 식사 후 백화점 뷰티 코너를 돌았던 적이 있다. 동기는 신상 립스틱을 손에 들고 "이걸 바르면 어쩐지 CEO가 된 것처럼 느껴질 것 같아"라며 웃었다. 나는 그 웃음에 숨겨진 메시지를 발견했다. 사람들은 그저 아름다움만을 원하는 게 아니었다. 아름다움을 통해 자신을 표현하고, 힘과 자신감을 느끼고, 세상에서 자신의 위치를 점검한다. 이런 욕망을 기업들에서 보고 읽고 전략화한다면 그 욕망은 또 다른 산업이 될 것이다.

지금처럼 시장이 빠르게 변하고, 예측하기 어려운 시기에도 뷰티 산업은 계속해서 살아남을 것이다. 이유는 단순하다. 사람들은 변함없이 아름다움을 원하고, 이를 통해 자신의 삶을 이야기하고 싶어 하기 때문이다. 뷰티 산업은 모두 이 욕망을 포착하고 확장한 도구로 성장했다. 그러니 앞으로 뷰티 산업을 볼 때 단순한 화장품을

파는 시장이 아니라 인간의 심리·문화·기술·경제가 만나는 지점
으로 바라보면 어떨까. 가끔 친구와 백화점 코너에서 립스틱 하나
에 웃고, 작은 즐거움을 느끼며 그 속에 숨겨진 의미를 읽고 세상을
조금 더 넓게 보는 눈을 길러보아도 좋을 것 같다. 욕망, 전략, 인간
을 읽는 연습이자 산업 구조를 이해하는 또 다른 즐거운 체험 방식
이 될지도 모른다.

커피,
경제 수준의 지표가 되다

'맛'을 넘어 '문화'가 되는 '음식'

세계적으로 소비율이 낮아지고 있는 가운데 트렌디한 '길거리 음식'이 주목받고 있다. 특히 치즈가 쭉 늘어나는 핫도그부터 떡볶이, 김밥 등 한국의 길거리 음식은 SNS를 통해 입소문을 타면서 미국을 포함한 해외 시장에서 큰 인기를 얻고 있다. 미국 캘리포니아주에서 시작한 한국식 콘도그 전문점인 투핸즈콘도그는 현재 미국 전역에 70여 개 매장을 운영하며, 다양한 토핑과 소스를 기반한 현지화로 미국 Z세대 소비자 사이에서 폭발적 인기를 끌고 있다.

단순히 어떤 음식이 소개되는 게 아니라 문화적 서사와 철학이 함께 전달되기 시작하면서 이른바 'K-푸드'는 전 세계 미식가들을 사로잡고 있다. 제철 식재료를 활용한 요리는 한국인의 공동체적 가치와 자연 친화적 삶의 태도를 전한다. 이미 뉴욕, 파리 등 미식의 도시들에선 한식을 전문으로 하는 파인다이닝 식당들이 로컬과 글로벌을 조화시킨 트렌드 세터로 자리잡았다. 스타 셰프 고든 램지Gordon Ramsay와 가수 샘 스미스Sam Smith가 한국 삼겹살을 극찬했다는 일화는 K-푸드가 단순한 요리를 넘어 정교한 미식 체험 문화가 됐음을 보여준다.

독일의 시인이자 소설가 요한 볼프강 폰 괴테Johann Wolfgang von Goethe는 가장 민족적인 게 가장 세계적인 것이라고 말했다. 세계적으로 통용되는 획일적 가치보다 오히려 자국의 독창적인 문화적 특수성을 부각해 세계에 진출할 때 성공 가능성이 높다. 그 예로 김밥이 있다. 일본의 스시와 달리 외면받기 일쑤던 김밥은 고기 대신 우엉과 유부를 넣어 채식주의자들을 겨냥하고, 영하 50도에서 급속 냉각을 거쳐 전자레인지에 데우는 것만으로도 갓 만든 듯한 식감을 구현해 내는 등 현지화와 재해석에 성공하며 새로운 상품으로 거듭났다. 가격대 역시 햄버거 가격의 평균보다 저렴해 소비자들의 수요에 맞출 수 있었다.

삼양식품의 불닭볶음면 역시 초기엔 너무 매워 먹기 힘들다는 평가가 지배적이었으나 독창적인 맛과 콘셉트가 SNS에서 큰 화제를 모으며 세계적인 성공을 거뒀다. 개발에만 1년 이상 소요됐던 불닭볶음면의 매운맛은 강렬한 맛의 혁신을 위한 집념과 노력, 나아가 한국적 특색과 도전 정신을 동시에 보여주는 사례가 됐다.

음식엔 고유성과 진정성이 있어야 한다. 맛을 내는 데 그치는 게 아니라 그 문화와 소비자 욕구를 정확히 파악하고 공감해 스토리를 기반으로 브랜딩되어야 한다. 공감과 몰입을 경험하게 할 때 단순한 호기심을 넘어 폭넓은 영향력을 확보할 수 있다. 그래야 세계시장에서 성공할 수 있고, 사랑받을 수 있다.

그런 맥락에서 K-푸드 못지않게 전 세계인의 사랑을 받고 있는 대표 식품이 바로 '커피'다. 세계에서 가장 세계화된 음료인 셈이다. 이는 인간이 카페인에 쉽게 중독되기 때문만은 아닐 것이다. 각국의 문화와 취향에 맞추어 커피에 대한 경험을 설계하고, 동시에 커피를 마시는 사람들이 느낄 수 있는 감각과 스토리를 제공했기 때문이다. 커피에 대한 세계인의 사랑이 계속 높아지는 핵심 이유는 현지 문화에 맞춘 적절한 변주와 경험 설계에 있다.

- - -

커피 한 잔이 바꾼 세계사의 장면들

쌀 소비는 줄어들고 있지만, 커피 소비가 줄어든다는 말은 들리지 않는다. 누군가는 맛과 향 때문에, 누군가는 피로를 풀어주고 활력을 주어서, 누군가는 만남과 대화를 위해서 커피를 마신다. 우리 조

상들이 커피를 즐겨 마신 것도 아닌데, 언제 우리나라에 들어와 이렇게 인기가 높아진 것일까?

우리나라에 커피가 처음으로 들어온 시기는 1890년 전후로 추정된다. 커피에 관한 첫 기록은 조선 최초의 미국 유학생인 유길준이 1895년에 쓴 『서유견문』에서 찾을 수 있다. 그는 우리가 숭늉을 마시듯 서양인들은 커피를 마신다고 소개했다. 그의 기록은 에티오피아의 어느 양치기가 처음 커피를 발견했을 때부터 1000년쯤 지난 뒤의 일이며, 네덜란드인에 의해 이웃 나라 일본에 커피가 상륙한 지 170여 년이 지난 후의 일이다.

그렇다면 한국인 최초의 커피 애호가는 누구였을까? 바로 고종이다. 그의 커피 사랑은 유명한 이야기다. 그에게 자주 커피를 대접했던 독일인, 앙투아네트 손탁Antoinette Sontag은 1902년 한성에 세운 손탁호텔 안의 정동구락부에서 우리나라 최초로 커피를 판매했다. 하지만 당시만 해도 커피는 지체 높은 양반이나 외국인이 즐기는 기호 식품이었다.

세계사에서도 커피가 경제사적 의미를 갖는 몇몇 장면들이 있다. 우선 근대에 이르며 중세 시대 소위 '감상의 음료'였던 와인의 시대가 저물고, '이성의 음료'인 커피의 시대가 도래했다. 대단한 커피 애호가였던 프랑스의 황제 나폴레옹 1세는 커피를 두고 이런 말을 하기도 했다.

나를 정신 차리게 하는 것은 진한 커피, 아주 진한 커피다. 커피는 내게 따스한 온기를 주고, 특이한 힘과 기쁨과 쾌락이 동반된 고통을 불러일으킨다.

1805년 스페인 트라팔가르 해전에서 영국의 제독 허레이쇼 넬슨Horatio Nelson의 함대에 패한 나폴레옹 1세는 대륙 봉쇄령을 내려 영국을 고립시키고자 했다. 이로 인해 영국의 선박들이 묶이면서 배편이 부족해져 서인도제도에서의 설탕 유입이 차단됐다. 프랑스를 비롯한 유럽 국가들은 설탕을 공급받지 못해 곤란에 처한다. 하지만 프랑스가 사탕무에서 설탕을 추출하는 기술을 개발해 이 문제가 해결됐고, 사탕수수는 더 이상 매력적인 무역품으로 거래되지 못했다.

이 시기는 유럽 전역에 카페가 문을 열기 시작하며 본격적으로 커피 수요량이 폭증한 시기와도 맞물린다. 수요가 낮아진 사탕수수를 대신해 유럽 국가들에게 부를 선사하는 신상품으로 커피가 급부상한다. 네덜란드를 선두로 영국, 프랑스, 독일 같은 유럽 열강들은 식민지를 개척해 커피 생산지를 늘려나갔고, 커피 재배 경쟁이 시작된다. 그로 인해 잔혹한 노예무역 역사가 극에 달하기도 했다.

한편 차를 마실 때는 '티 타임tea time'이라고 하고, 커피를 마실 때는 '브레이크 타임break time'이라고 한다. 쉬고 싶을 때는 차를 마시고, 각성해 다시 일해야 할 때는 커피를 마시는 문화 때문에 이런 말이 생긴 것은 아닐까? 커피가 갖고 있는 각성 효과는 세계를 크게 바꿨다. 뇌혈관을 확장시키고, 신경세포를 자극해 기분을 좋게 만드는 커피 속 카페인의 효능은 사람들이 주의력과 집중력을 더 발휘할 수 있도록 도와줬다.

실제로 이런 문화가 미국의 독립과 밀접한 관련이 있다는 설도 제기되고 있다. 미국은 1773년 보스턴 차 사건 이후로 차에서 커피로 대중 음료가 바뀌었는데, '여유로운 홍차'에서 '각성하는 커피'로 전환된 게 미국이 세계를 제패하게 된 보이지 않는 하나의 이유란 주장이다. 실제로 미국이 영국에서 비싼 찻잎을 수입하는 대신 커피를 마신 게 세계 패권을 쥐게 된 근저란 주장은 남북전쟁 때의 일화를 살펴보면 왠지 그럴듯해 보인다.

1861~1865년 사이에 있었던 미국의 남북전쟁에서 커피의 위력은 대단했다. 북군을 통솔했던 에이브러햄 링컨Abraham Lincoln 대통령은 남군 주둔지의 항구를 봉쇄했다. 그 결과 남군은 전쟁 내내 커피를 공급받지 못했고 커피 금단 현상으로 고생했다. 주둔지가 담

• 남북전쟁 중 커피를 마 시는 북군의 모습

배 생산지와 인접해 있던 남군은 휴전이 이어질 때면 북군에게 담배와 커피를 맞바꾸자고 요청했다. 커피가 남북전쟁의 승패를 가른 중요한 원인이었다고 하면 과장일까.

1971년 미국 시애틀에선 한 커피 전문점이 문을 열었다. 처음엔 지역의 평범한 커피 전문점이었지만, 경영 방식과 브랜드 이미지를 개선하며 빠른 성장을 이뤘다. 전 세계 최다 매장을 보유한 스타벅스 이야기다. 1987년 스타벅스를 인수한 하워드 슐츠Howard Schultz는 이탈리아 출장을 통해 현지의 카페 문화를 경험했다. 그는 갓 볶은 원두로 커피를 즐기는 바리스타와 고객의 모습을 보며 이를 미국에도 도입해야겠다고 느꼈다.

당시 이탈리아엔 1만 개 이상의 카페가 있었고, 슐츠는 이를 벤치마킹해 새로운 형태의 스타벅스를 만들었다. 모든 바리스타에게 체계적인 교육을 시행하고, 매장 역시 분위기와 멋을 갖춘 공간디자인으로 설계했다. 이런 전략은 스타벅스를 평범한 카페에서 나아가 경험을 제공하는 하나의 브랜드로 만들며 고객에게 단순한 소비 이상의 가치를 제공했다. 결국 스타벅스는 고품질 원두, 다양한 음료, 스타벅스의 철학과 문화를 함께 제공하는 라이프스타일 브랜드로 자리 잡았다.

흥미롭게도 스타벅스의 매장과 그곳에서 판매하는 커피의 가격은 국가별 생활비 수준과도 밀접하게 연관되어 있다. 이를 활용해 여러 경제학자와 분석가가 '스타벅스 지수'라는 비공식 경제 지표를 만들기도 했다. 간단히 말해 해당 지역에서 판매되는 스타벅스의 커피 가격을 기준으로 그 국가의 생활비와 구매력을 가늠하는 지수다. 커피 한 잔의 가격이 비싸다면 해당 국가의 물가와 임금 수준이 상대적으로 높음을 의미하며, 반대로 가격이 저렴하다면 그 수준이 상대적으로 낮다는 의미로 해석된다. 2023년 2월 기준으로 전 세계 스타벅스 매장에서 판매하는 톨 사이즈 카페라테 가격을 살펴보면 터키가 1.31달러로 가장 저렴하고, 스위스가 7.17달러로 가장 비싸다.

스타벅스 지수는 기업이나 정책 결정자에게도 시장의 신호를 읽는 단서가 된다. 다양한 경제 지표를 직관적으로 보여주기 때문이다. 예를 들어 한 국가에서 스타벅스 지수가 급등한다면 물가 상승 압력이 존재할 수 있음을 시사하며, 이는 통화 및 임금 정책, 소비자 구매력 등과도 직결된다. 반대로 지수가 급락한다면 해당 국가의 경제가 상대적으로 안정적이거나 경기 침체 가능성을 내포하고 있을 수 있다.

이처럼 한 브랜드의 커피가 국가 경제와 국민의 삶을 이해하는 척도로 활용될 수 있다는 점에서 스타벅스 지수는 단순한 마케팅 도구에 그치지 않는다. 글로벌 브랜드의 영향력과 현지의 경제 상황, 문화적 소비 패턴과 구매력 등 다양한 경제 지표를 동시에 보여주는 흥미로운 지표다. 앞서 K-푸드가 각국의 소비자 경험과 문화, 스토리를 기반으로 세계시장에서 영향력을 확대하고 있음을 봤는데, 스타벅스 역시 경험과 문화, 가치를 전달하는 세계화 전략을 통해 커피로 '맛을 넘어 문화가 된 식食'을 보여준 사례다.

• • •

세계 최고의 브랜드가 위기를 돌파하는 법

1971년 미국의 가장 오래된 재래시장인 파이크플레이스 마켓에서 문을 연 작은 카페는 스타벅스란 글로벌 기업으로 번성했다. 전 세계에서 가장 인지도가 높은 커피 브랜드인 스타벅스는 허먼 멜빌Herman Melville의 소설 『모비 딕』에 나오는 일등항해사의 이름에서 따왔다.

스타벅스가 들어서기 전까지 커피는 가정집에서 즐기던 음료였다. 스타벅스는 이 커피 맛을 철저하게 표준화했다. 바리스타로 인한 맛의 편차를 줄임으로써 일정한 맛을 내도록 한 것이다. 물론 이에 대해 부정적으로 평가하는 사람들도 상당히 많다. 그러나 이 표준화는 스타벅스가 앞서 나갈 수 있었던 가장 큰 이유로 꼽히기도 한다. 최고의 맛은 아니지만 어느 매장이든 불호가 적은 품질을 유지해 최고의 자리를 지키는 전략이다.

스타벅스에 따르면 2025년 9월 기준 한국은 전체 4만 990개 매장 중 2050개로, 전 세계에서 3번째로 많은 스타벅스 매장을 보유한 국가다. 1만 6854개로 미국이 압도적인 1위를 기록했으며, 그 뒤를 중국(7758개), 한국, 일본(1990개), 캐나다(1483개) 순으로 따르고 있다. 그러나 이런 인기와 달리 2024년 스타벅스의 실적은 좋지 않았다. 1분기 실적이 시장의 기대에 못 미치면서 스타벅스의 주가는 52주 '신저가新低價'로 곤두박질쳤다. 그해 4월 스타벅스의 주가 낙폭은 창업 이래 역대 최대 수준이었다.

북미 지역에서의 동일 매장 매출은 전년 동기 대비 3퍼센트 감소했고, 매장 방문 고객 수를 의미하는 트래픽 또한 크게 줄어들었다. 북미 지역뿐 아니라 해외 시장에서도 동일 매장 매출이 크게 감소하며 전반적으로 부진한 모습을 보였다. 당시 스타벅스의 CEO였던 랙스먼 내러시먼Laxman Narasimhan은 이런 상황을 두고 다음과 같이 말했다.

매우 어려운 환경 속에서 이번 분기 실적은 우리 브랜드의 힘과 역량, 기회를 반영하지 못했다. 기대엔 미치지 못했지만, 우리 앞에 놓인 구체적인 도전 과제와 기회는 잘 이해하고 있다.

사실 스타벅스의 위기는 최근에만 있었던 게 아니다. 2007년, 2008년, 2020년에도 위기가 찾아왔다. 차례로 알아보자.

2007년의 경영 위기는 강력한 경쟁자의 등장 때문이었다. 미국의 비영리 소비자 조직인 컨슈머 리포트가 블라인드 시음 테스트를 실시했는데, 맥도날드와 스타벅스의 커피를 맛본 평가자 중 많은 수가 맥도날드를 선택했다. 그 결과 스타벅스 주가는 42퍼센트나 흘러내렸고, 맥도날드는 기세를 몰아 다음 해 미국 내 1만 4000여 개의 점포에 '맥카페'를 출범했다. 4달러짜리 커피를 마시는 것은 바보같은 짓이라고 광고하며 스타벅스를 곤경에 처하게 했다.

2008년엔 하워드 슐츠가 3시간 30분 동안 미국 전역의 스타벅스 매장 7000개의 영업을 중단하고, 13만 5000여 명의 바리스타에게 에스프레소 추출법과 서비스 개선을 교육하기 위한 '에스프레소 엑설런스 트레이닝'을 실시했다. 이때 그가 포기한 매출은 무려 600만 달러였다. 하지만 그는 초심으로 돌아가자며 직원들을 다독였고, 무너져가던 스타벅스는 창사 이래 최고 매출을 기록하며 재기에 성공했다.

2020년 2분기엔 루이싱커피(루킨커피)가 매출과 매장 수에서 스타벅스를 제치고 중국 내 최대 커피 전문점으로 올라섰다. 2020년 회계 부정으로 주식 거래 중단과 나스닥 상장 폐지를 통보받으며 위기에 빠졌지만, 이후 루이싱커피는 기적적으로 재기에 성공해 중국인들의 입맛을 사로잡고 애국 소비를 이끌어냈다. 게다가 코로나19 팬데믹도 스타벅스의 중국 사업에 타격을 줬다. 전년 대비 17퍼센트 매출 감소란 아픔을 겪었지만, 오히려 스타벅스는 중국 내 매장 추가를 단행했다. 당시 루이싱커피 또한 빠른 배송 서비스, 모바일 결제 옵션, 신제품 출시 등으로 중국 내 커피 시장 점유율을 넓혀갔다. 여기에 중국의 새로운 커피 브랜드, 코티커피까지 급부상하며 경쟁은 한층 치열해졌다.

한편 국내에서도 스타벅스는 위기를 맞은 적이 있다. 2022년 스타벅스의 굿즈에서 발암물질이 검출된 것이다. 결국 스타벅스코리아는 이를 인정하고 재발 방지를 약속했다. 전 세계 스타벅스는 본사의 기준과 관리 체계를 중심으로 운영되며 브랜드 이미지와 품질 관리에 매우 엄격하지만, 한국 스타벅스는 1999년 첫 진출 이후 신세계가 인수해 현지화 전략을 강화하고 있다. 신세계는 국내 소비자의 취향을 적극적으로 반영해 매장을 설계하고 경영 방식에서도 해외와는 다른 방식을 추구하고 있다. 그래서 한국 스타벅스에선 글로벌 기준과 로컬 경영의 적절한 융합이 중요한 관건이다. 신세계는 현지화 전략으로 세계적 기업을 운영하는 그들만의 독특한 구조를 갖추어 나가고 있다.

● ● ●

지속 가능한 성장을 위하여

그럼에도 일단 커피 산업은 성장 산업이다. 한국은 세계적으로 손꼽히는 커피 소비 국가며, 국내 커피 시장의 규모 또한 매우 크다. 특히 1인당 연간 커피 소비량은 세계 평균보다 훨씬 높다. 이런 추세는 앞으로도 지속될 것으로 예상된다. 2023년 12월 기준 커피는

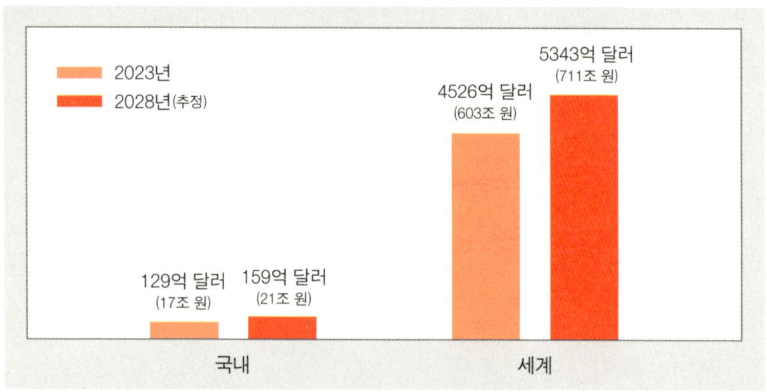

• 국내 및 세계 커피 시장 규모

한국 전체 음료 시장의 30.8퍼센트를 차지했다. 글로벌 시장조사 기관 스태티스타의 통계에 따르면 국내 커피 시장은 2023년 기준 129억 달러(약 17조 1776억 원)에 육박하며, 2028년엔 159억 달러(약 21조 1724억 원) 규모로 성장할 것으로 전망된다.

한편 2024년 4월, 매출 감소로 위기에 놓였던 스타벅스는 그해 8월 13일 CEO를 전격 교체했지만, 2025년에도 스타벅스의 주가는 부진을 면치 못했다. 전반적인 실적 부진과 수익성 악화, 커피 시장에서의 경쟁 심화 등이 복합적으로 작용한 결과다. 동일 매장 매출이 감소했다는 것과 기존 고객들의 이탈 조짐은 심각한 상황으로 평가된다. 흘러내리기만 하는 스타벅스의 주가를 보며 현시점에서 우리가 지속 가능한 성장을 위해 경영 측면에서 생각해야 할 몇 가지 사안에 대해 분석해 보고자 한다.

1. 민족·인종 문제와 노조와의 관계

글로벌 기업은 민족·인종 관련 문제에 말을 삼가고, 평소 노조와도 신중한 관계를 유지해야 한다. 2025년 이스라엘-팔레스타인 전쟁이 발발한 직후 스타벅스 노조에서 SNS에 팔레스타인 지지 게시물을 올렸다. 그러자 이스라엘을 지지하는 소비자들 사이에서 즉각 불매 운동이 일어났다. 결국 양쪽 소비자들이 모두 스타벅스를 보이콧했고, 주가도 곤두박질쳤다. 중동과 북아프리카 지역 스타벅스 매장을 운영하는 쿠웨이트의 알샤야 그룹은 매출 감소에 따라 2000명을 감원할 수밖에 없었다.

2015년에 있었던 '레이스 투게더Race Together 캠페인' 역시 역효과를 냈던 사례다. 인종차별 해소를 목적으로 스타벅스의 직원이 종이컵에 메시지를 쓰도록 한 이 캠페인은 일부 고객에게 커피를 마시며 설교를 듣는 것 같다는 반발을 샀다. 결국 소비자들이 경쟁사인 던킨도너츠로 이동하며 매출에 또 한번 직격타를 입었다.

이런 사례들은 글로벌 기업이 민감한 사회적·문화적 사안에서 기업 브랜드와 리스크 관리 사이의 균형을 잃었을 때 발생할 수 있는 경고 신호들이다. 자본주의 시장에선 때로 어떤 메시지보다 소비자가 느끼는 실제 경험과 브랜드 신뢰도가 우선된다. 따라서 기업을 경영할 때는 사회적 책임을 강조하되 현지 문화와 소비자 심리를 철저히 고려해야 한다.

2. 이미지 차별화와 고급화 전략

스타벅스는 더 이상 단순히 가격을 낮추어 경쟁하는 전략으로는 생존을 담보할 수 없다. 소비 둔화로 중국 시장에서의 가격 경쟁이 장기화되면서 스타벅스가 할인 전략을 택하자 오히려 매출이 급락했다. 중국의 토종 브랜드인 루이싱커피 또한 공격적인 가격 인하 끝에 결국 적자로 돌아섰고, 국내 시장도 상황은 비슷하다. 이디야, 빽다방, 메가커피 등 저가 커피 브랜드가 소비자의 선택 폭을 넓히면서 스타벅스는 브랜드 이미지에 맞는 고급화 전략을 유지해야 한다는 압박을 받고 있다.

자본주의 시장에서 기업은 가격 경쟁뿐만 아니라 소비자에게 차별화된 경험과 가치를 제공하는 것에도 집중해야 한다. 고유한 맛과 매장 경험, 커뮤니티, 사회 공헌 활동 등 가격 외의 것들까 결합해야만 소비자와 지속적 관계를 유지할 수 있다. 스타벅스가 지역 사회 상생 프로그램을 운영하며 소상공인들과 협력하는 것도 브랜드 홍보가 아닌 장기적인 생존 전략의 일환으로 볼 수 있다. 이제 가격만으로 경쟁하는 시대는 끝났다. 앞으로 가치와 경험, 사회적 신뢰가 더 큰 경쟁력이 될 것이다.

3. 원가 압박과 공급망 리스크 관리

스타벅스는 전체 지출 중 인건비와 임대료가 차지하는 비중이 절반을 넘는다. 그래서 인건비와 임대료 상승은 부담으로 직결된다.

글로벌 기업으로서 스타벅스가 직면한 문제들은 가격 정책을 바꾸거나 운영을 효율화한다고 해서 해결하긴 어렵다. 결국 이는 자본주의 시대에 기업과 개인 모두가 직면한 환경적·사회적 리스크 관리의 중요성을 보여주는 것이다. 지출 비용을 관리하는 것 못지않게 노동자들의 고용안정성과 처우 개선도 적극적으로 고려해야 한다. 노동자의 만족도와 동기 부여가 결국 서비스 품질 및 긍정적 브랜드 경험으로 연결될 수 있다.

한편 스타벅스는 연례 보고서에서 고급 아라비카 원두의 가격 상승과 고품질 아라비카 원두의 가용성 감소를 사업 및 재무 결과에 부정적 영향을 미칠 수 있는 공급망 위험 요인으로 지적했다. 커피를 더 비싸게 구매해야 하거나 공급마저 완전히 제한될 수 있다고 봤다. 여기에 기후 변화가 이를 더 악화시킬 수 있다는 것 또한 스타벅스가 마주한 현실이다.

원두 중 가장 인기 있는 품종인 아라비카는 재배가 까다롭다. 온도·습도·햇빛 조건이 민감해 기후 변화로 생산량이 크게 줄고 있다. 미주개발은행은 온난화로 인해 브라질, 베트남, 인도 등 주요 산지의 원두 생산 가능 면적이 최대 50퍼센트까지 감소할 수 있다고 경고했다. 전 세계에서 생산되는 원두의 약 3퍼센트를 구매하고 있는 스타벅스는 기후 변화에 강한 새로운 아라비카 품종을 개발하고 있다. 또한 2025년까지 1억 그루의 나무를 보급한다는 목표 아래 농부들에게 커피 묘목을 지속적으로 공급하며 공급망 안정성 구축 방안을 모색하고 있다. 기후 변화 대응을 통한 안정적인 생산과 공급, 노동 비용 관리 등은 장기적으로 경쟁력을 확보하고 생존하는 데 직결된다.

전 세계 소비자들은 코로나19 팬데믹을 거치며 더 안전하고 신뢰할 수 있는 먹거리를 요구하고 있다. 커피 시장에선 투명한 거래, 인증된 품질, 윤리성이 새로운 핵심 키워드로 떠오르고 있다. 스타벅스는 생존을 위해서라도 지속 가능한 커피 생산에 높은 관심을 기울여야 하며, 이 과정에서 스타벅스는 '사람 경영'에 초점을 맞추어 초심으로 돌아가야 한다. 결국 커피를 파는 사람의 서비스가 고객을 만족시킨다는 사실을 증명해야 하는 셈이다. 위기일수록 스타벅스는 지속 가능하고 윤리적인 관행을 지속해야 한다. 소비자들의 구매 결정이 환경과 사회에 끼칠 영향에 관해 더 많이 인식하고, 이와 관련한 내용을 전 직원과 공유해야 한다. 이를 기반으로 스타벅스의 제품이 윤리적이고 지속 가능한 방식으로 생산된다는 이미지를 각인시켜야 한다. 스타벅스가 강조했던 것처럼 공정한 임금을 지급받는 농부들에게 커피원두를 조달받고, 생산법도 환경친화적이란 점을 보장하는 게 세계시장에서 스타벅스의 브랜드 가치와 신뢰도를 높이는 중요한 요인이 될 것이다.

커피라는 하나의 사례를 통해 우리는 이제 음식과 음료가 세계에 경제적·문화적 영향력을 행사한다는 사실을 이해할 수 있다.

K-푸드가 독창성과 스토리텔링으로 세계시장에서 성공을 거둔 것
처럼 커피 또한 고유의 가치와 철학, 지속 가능성과 공정성을 모두
결합해야 세계 소비자에게 어필될 수 있다. 이는 스타벅스뿐만 아
니라 'K-커피'에도 해당하는 이야기일 것이다.

　음식과 음료 산업의 국제적 경쟁력은 맛과 품질뿐만 아니라 생
산, 유통, 브랜드 경험, 사회적 책임까지 다층적 요소가 조화를 이
뤘을 때 확보될 수 있다. 또한 커피처럼 사소해 보이는 일상 속 선
택이 때로는 스타벅스 지수와 같이 국가 경제 수준이나 생활 여건,
즉 세계시장에서의 위치를 보여주기도 한다. 이제 음료와 음식은
단순한 식문화를 넘어 국가 경제의 온도도 가늠할 수 있는 중요한
경제 지표가 됐다. 세계인이 음식에 부는 한류를 느꼈던 것처럼 커
피에도 한류 바람이 불어 모두가 이를 느낄 수 있는 날이 머지않아
보인다.

돈의 언어로 다시 쓰는
세계 질서

어느 누구든 그 자체로서 온전한 섬은 아니다.

모든 인간은 대륙의 한 조각이며 대양의 일부다.

– 존 던(영국의 성공회 사제이자 시인)

자본주의는 이전과 확연히 다른 국면을 맞이했다. 글로벌 공급망의 재편, 보호무역주의의 강화, 강력한 메가 법안까지 국가와 기업 모두에 새로운 도전과 기회를 동시에 던지고 있다. 이 불확실성의 시대에 돈은 국가와 기업이 내리는 전략적 판단의 가장 핵심적인 '언어'가 됐다.

한국과 같이 무역 의존도가 높은 국가에게 관세 협상은 단순한 세금 문제가 아니라 국가 생존과 산업 경쟁력을 좌우하는 문제다. 관세를 낮추기 위해 지불한 비용, 즉 관세 협상에서의 돈은 세계시장에서 한국의 산업이 경쟁력을 유지하고 확장하기 위한 투자며, 자본주의 체제 속에서 자국 이익을 지키는 전략적 선택이다. 다시 말해 국가가 자본주의라는 거대한 게임에서 자신의 위치를 지키고 발전시켜 나가기 위한 핵심 도구다.

수많은 숫자와 표면상의 무역 조건 뒤엔 얼마나 효과적으로 자본을 배분하고, 자국 산업과 경제를 지키고자 하는지에 대한 의지가 담겨 있다. 트럼프 2.0 시대의 자본주의는 국가 주도의 경제 정책과 기업의 시장 전략이 긴밀하게 얽히며 작동하는 '신新자본주의'로 변화하고 있다. 국가는 직접 경제 게임판 위에 뛰어드는 플레이어가 됐고, 기업 경영 역시 국가 경제와 안보 전략까지 생각해야 한다.

커피, 뷰티, 바이오, 방위 산업 등은 이런 경쟁 속에서 살아남기 위한 치열한 전략적 선택의 결과로 발전했다. 이 산업들은 자본 흐름과 경영 판단 속에서 국가의 미래를 결정짓는 중요한 자산이 됐다.

불확실성과 변화가 난무하는 오늘날, 돈이라는 자본주의의 언어를 읽고 쓰는 능력은 단순한 경제 지식을 넘어 국가와 기업, 개인 모두가 생존과 번영을 위해 갖추어야 할 필수 무기다. 돈의 흐름과 그 이면의 전략을 이해하지 못한다면 치열한 경쟁 속에서 방향을 잃기 쉽다.

이 새로운 자본주의 세상에서 돈으로 쓰인 생존 전략을 익히고, 그 안에서 자신의 위치를 찾아야 한다. 지금 시장은 끊임없는 전략의 장이다. 이제 이 무대 위에서 당당한 주인공으로 서서 숫자 속에 숨어 있는 힘을 읽고, 그 힘을 미래로 연결하는 자기만의 길을 걸어가야 할 때다. 국가 간 협상 테이블에서부터 기업의 혁신 현장까지, 변화하는 세계 시장에서 돈은 내 삶과 미래를 움직이는 강력한 언어임을 기억하라.

3부

부자는
변화의 신호를 포착한다

디지털 대전환과 기술 주도권 전쟁

AI, 에너지, 스테이블코인, 로봇, 양자컴퓨터 등

혁신 기술들이 자본과 산업의 지형을 빠르게 바꾸고 있다.

3부에선 이런 미래 기술들이

시장을 어떻게 형성해 가는지 살펴보고자 한다.

이제 돈은 물리적 화폐 단위를 넘어

디지털 정보가 넘치는 광범위한 네트워크 위에서

국경을 넘어 누구나 금융의 주인이 될 수 있게 할 새로운 언어다.

부자들은 이런 흐름을 누구보다 빠르게 읽고

새로운 자본의 길을 가장 먼저 발견했다.

디지털 대전환을 새로운 자본주의의 성장 축이 되어

금융, 정치, 산업 등 다양한 분야의 패러다임을 흔들고 있다.

AI,
시장을 설계하는 새로운 청사진

· · ·

AI가 만드는 새로운 부의 미래

2025년 7월, 메타의 주가가 26퍼센트가량 급등하며 엔비디아의 주가 상승폭을 제쳤다. '매그니피센트 7(미국 증시 7대 기술주)' 중 최고 상승률이었다. 하지만 AI와 광고로 주가 상승을 이끌었던 기대감이 꺼지며 주가는 내리막을 탔다. 2026년엔 전년 대비 지출이 현저히 늘어날 것이란 메타 CFO(최고재무책임자)의 발언도 시장에서 부정적으로 해석되며 주가는 더 하락했다.

우리는 이미 전통적인 자본주의를 넘어 '디지털 자본주의'라는 새로운 경제 패러다임 속에 살고 있다. 디지털 자본주의는 단순한 기술 혁신의 시대를 넘어 돈의 본질과 경영 방식이 근본적으로 전환되는 시대다. 돈이 디지털 형태로 진화하면서 그 의미와 역할도 확장됐다. 과거 돈은 실물화폐나 은행 계좌 속 숫자일 뿐이었지만 이제는 블록체인 기반의 암호화폐와 스테이블코인 등 디지털 자산으로서 금융 거래뿐 아니라 가치 저장 및 교환 수단의 새로운 표준으로 자리 잡고 있다. 이는 돈이 단순한 거래 수단을 넘어 정보와 신뢰, 네트워크와 연결된 '데이터'가 됐다는 의미다.

또한 미래 경영은 전통적인 자원 관리에서 벗어나 기술과 데이터를 중심으로 진행된다. 생산성과 효율성을 극대화하며, 데이터 분석으로 의사결정의 정확성과 속도를 혁신적으로 높이고 있다. 얼마 전 메타 CEO인 마크 저커버그도 오픈AI의 직원들에게 직접 연락해 높은 연봉을 제시하며 영입을 시도하기도 했다. 메타가 AI 인프라를 통해 광고 효율을 다시 높이고 새로운 수익원을 발굴해 낸다면 그때의 투자는 메타의 미래 수익으로 이어질 수 있을 것이었다. 메타의 이런 움직임을 두고 오픈AI에선 '누군가 우리 집에 침입해 뭔가를 훔쳐 가는 것 같다'며 초조함을 숨기지 않았다. 이처럼 디지털 자본주의라는 경제 체제에서 돈과 기술, 경영은 서로 얽히고설켜 미래 산업의 경쟁력을 좌우하는 새로운 핵심 동력이 된다.

2022년 챗GPT가 등장한 이래로 가장 뜨거운 산업은 역시 AI 분야일 것이다. AI 시장은 마이크로소프트, 구글, 메타 등 쟁쟁한 빅테크 기업들의 기존 검색 엔진과 오픈AI, 앤스로픽 등 가상의 어시스턴트를 사용하는 스타트업이 경쟁을 벌이고 있다. 챗GPT를 개발한 오픈AI는 거대언어모델LLM을 사용해 AI 시장의 판도를 바꿨다. 구글에서도 챗GPT의 대항마로 제미나이를 출시했다. 2025년 11월 버크셔해서웨이에서도 구글의 가치를 몰라봤다며 다시 구글의 주식을 사들이기 시작했다. AI 시장에서 구글이 가진 통합 데이터 공급망의 가치가 클 것으로 판단했기 때문이다. 실제로 구글의 제미나이는 엔비디아의 AI 칩인 GPU(그래픽처리장치)의 사용을 줄이며 독립성을 키우고 있다.

구글의 AI 가속기인 TPU(텐서처리장치)가 주목을 받으며 안드로이드 생태계와 결합해 새로운 서비스를 제공할 가능성도 높아졌다. 아마존, 테슬라 같은 빅테크 기업의 AI 칩도 엔비디아의 GPU와 맞서고 있다. 나아가 엔비디아 GPU 같은 범용 컴퓨터와 구별하여 맞춤형 칩ASIC처럼 하나의 목적에 최적화된 칩이 향후 시장을 주도할 가능성도 높아지고 있다.

2025년 세계 반도체 기업 1위이자 AI 플랫폼 기업인 엔비디아는 시가총액 5조 달러 클럽에 최초로 가입한 후 여전히 세계 시가총액 1위 자리를 굳히고 있다. 2025년엔 사상 최대의 실적도 냈다. 그러나 미국의 펀드 매니저인 마이클 버리Michael Burry가 엔비디아의 재무제표를 강하게 비난하며 'AI 버블론'을 언급했고, 엔비디아의 주가는 사상 최대 실적에도 하락하고 말았다. 여기에 메타가 AI 투자를 위해 43조 원가량의 회사채를 발행하면서 시장의 불안감이 높아지자 빅테크 기업의 주가가 일시적으로 조정을 받기도 했다. AI 버블론이 다시 주목받는 이 시점에도 AI와 관련된 한마디에 시장이 출렁이는 것을 보면 현재 AI가 얼마나 대단한 기대를 받는지 알 수 있다. 시장의 이런 흐름에서 AI 발전사의 발자취를 더듬어보며 우리가 현재 어느 단계에 이르렀는지 한번 살펴보자.

• • •

앨런 튜링에서 샘 올트먼까지, AI 혁명의 역사

1950년 '컴퓨터의 아버지'라 불리던 영국의 컴퓨터과학자 앨런 튜링Alan Turing은 「계산 기계와 지능Computing Machinery and Intelligence」이라는 논문에서 기계가 지성을 갖췄는지 판단하기 위해 '이미테이션 게임(튜링 테스트)'을 고안했다.

이 테스트에 참여한 평가자는 상대방이 기계인지 사람인지 모르는 상태에서 대화를 나눈다. 이때 컴퓨터와의 대화에서 컴퓨터의 반응을 인간의 반응과 구별할 수 없다면 컴퓨터의 AI가 사고 체계를 갖춘 것으로 간주해야 한다. 그의 이런 견해는 오늘날 AI의 개념에 대한 기반을 제공했고, 이 테스트는 AI 판별 기준이 됐다.

AI의 역사에서 튜링과 함께 주목해야 할 인물과 행사가 있다. 먼저 1956년 미국 다트머스대학교에서 개최된 '다트머스 회의'다. 이

A PROPOSAL FOR THE

DARTMOUTH SUMMER RESEARCH PROJECT

ON ARTIFICIAL INTELLIGENCE

J. McCarthy, Dartmouth College
M. L. Minsky, Harvard University
N. Rochester, I. B. M. Corporation
C. E. Shannon, Bell Telephone Laboratories

• AI라는 용어가 처음 사용된 다트머스 하계 연구 프로젝트 제안서

회의에서 'Artificial Intelligence', 즉 AI라는 용어가 처음으로 만들어졌는데, 회의를 개최한 미국의 인지심리학자이자 전산학자인 존 매카시John McCarthy는 AI를 '고도 지능의 컴퓨터 디바이스를 만드는 과학·공학'이라고 정의하며, AI 프로그램은 명확한 문장을 사용해 논리적으로 표현할 수 있어야 한다고 주장했다.

1959년 매카시는 컴퓨팅 자원을 효율적으로 배분하기 위해 '시분할timesharing 시스템'을 제안했다. 당시는 컴퓨터가 고가라 여러 명의 사용자가 한 대의 컴퓨터에 유선으로 단말기를 연결해 공동으로 사용할 수 있었다. 하지만 매카시의 시분할 시스템은 서로 다른 단말기를 사용하는 사람이 동시에 유사한 컴퓨팅 리소스에 접속할 수 있게 했고, 대화식 처리와 다중 프로그래밍 방식을 가능하게 만

들었다. 이는 곧 오늘날 클라우드 컴퓨팅 개념에 큰 영향을 줬다.

최초로 인간의 뇌를 기계적으로 모델링한 연구를 진행했던 월터 피츠Walter Pitts 역시 AI 발전사에서 무시할 수 없는 인물이다. 그의 연구 내용에 따르면 각 신경세포의 기능은 매우 단순하지만, 이들이 상호 연결되면 신경 시스템을 이루어 복잡한 계산을 수행할 수 있다. 피츠의 연구를 담은 논문은 이후 AI 딥러닝 개념으로 진화했으며, 그는 '딥러닝의 선구자'가 됐다.

한편 2023년 오픈AI에선 샘 올트먼을 해임했다가 5일 만에 CEO로 복귀시킨 일이 있었다. 오픈AI가 추진하던 AI 개발 방향과 속도가 올트먼이란 개인을 넘어 산업·정책·투자 생태계 전체와 얽혀 있었기 때문이었다. 전 직원의 95퍼센트가 올트먼을 복귀시키지 않으면 사표를 제출하겠다고 나섰고, 주요 투자자들 역시 회사의 전략적 리더십 공백을 우려하며 같은 입장을 표했다. AI 개발 경쟁에서 리더십의 연속성이 곧 기업의 생존과 직결됨을 보여준 사례라고 할 수 있다. 올트먼의 복귀는 오픈AI뿐만 아니라 글로벌 AI 개발 경쟁 구도에도 중요한 전환점이 됐다.

2018년 작고한 스티븐 호킹은 과학기술을 진보시키기 이전에 대중과 사회가 그 변화를 수용할 수 있는 준비가 되어 있어야 한다고 강조했다. 오늘날 AI 발전 속도를 생각하면 과학기술이 인류에게 위협이 되어선 안 된다던 그의 말이 가슴 깊이 다가온다.

AI가 인간의 능력을 훨씬 뛰어넘는 수준의 지능을 가진 'AGI(범용 일반 인공지능)'로 발전했을 때 생길 수 있는 여러 위험성이 꾸준히 제기되고 있다. 올트먼은 AGI 개발 속도를 늦추려 하지 않았지만, AGI의 위험성을 두려워하는 모순된 모습을 보이기도 했다. 우리는 AI 개발과 규제의 조화를 위한 공론장을 만들어야 한다. AI의 유용성을 인정하면서도 더 발전할 AI에 대처하는 법을 잘 터득해 함께 공생하는 법을 찾아야 한다.

• • •

대한민국, AI 3대 강국을 꿈꾸다

전 세계에서 AI 개발 인력을 두고 벌어지는 경쟁은 이미 '총성 없는 전쟁' 수준이다. 이런 모습을 지켜보고 있자면 이재명 정부가 AI 정책을 국가의 운명을 건 과제로 바라보는 이유가 자연스레 이해된다. 이재명 정부는 AI를 한국 경제의 차세대 성장 엔진이자 국가 경쟁력의 핵심으로 규정하고 있다. 목표는 분명하다. AI 3대 강국으로 도약하고, 더 나아가 교육·산업·행정 전 영역을 아우르는 AI 대전환을 완성하겠다는 것이다. 이를 위해 정부에선 AI를 국가적 인프라로 보고, AI가 사회 전반의 위험을 예측하고 줄여주는 'AI 기본 사회'를 만들려 하고 있다.

그러나 목표가 큰 만큼 넘어야 할 산도 많다. 매우 야심 가득한 정책들을 내세웠지만, 전문가들은 아직 굵은 선 위에 연필로 그려진 스케치 수준이라고 지적한다. 실제로 한국은 AI 인재 전쟁에서 전력 질주하지 못하고 있다. 이 같은 상황에서 한국에 26만 개의 GPU 공급을 약속하며 한국의 AI 생태계 육성을 공개적으로 지지한 엔비디아의 행보는 주목할 만하다.

엔비디아의 이런 결정은 단순한 부품 공급 계약이 아니라 한국이 AI 경쟁에서 본격적으로 무대에 오를 최소 조건을 마련해준 것이다. AI 모델의 성능과 속도가 곧 경쟁력인 시대에 안정적인 GPU 공급은 국가 차원의 전략자산에 가깝다. 또한 국내 기업들에게도 AI 개발 속도를 끌어올릴 수 있는 골든타임이 열릴 것이다. 앞으로 무엇을 얼마나 빠르고 정교하게 실행하느냐가 한국 경제와 기업들의 미래를 결정짓게 될 것이다.

지금까지 한국은 추격형 산업 전략엔 강했지만, AI 산업은 주도권 싸움이다. 즉 속도와 규모 싸움에서 한번 밀리면 추격할 기회도 없이 바로 뒤처진다. 정부는 AI를 차세대 성장 엔진으로 삼기 위해 100조 원 규모의 민관 합동 AI 펀드를 조성하겠다고 선언했다. 정부가 국민, 기업, 연기금까지 끌어들여 대규모 AI 투자 생태계를 만들겠다는 것은 한국을 '기술 소비국'에서 '기술 생산국'으로 전환하겠다는 포부라고 볼 수 있다.

이 정책의 핵심은 컴퓨팅 자원 확보에 있다. 정부는 AI 데이터센터를 새로운 국가 사회간접자본으로 지정하며, 이른바 'AI 고속도로'를 깔겠다고 밝혔다. 엔비디아가 한국에 대규모 GPU를 공급하겠다고 약속한 것도 이런 정부 전략과 맞닿아 있다. 한국은 AI 개발에 필요한 연산 자원이 늘 부족하다는 근본적인 문제가 있다. AI 개발 경쟁은 '누가 더 많은 연산 자원을 확보하는가'의 싸움이기에 이는 곧 한국의 기술 주권과 직결된다.

사실 한국은 이미 세계적인 통신 인프라와 반도체 공급망을 갖고 있고, 제조업 기반도 탄탄하다. 그러나 AI 산업 분야는 앞서 말했듯 정책 발표부터 기업 투자까지 그 속도가 조금이라도 늦어지면 금세 경쟁력이 떨어진다. 따라서 정부의 AI 정책들은 한국식 협업 모델의 장점이자 개발 시장의 잠재적 위험 요인이 될 수 있다. 의사 결정이 복잡해지면 시장 속도를 절대 따라잡을 수 없기 때문이다.

한국은 지금 거대한 전환점에 서 있다. 과거 산업화 시대 때의 성공 공식은 AI 시대엔 더 이상 통하지 않는다. AI는 단순한 기술 도입을 넘어서 산업의 판을 바꾸는 혁신 엔진이 될 것이다. AI를 통한 산업 융합을 지원하기 위해 정부에선 '모두의 AI 프로젝트'를 추진하고 있다. 한국형 챗GPT를 개발해 국민 모두가 AI를 경험하고, 축적된 데이터들이 산업 전반에 활용될 수 있도록 할 예정이다. 이뿐만 아니라 정부에선 AI미래기획수석비서관을 영입하고, 국가인공지능전략위원회를 세우는 등 기업들이 AI 특구에서 유연한 규제로 실험과 혁신을 마음껏 해볼 수 있도록 하고 있다. 정부의 이런 정책 방향은 AI를 전략적 무기로 삼을 수 있도록 돕는 안전망이자 가속 페달이 되어줄 것이다.

우리의 발목을 잡는 6가지 문제

나는 한국이 지금처럼 대규모 AI 투자를 꾸준히 밀어붙인다면 아시아권에선 상당한 영향력을 확보할 가능성이 높다고 생각한다. 물론 자본 투입만으로는 충분치 않다. AI 개발의 진짜 경쟁력은 '좋은 문제를 정의하고 풀어낼 수 있는 사람', 즉 창의적 인재에서 나오기 때문이다. 2부에서 언급했던 것처럼 기존 산업 경쟁력에 AI 혁신 인재들의 역량들이 결합되면 우리는 AI를 기반으로 신산업 창출·생산성 혁신·글로벌 경쟁력 강화란 3마리 토끼를 동시에 잡을 수 있다.

이제는 우리가 먼저 길을 내야 하는 때다. 우리는 지금 그 첫 삽을 떴다. 얼마나 일관성 있고 과감하게, 무엇을 최우선으로 실행하느냐에 따라 AI 시대에 글로벌 강국으로 발돋움할 기반을 튼튼히 다질 수 있다. 지금 우리나라가 마주하고 있는 6가지 문제들을 한번 자세히 살펴보자.

1. 100조 원 투자 목표의 실현 가능성

100조 원 규모라는 투자 목표는 매우 야심이 가득하지만, 민간 자본의 참여와 신뢰가 뒷받침되어야 달성이 가능할 것이다. 그래서 민간 부문의 참여와 관련해선 현실성에 의문이 제기되고 있다. 민간 투자를 성공적으로 유치하려면 정부에서 구체적인 투자수익률ROI을 제시해야 한다. 즉 민간 기업이 AI 산업에서 실질적인 수익을 확보할 수 있도록 비즈니스 모델과 시장 기회를 보여주는 게 중요하다. 삼성전자의 경우 AI 반도체 개발 및 초거대 AI 모델 연구를 협력 기업들과 공동으로 진행하며 정부 지원만으로는 진행하기 어렵던 대규모 프로젝트를 안정적으로 추진하고 있다.

2. AI 데이터센터를 차세대 국가 사회간접자본으로

국가 차원에서 AI 데이터센터를 차세대 국가 사회간접자본으로 지정하겠다는 선언 너머에는 AI 컴퓨팅 자원과 데이터 접근성을 공공재로 인식하겠다는 의미를 담고 있다. 하지만 데이터 접근 권한 및 활용 범위, 개인 사생활, 저작권 등 해결해야 할 법률적 쟁점들이 있다. 네이버의 경우 AI 클라우드 서비스 운영 시 엄격한 데이터 활용 가이드라인을 마련해 규제 불확실성을 관리하고 있다. 이는 통계적 공정 관리SPC 모델 운영에서 다양한 이해관계를 조율할 수 있는 기업의 경험 또한 필수적임을 보여준다.

3. 규제 프레임워크 및 글로벌 정합성

카카오와 네이버는 EU, 미국 등 글로벌 규제 환경을 고려해 내부 준법 시스템을 마련하고, 해외 파트너사와 협력 시 글로벌 기준을 준수하며 리스크를 관리한다. 한국의 AI 기본법과 자율 규제 중심의 정책들은 글로벌 기준에 비해 부족할 수 있으며, 이는 국제 협력과 시장 진출에 제약이 될 수 있다. 따라서 지금은 규제 혁신과 균형 있는 대응이 필수적인 때다.

4. 대규모 AI 인프라를 위한 전력 공급

대규모 AI 데이터센터 설립과 5만 개 이상의 고성능 GPU 확보 계획엔 막대한 전력 수요가 수반된다. LG CNS의 경우 자체 AI 데이터센터에 재생에너지와 스마트 전력 관리 시스템을 도입해 안정적인 연산 환경을 확보했다. 이는 기업에서도 에너지 전략을 미리 준비해야 한다는 사실을 보여준다.

전력 확보 방안이 명확히 제시되지 않으면 AI 인프라는 제 기능을 발휘하기 어렵다. 안정적인 전력 공급 없이는 AI 3대 강국이란 목표 달성에도 근본적인 제약이 생길 수 있다.

5. '모두의 AI'의 실적용 문제

모두의 AI는 한국형 챗GPT 구축을 목표하지만, 일반화 능력 부족, 데이터 품질 문제 등 아직 내재적인 한계가 있다. 산업에 실제로 적용하려면 데이터 보안, AI 윤리, 개인정보 등 사회적 문제들에 대한 대비가 필수다. 데이터 엔지니어링과 윤리적 검증 없이는 정책 목표 자체가 무색해질 수 있다. SK텔레콤의 경우 학습 데이터 품질 강화와 윤리적 사용 기준을 마련해 AI를 산업 현장에 적용하고 있다.

6. 인재 양성 및 유출 방지

AI 인재 20만 명 양성, AI 단과대학 설립, 생애주기 교육 등 여러 목표가 설정되어 있지만, 산업계가 요구하는 디지털 인재를 키워내기 위한 구체적 실행 전략은 아직 미흡하다. 카카오엔터프라이즈는 산학 연계로 실무형 AI 인재를 직접 채용하고 있으며, 해외 연수와 프로젝트 참여를 통해 유출을 최소화하고 있다. 단순히 더 많은 졸업생을 배출하는 것만으로는 AI 인재 양성이 충분히 이루어지지 않는다. 그들이 국내에서 성장해 기여할 수 있도록 하는 매력적인 환경 조성이 핵심이다.

현재 우리가 마주한 도전 과제들을 극복하고, AI 산업 혁신을 성공적으로 이끌기 위해선 기업과 경제 주체가 투자 전략을 더 정교하게 설계하고, 민간 투자를 촉진해 위험을 분산하는 한편, 지속 가능한 인프라 설계와 에너지 계획을 마련해야 한다. AI 인재 유출 방지뿐 아니라 균형 잡힌 거버넌스 구축, 사용자 중심의 AI 서비스 개발 등에도 주도적으로 참여해야 한다. 즉 정책과 시장 환경이 제공하는 기회를 어떻게 전략적으로 활용할 것인지, 어떻게 기술 주도권을 지키면서 산업적 경쟁력을 강화할 것인지 생각해야 한다. AI 혁신을 주도할 능동적 주체가 되어야 한다는 점이 중요하다.

반도체, 정보통신, 자동차, 금융, 의료 등 다양한 산업에서 AI를 통한 새로운 가능성이 열리고 있다. 우리가 실질적으로 취할 수 있는 전략들엔 무엇이 있을까. 4가지 전략을 살펴보며 AI 강국으로 도약하기 위한 길을 모색해 본다.

. . .

기술 주도권을 놓치지 않기 위한 4가지 전략

AI가 미래 비즈니스에 필수란 사실을 부정하는 사람은 없을 것이다. 이미 챗GPT 활용이 보편화된 세상에서 자체 AI 모델 개발과 기술 역량의 강화만으로 글로벌 경쟁에서 한국도 시장 주도권을 확보할 수 있을까? 자체 인프라와 데이터·인력·비즈니스 네트워크를 활용해 AI를 구축하는 국가나 기업의 역량을 일컫는 '소버린sovereign AI'가 중요해지는 이유다.

1. 미국 빅테크 기업과의 협업

일본은 엔비디아와 손잡고 AI 인재를 양성하고, 일본어 기반 AI 모델을 개발했다. 또한 자연재해 대응과 기후 회복력 강화란 실질적 과제를 소버린 AI의 핵심 목표로 삼았다. 소프트뱅크가 엔비디아와 협력하면서 정부와 기업이 관련 투자를 강화할 수 있도록 했다. 이를 통해 일본은 자국 내 AI 역량을 높이며 글로벌 기술 주도권 확보를 위한 전략 기반을 마련했다.

2. 자국의 언어모델로 된 거대언어모델 구축

사우디아라비아는 2025년 국부펀드PIF를 통해 신생 AI 기업인 휴메인을 설립하고, 자국 내 데이터센터에서 소버린 AI를 운영하기 시작했다. 휴메인은 엔비디아, AMD 등 미국 내 반도체 기업들과의 협력으로 아랍어 기반 거대언어모델 개발을 추진하고 있다. 특히 트럼프 대통령이 이전에 시행했던 AI 칩 수출 규제 완화 정책은 이런 협업을 촉진했다. 또한 사우디아라비아의 중동 지역 내 AI 리더십 확보와 미국 기업과의 연구개발, 글로벌 자금 유치 확장에도 기여했다.

3. 한국어 기반 거대언어모델

네이버클라우드는 한글에 특화된 초거대 생성형 AI 모델인 '하이퍼클로바X'를 개발하며 국내 소버린 AI 전략을 실천하고 있다. 이로써 국내 기업과 사용자가 AI 기술에서 독립성을 확보하고, 글로벌 영향력을 확장할 수 있는 기반이 마련됐다.

4. 소버린 AI 최적화

소버린 AI는 모국어, 문화, 역사적 맥락을 반영한 최적화가 필수다. 예를 들어 챗GPT와 같은 영어 기반 거대언어모델은 독도 관련 질문에서 그 역사적 맥락을 완벽히 이해하지 못할 수 있다. 따라서 정부에서 양질의 공공 데이터를 제공하고, 기업 또한 고품질 저작권 자료를 확보하는 데 적극적으로 투자해야 한다. 민관 협력으로 학습 데이터 품질을 높이는 게 AI 주도권 확보에 결정적 역할을 할 것이다.

젠슨 황은 모든 국가에서 타국이나 타국 기업이 AI를 개발하도록 허용하면 안 된다고 지적했다. 데이터엔 문화, 집단지성, 역사가 체계화되어 있기에 고유 언어와 문화에 대한 데이터를 거대언어모델로 체계화해야 한다고 강조했다.

소버린 AI와 관련해 한국 정부와 기업이 앞으로 취해야 할 방향은 글로벌 협력과 전략 기술의 자립, 2가지로 요약할 수 있다. 무조건적인 대규모 자체 투자보다 민간 주도의 혁신을 지원하며, 국가 안보와 핵심 산업 분야 독립성을 확보하는 균형 잡힌 접근이 필요하다. 그러니 컴퓨팅 인프라 확보나 데이터 주권 및 거버넌스 강화, 국가 전략 사업 등에 소버린 AI를 효율적으로 투자해야 한다.

전 구글 차이나 대표이자 AI 전문가인 리카이푸李開復는 AI를 새로운 석유라고 말했다. 그는 데이터가 곧 자본인 시대에 AI가 국가와 기업의 핵심 자산임을 강조했다. 일론 머스크도 AI를 전기나 인터넷보다 더 큰 기술 혁신이라 여겼지만, 일자리 축소, 부의 편중 등 소수가 AI를 통해 경제 권력을 독점할 수 있다는 사실도 함께 경고했다.

전기가 산업혁명을 촉발했듯 AI도 모든 산업의 구조를 바꾸고 수많은 경제적 기회를 제공하고 있다. 반도체 시장에서도 AI 투자가 확대되며 모처럼 슈퍼사이클이 도래했다. 미국 경제가 호조세를 보이며 HBM(고대역폭메모리) 사양이 높아지는 것이 대표적인 예시다. 삼성전자, SK하이닉스, 한미반도체 등 국내 반도체 기업들도 이런 흐름에 올라타 성장을 거듭하고 있다.

하지만 동시에 AI를 독점 활용하는 자본과 권력이 등장하면 사회적 불평등이 심화할 수도 있다. 즉 복지, 교육, 의료 등 인류에게 이익을 주는 AI를 시장 논리와 개인의 탐욕에만 맡겨둔다면 그 격차 발생을 피할 수 없을 것이다. 그래서 나는 한 가지 메시지를 던지고 싶다. AI는 분명 자본주의를 한 단계 더 진화시킬 수 있는 도구다. 하지만 우리가 어떻게 설계하느냐에 그 방향이 달라진다. 적절한 개입과 균형 있는 힘의 배분이 있을 때 AI는 포용적이고 지속 가능한 새로운 자본주의로 나아가는 길을 열 수 있다. 결국 AI 시대의 진정한 경쟁력은 기술 소유가 아닌 기술 활용을 어떻게 할 것인가 하는 우리의 선택에 달려 있는 셈이다.

에너지,
시장의 새로운 주인이
되기 위한 조건

전기는 새로운 권력이 될까

넷플릭스가 배출하는 탄소량은 15만 가구 규모의 도시에서 1년 동안 배출하는 탄소량과 비슷하다. 1분 동안 사용할 시 탄소 배출량이 가장 많은 어플로는 틱톡(2.63그램)이 가장 높고, 인스타그램(1.05그램), 유튜브(0.46그램) 순으로 높다. 스마트폰을 2시간 사용하면 경차로 1.4킬로미터를 달릴 때 배출되는 양만큼 탄소가 배출된다. 디지털 디바이스, 디지털 네트워크, 서비스 사용 및 운영 등 기술의 발전 그 이면엔 온실가스 배출량과 에너지 소비량 과부하란 불편한 진실이 존재하고 있다.

2025년 애플의 CEO인 팀 쿡Tim Cook은 중국발전포럼에서 탄소 배출을 줄일 핵심 기술로 AI를 강조했다. 《MIT 테크놀로지 리뷰》역시 AI가 탄소 배출을 줄이는 데 크게 기여한다고 봤다. AI는 인간이 해결하기 어려운 부분까지 세밀하게 계산해 에너지 절감을 견인하는 역할을 할 수 있다. 그러나 아이러니하게도 이 AI 때문에 탄소 중립은 더 중요해지고 있다.

AI는 '전기 먹는 하마'다. 생성형 AI발發 데이터센터 수요의 급증으로 전력난이 심각해졌다. IEA(국제에너지기구)에 따르면 전 세계 데이터센터의 전기 소비량은 2024년 415테라와트시에서 2030년 945테라와트시로 증가할 전망이다. AI 산업이 발전하면 전력 수요 전망치도 거듭 상향 조정될 가능성이 높다. 이 막대한 수요를 어떻게 충당할 것인가. AI가 디지털 탄소 중립 기술의 핵심이라고 하면서도 AI의 과도한 연산으로 전 세계의 전기가 축나고 있다.

그래서 세계는 지금 새로운 에너지원을 중심으로 경제·사회 시스템을 운영하는 방식을 전환하고 있다. 대체로 화석연료에서 재생 에너지로의 전환을 의미한다. 그 내용을 면밀히 분석해 보자.

20세기 산업화의 중심은 석유였다. 석유는 '액체 금'이라 불리며 경제의 혈액 역할을 했고, 자동차, 항공, 플라스틱 등 핵심 산업들의 원료로 쓰이며 산업 전반의 성장을 지탱했다. 물리적 운반이 쉬운 액체 연료 특성상 석유는 파이프라인이나 선박, 트럭 등을 통해 전 세계로 빠르게 공급될 수 있었다. 하지만 1970년대 발생한 두

차례의 석유 파동으로 석유에 대한 자원민족주의가 강화됐고, 각
국은 석유뿐 아니라 에너지의 안정적 확보를 위해 치열한 외교전을
벌이며 대체에너지 개발에 박차를 가하게 됐다.

시대가 변하며 에너지의 중심축은 석유에서 전기로 옮겨가고 있
다. 전기는 손실률이 낮고, 수력, 태양광, 원자력 등 다양한 방식으
로 생산할 수 있으며, 디지털과 전자 기술의 발전으로 확장성과 효
율성을 동시에 갖추게 됐다. 전기는 이제 하나의 에너지원이 아니
라 사회 시스템을 재편하는 기반 에너지로 자리매김하고 있다. 우
리가 목도하고 있는 이 변화는 단순한 기술 전환을 넘어 세계 질서
의 구조까지 바꾸는 축의 이동이다. 석유 대비 전기의 장점을 표로
정리하면 다음과 같다.

그러나 이런 상황에서 트럼프 대통령은 석유 기반 전략을 강화
하고 있다. 취임 당시 미국이 다시 부유한 국가가 될 것이며, 발밑

항목	석유	전기
주요 용도	운송, 화학	산업, 정보기술, 운송
에너지 효율	낮음(30~40%)	높음(60~90%)
공급 방식	중앙집중형	분산형 가능
탄소 배출	높음	재생 기반 시 거의 없음

• 석유 대비 전기의 장점

의 액체 금이 이를 가능하게 할 것이라고 선언한 바 있는 그는 에너지 자립, 안정적 공급, 산업 경쟁력 회복을 앞세워 석유·가스 생산 확대 정책을 지속하고 있다. 이를 통해 미국이 다시 세계 에너지 시장의 주도권을 쥐도록 하려는 것이다. 미국의 움직임은 국제사회의 탄소 중립 기조와 정면으로 충돌한다. 파리기후협정을 탈퇴한 미국은 전기차 보급 확대 정책도 축소하는 방향으로 선회했다.

그러나 전 세계가 전기 중심으로 급격히 에너지 축을 이동시키고 있는 것은 막을 수 없는 흐름이다. 게다가 세계는 미국이 지배하는 일극 체제를 넘어 미국과 중국이란 두 강대국이 에너지 패권을 중심으로 맞서는 양극 체제로 재편되고 있다. 군사력이나 외교력의 균형을 넘어 석유와 전기라는 에너지 기반 중심의 패권 전환은 각국의 전략과 산업 패턴에 커다란 영향을 미치고 있다. 특히 중국은 시진핑 주석 체제로 들어선 이후 '일렉트로스테이트Electrostate'를 국가 전략으로 내세우며, 석유에 의존하지 않는 에너지 구조로의 전환에 속도를 내고 있다. 2012년 시 주석은 중국의 석유·석탄 수입 의존도가 사상 최고에 이르러 공급선이 차단될 시 중대한 위협이 된다고 경고했고, 이후 중국의 에너지 체질 개선을 본격화했다.

중국은 이미 전력화율 30퍼센트를 돌파했고, 청정에너지 산업 또한 GDP의 10퍼센트를 차지한다. 신장 지역의 타클라마칸사막엔 태양광 패널이, 네이멍구의 후룬베이얼 대초원엔 거대한 풍력 터빈이 들어섰다. 또한 동부 연안을 따라선 초고압 송전선들이 혈관처럼 연결되고 있다. 중국은 이 같은 '그리드 리모델링 프로젝트'에 8000억 달러를 투입해 2028년까지 저탄소 발전원이 전체 전기 생산량의 절반을 넘도록 하겠다는 구체적 로드맵을 제시했다.

이런 전략의 핵심은 기술 혁신에 있다. 중국 기업들은 세계 태양광 시장의 80퍼센트를 장악했고, 더 얇고 효율적인 페로브스카이트 전지(태양광을 전기에너지로 변환하는 차세대 태양전지)를 개발 중이다. 또한 몇 개월 단위로 수십 메가와트급 대형 풍력 터빈을 업그레이드하고 있다. 중국은 2025년 6월부터 신규 재생에너지 프로젝트에 시장가를 적용하겠다고 밝히며, 재생에너지를 기존 화석연료와 동일한 경쟁의 링 위에 올려놓는 구조를 만들고 있다.

중국은 이제 태양광 패널, 풍력 터빈 등과 관련해 기술 개발과 제품 생산을 넘어 인력, 자본, 공급망까지 에너지 생태계를 통째로 수출하는 단계에 이르렀다. 에너지 전환은 곧 경제·산업 구조의 재편과 전환이자 국제 질서의 재구축이며, 한 국가의 전략 방향을 결정짓는 근본 변수다. 이런 흐름을 따라가지 못한다면 경제적 주도권을 상실하게 될 가능성이 크다.

한국도 이런 변화의 물결 속에서 중요한 결정을 내려야 할 시점이다. LNG(액화천연가스) 의존도를 유지할 것인가, 재생에너지 확대를 선택할 것인가. 단기적인 에너지 안보만이 아닌 중장기적 비전과 체계적인 에너지믹스를 이룰 수 있는 전략적 통찰이 절실한 때다.

에너지 전환의 기로,
RE100과 소형 원자로

2023년 세계의 재생에너지 발전량 비율은 전체의 30퍼센트를 넘었다. 반면 같은 해 국내 재생에너지 발전량은 9퍼센트에 불과했다. 2025년 이재명 정부에선 2035년까지 온실가스 배출량을 2018년 대비 53~61퍼센트 감축하겠다는 목표를 내세웠다. 이는 2030년에 26.3퍼센트였던 감축 목표를 크게 상향 조정한 것으로, 탄소 중립 실현을 위한 산업 구조 개편이 본격화할 것으로 보인다.

2014년 영국의 비영리 환경단체인 클라이밋그룹과 탄소 공개 프로젝트에서 처음으로 'RE100'이라는 개념을 제시했다. 이는 기업이 사용하는 전력량의 100퍼센트를 재생에너지로 충당하고자 하는 국제 캠페인이다. RE100에 가입된 국내 기업으로는 삼성전자, LG전자, SK하이닉스, 현대자동차, 카카오, 네이버, 신한금융그룹, 삼성화재, 롯데웰푸드 등이 있다. RE100을 이행하는 방식으로는 자체 신재생 에너지 발전 설비 구축(직접 발전), 신재생에너지 발전 사업 지분 참여, 재생에너지 발전 사업자와 장기 계약 체결(전력 구매 계약), REC(신재생 에너지 구매를 위한 공급 인증서) 구매 등이 있다. 또한 한국전력공사를 통해 원자력·화력 등으로 생산된 전기에 추가 요금(그린 프리미엄)을 지불하고, 해당 금액만큼 재생에너지 사용 확인서를 발급받는 '녹색 요금제'도 있다.

국제환경단체인 그린피스에서 발간한 『테크기업 파워게임: 동아시아 전자산업 공급망의 재생에너지 채택에 대한 비용-편익 분석』이라는 보고서를 보면 삼성전자, 삼성디스플레이, TSMC, SK하이닉스, LG디스플레이 등 13개 기업이 2030년까지 RE100을 채택할 경우 발생할 편익 규모를 예측할 수 있는데, 단순 수치로만 따지면 비용 절감이나 탄소 배출 감소뿐만 아니라 브랜드 이미지 제고 등의 효과도 강조된다. 특히 삼성전자의 경제적·환경적 편익이 가장 큰 것으로 나타났다.

국내 일부 대기업이나 CEO 사이에서도 RE100과 재생에너지 전환은 단순한 친환경 전략이 아닌 미래 경쟁력 확보 수단으로 인식되고 있다. 경제적 기회뿐만 아니라 정치적·사회적 영향력을 동시에 확보할 수 있는 전략적 선택지로 보고 있는 것이다. 친환경 기업으로서의 이미지와 브랜드 가치를 투자 포트폴리오와 연결시키고 있다. 그 예로 삼성전자와 SK하이닉스는 글로벌 고객들과 투자자들이 요구하는 ESG 경영 기준을 충족시키는 동시에 에너지 비용 안정화와 장기적 경영 리스크 완화를 목표하고 있다.

우선 2030년까지 RE100에 성공할 경우의 경제적 편익을 보자. 화석연료 사용 중단으로 에너지 비용이 절감되고, 온실가스 배출권, 탄소세 등의 잠재적인 환경 비용도 절감할 수 있다. 특히 그린피스에서 조사한 13개 기업의 경우 8700만~114억 2000만 달러의 이익을 얻을 것으로도 예측된다.

다음으로 환경적 편익을 보자. 13개 기업의 온실가스 감축량은 총 2억 1823만 톤에 이를 전망이다. 이는 2022년 네덜란드의 연간 총 배출량(1억 6785만 톤)을 넘어서는 규모다.

사실 테크 기업들이 재생에너지로의 전환을 미룬다면 그것은 기회비용 혜택을 포기하는 것과 같다. 쉽게 말해 TSMC가 RE100을 시기에 맞추어 달성하게 되면 삼성전자는 경쟁에서 뒤처질 것이란 의미다. RE100 확보야말로 기업의 경쟁력과 수익 개선에 진정 필요한 활동이다. 따라서 한국에서도 재생에너지 관련 인력과 기술 기반을 육성해 내수 시장을 제대로 키워나가야 한다. 그러나 민간 주도의 RE100과 RPS(국가 주도의 신재생에너지 공급 의무화 제도)를 동시에 이행하는 과정에서 충분한 자원이 확보됐는지에 대한 의문이 있다. 두 제도의 유기적 결합이 부족했기 때문이다. RE100을 이행하는 데 필요한 재생에너지 전력량이 빠르게 증가하고 있는 만큼 RE100 전력 소요량과 RPS 법정 전력 상한 합산 목표인 총 국가전력량의 53퍼센트에 달하는 신재생에너지 자원을 확보해야 한다.

그래서 RE100과 RPS를 융·복합한 단계별 달성 전략이 필요하다. 예를 들어 2030년의 합산 목표를 40퍼센트 수준으로 조정해서 RE100 신청 기업의 증가 추세와 이행 속도를 고려한 현실적 목표를 설정하는 것이다. RPS 목표가 일부 하향 조정되면 국민부담금으로 조성되는 기후환경기금 사용 효율도 개선될 수 있고, 기업의 녹색 요금제 의존도도 낮출 수 있다. SK하이닉스와 LG화학은

RE100 목표 달성을 위해 자체 태양광 및 풍력 발전과 함께 PPA(전력수급계약)를 적극 활용해 안정적 재생에너지 확보에 나서고 있다. 애플과 구글도 전 세계 데이터센터 사업장에 재생에너지 직접 구매 및 장기 계약을 병행하며 RE100 이행률을 높이고 공급망 안정성을 확보하고 있다.

물론 태양광, 풍력 등의 방법만으로 친환경 전력 공급을 충분히 하긴 어렵다. 그래서 LNG 발전소도 적절하게 활용해 에너지 가교가 될 수 있도록 해야 한다. 천연가스를 태워 전기를 만들면 이산화탄소가 발생하지만, 석탄보다는 천연가스가 친환경 전력 공급에 더 적합하다. 또한 요즘 SMR(소형 모듈 원자로)도 데이터센터의 전력난을 해결해 줄 장기 해결책으로 각광받고 있다.

SMR은 그 이름에 걸맞게 기존 대형 원자로에 비해 작다. 모듈식으로 설계되어 대형 원전이 가진 문제를 극복하는 데 안성맞춤이다. 일반적으로 300메가와트일렉트로닉(30만 킬로와트) 이하이며, 설비 면적이나 설치 기간에서 모두 혁신적인 에너지 효율화와 효과 개선, 비용 절감을 추구한다. 그래서 많은 전력이 필요한 AI 데이터센터에 효과적이다. 화석연료의 대체재로도 활용할 수 있어 군사기지나 우주 탐사에도 활용될 가능성이 높다. 또한 자연 냉각 시스템 등 안전성 강화 기술을 적용해 사고 위험도 줄일 수 있다.

SMR이 중장기 에너지 믹스 전략 측면에선 의미 있는 선택이 될 수도 있다. 하지만 그러려면 약 15년 정도의 시간이 필요하다. 이

기간에 세계시장과 기후 환경엔 또 다른 상당한 변화들이 발생할 것이다. 따라서 신재생에너지를 확충하려는 노력 없이 SMR에만 기대는 것도 한계가 있다. 그래서 트럼프 대통령은 MMR이라는 초소형 원전에도 주목하고 있다. 트럼프 대통령이 서명한 원자력 발전 관련 행정명령을 보면 MMR을 향한 그의 애착을 알 수 있다. MMR은 SMR보다 훨씬 작은 원자로로 트럭 한 대로도 운반할 수 있는 크기며, 발전 용량은 보통 30메가와트 이하 수준이다.

국내엔 재생에너지에 대한 부정적 인식이 여전히 존재한다. 세계 시장에서도 재생에너지 확대에 따른 인플레이션이 우려되는 상황이다. 하지만 10년 정도의 시간이 흐른 뒤엔 재생에너지가 세계적인 주력 에너지원으로 자리 잡을 것이며, 그 수요 또한 계속 증가할 것이다. 이를 적극적으로 대비하기 위해 검증된 재생에너지 자원을 중심으로 생산비를 효율화하고, 점진적으로 그 비중을 확대해 가야 한다. 탄소 중립의 시험대 위에 있다는 관점에서 보면 재생에너지는 전력원을 넘어 탄소 중립을 시험하고 실현하는 첨병으로서의 전략적 수행 도구다. 경제와 산업 구조의 전환을 촉진하고, 탄소 저감 목표를 실천하기 위한 지표며, 기술 혁신과 글로벌 경쟁력 확보를 견인하는 핵심 수단이다.

바다로 부는 에너지 전환의 바람

앞서 말했듯 세계적인 탈석탄 추세에 발맞추어 저탄소 LNG가 석탄의 공백을 빠르게 메워나가고 있다. 특히 아시아권에선 석탄 화력발전소보다 탄소 배출량이 60퍼센트나 적은 천연가스로 가동되는 가스 터빈을 사용해 석탄을 대체하려고 한다. 천연가스는 화석연료다. 하지만 환경적 측면에선 여러 장점이 있다. 그래서 원전과 함께 녹색 산업 분류 체계인 '그린 택소노미'에 LNG도 포함된다. EU에선 재생에너지가 주 에너지원이 될 미래로 가는 데 LNG가 과도기적 역할을 할 것이라고 판단했다.

IEA를 비롯해 글로벌 에너지 기업에서도 LNG 수요 증가 전망을 내놓고 있다. 세계 최대 에너지 기업인 쉘은 2040년까지 전 세계 LNG 수요가 60퍼센트 급증하리라 예측했는데, 인도, 중국 등 성장이 가파른 개발도상국에서의 수요가 증가할 것이라고 봤다. 또한 러시아 천연가스에 대한 의존도를 대폭 줄인 유럽에서도 계속해서 수요가 있을 것이라는 전망을 곁들였다. 한국에서도 LNG의 중요성은 증가하고 있다.

미국 에너지관리청에 따르면 미국은 2016년 76만여 톤이던 LNG 수출량이 2023년 9120만 톤까지 늘면서 사상 처음으로 호주, 카타르를 제치고 세계 1위 LNG 수출국이 됐다. 2024년에도 8830만 톤을 수출하며 세계 최대 LNG 수출국을 유지했다. 대선 유세 때부터 더 시추하란 의미의 '드릴 베이비 드릴Drill, Baby, Drill'을 구호로 내세웠던 트럼프 대통령은 이를 핵심 에너지 정책으로 채택했다. 그는 취임 첫날 행정명령으로 LNG 수출 허가 재개를 지시했는데, 이는 바이든 행정부가 신규 허가를 중단한 것과는 대치되는 행보다.

S&P(스탠더드앤드푸어스) 글로벌은 LNG 사업 활성화가 대략 1조 3000억 달러 규모의 경기부양 효과를 가져올 수 있다고 분석했다. LNG 산업은 트럼프 2기 행정부의 최대 수혜 사업이 될 전망이다. S&P 글로벌은 2028년 미국의 석유 생산이 정점에 도달할 것으로 보며 LNG 수출이 더 중요해질 것이라고 전망했다. 현재 네덜란드, 프랑스, 영국 등 유럽 국가들이 미국산 LNG의 주요 구매자다. 한국을 비롯해 일본, 인도 등에서도 관세 부과 조치에 대응해 미국산 LNG를 더 많이 구매하겠다고 공언한 바 있다.

60여 년 전, 메탄파이어니어호를 통해 미국에서 영국으로 최초의 LNG 수출이 이루어졌다. 미국은 천연가스를 영하 162도까지 냉각해 액체로 전환하는 대규모 공정을 개발해 연료가 차지하는 공간을 600배 줄였다. 그러나 1970년대가 되자 미국은 아시아 기업들에게 빠르게 추월당했다. 아랍에미리트, 카타르 등 중동 지역의 국가와 호주에서 천연가스 프로젝트를 시작했고, 이내 그들이 세계 순위를 차지했다.

1990~2000년대까지 미국은 LNG를 엄청나게 수입한 국가이기

도 했다. 독일 최대 은행인 도이치은행에선 미국이 2015년 일본을 제치고 세계 최대 LNG 수입국이 될 것이라고 예측하기도 했다. 그러나 오히려 미국은 2009년 러시아를 제치고 세계 최대 천연가스 생산국이 됐다. 셰일가스 혁명 때문이었다. 셰일가스 혁명으로 천연가스 생산량이 증가했고, 이에 따라 미국은 다시 LNG 수출국으로 우뚝 서며 무역 적자를 줄이고, 산업 경쟁력을 획기적으로 높일 발판을 마련했다.

'2050 탄소 중립'으로 가는 여정에서 단기간에 모든 에너지를 무탄소로 전환하는 것은 현실적으로 불가능하다. 이는 2021년 재생에너지 강국이었던 유럽 국가들에서도 찾을 수 있다. 러시아-우크라이나 전쟁 발발 이후 미국, 유럽 등 서방이 우크라이나를 침공한 러시아에 제재를 가하자 러시아는 자국의 천연가스를 무기로 서방에 맞섰다. 결국 제조업 강국 독일이 휘청거렸다.

무탄소로 대변되는 재생에너지엔 간헐성 문제가, 원자력에너지엔 경직성 문제가 있다. 쉽게 말하면 우리는 재생에너지로 쓸 햇빛의 양과 풍속을 통제할 수 없다. 날씨를 정확히 예측하기도 어렵기 때문에 재생에너지 발전량을 예상하는 것 또한 어렵다. 그리고 원전은 가동·정지·출력 조절에 긴 시간이 걸린다. 이에 반해 LNG는 유연성 전원으로 출력 조절을 기민하게 할 수 있다. 또한 LNG 같은 화석연료를 고온·고압의 수증기와 반응시켜 수소를 추출하는 과정에서 이산화탄소가 배출되는데, 이를 포집해 제거하면 '블루수소'가 된다. 블루수소는 탄소가 0인 그린수소와 같은 청정 수소에 해당한다. 탈탄소 가스 발전 기술의 진전을 위해 LNG 발전을 한 축으로 다양한 솔루션이 개발되어야 하는 이유다.

국제해사기구IMO의 규제 강화에 따라 LNG를 사용하는 선박도 증가하고 있다. 이런 선박들에 대한 국제적인 수요가 늘어나며 LNG벙커링을 향한 관심도 높아지고 있다. LNG벙커링은 LNG를 연료로 사용하는 선박에 연료를 공급하는 것을 말한다. 국내에선 울산항만공사가 LNG, 메탄올, 암모니아 벙커링 사업 확대에 주목하고 있다.

탄소를 줄이는 게 선택이 아니라 생존의 필수 조건이 된 지금, 이런 변화의 한가운데 조선·해양 산업이 있다는 데 주목해야 한다. 탄소 중립 체제로의 이행은 육지보다 해상에서 더 빠르고 깊게 진행되고 있다. 재생에너지의 공간적 한계와 저장 문제를 극복하기 위해 세계의 눈이 다시 바다로 향하고 있는 것이다. 주로 육지에서 이루어지던 에너지 생산·운반·저장은 모두 해상에서 이루어지는 구조로 바뀌고 있으며, 조선·해양 산업의 역할 또한 탄소 중립 시대, 인프라 제작자로 격상됐다.

국내 조선업의 미래 먹거리로는 해상풍력, 부유식 플랫폼 등이 자리 잡고 있는데, 한국은 국토가 좁고 에너지 수입 의존도가 높아 육상 중심의 재생에너지 확대엔 한계가 있어 해상풍력, 특히 부유식 해상풍력이 국가적인 에너지 전략 측면에서 중심이 될 수밖에 없다. 여기에 탄소 포집·운송·저장·활용 기술인 CCUS도 주목받고 있다. 특히 탄소 운송 단계에 사용되는 액화 이산화탄소 운반선은 한국이 잘 만드는 고부가가치 선종이며, 향후 글로벌 에너지 시장에서도 그 전략적 가치가 폭발적으로 커질 전망이다.

이 외에 수소·암모니아 연료 추진선, 해상 변전설비, 해양 플랜트 사업(오프쇼어) 등도 모두 조선·해양 산업 기술과 결합된 미래 에너지 체계를 구성할 핵심 요소들이다. 한국이 이 산업 분야에서도 세계적인 경쟁력을 확보할 수 있는 가장 현실적인 경로기도 하다. LNG선으로 한국 조선업의 황금기가 시작됐다면, 새로운 에너지 선박들이 그 자리를 이어나갈 것이다. 그렇다면 이제 조선·해양 산업을 '에너지 전환 산업'이라고 재정의해야 하지 않을까?

재생에너지와 가스 발전을 전략적으로 조합하면 단기적으로는 기후 변화에 대처할 수 있고, 중장기적으로는 탄소 중립으로 가는 길의 초석을 다질 수 있다. 국내외 시장에서도 재생에너지를 둘러싼 경쟁은 치열하다. 기업들은 RE100 달성을 위해 적극적으로 재생에너지를 확보하고자 하며, 국가들도 전략적 투자와 정책으로 자국 기업의 경쟁력을 높이려 하고 있다. 재생에너지가 탄소 중립이나 지속 가능한 에너지 전환에서 핵심 역할을 담당하지만, SMR이나 LNG와 같은 안정적 전력 공급원과의 균형적인 에너지 믹스를 통해 전략적으로 활용되어야 한다. 결국 재생에너지 확보와 관리 능력이 국가와 기업의 경제 주도권을 좌우하는 시대가 된 것이다.

따라서 우리도 이런 흐름을 정확히 읽고, 전략적 판단을 내릴 수 있어야 한다.

. . .

에너지 시장의 새로운 질서

하지만 트럼프 2.0 시대를 맞으며 원전은 화려하게 부활할 것 같다. 미국 원자력협회는 원자력 발전의 필수 연료인 농축 우라늄 수요가 2025년, 2026년에 모두 100퍼센트 넘게 급격히 늘어날 것으로 봤다. 자연스럽게 농축 우라늄을 공급하는 기업인 센트러스 에너지에 대한 관심도 높아지고 있다. 여기에 아마존, 구글 같은 빅테크 기업들이 잇달아 SMR을 통해 데이터센터 전력을 공급받기로 한 것도 주목할 만하다. LNG 기반 발전 또한 대규모 전력 공급이 필요한 산업 환경에선 SMR이 현실적인 에너지 선택지로 고려되고 있다. 한국수력원자력공사, 두산 등도 미국의 엑스에너지, AWS 등과 SMR 개발을 위한 협력을 공식화했고, 미국과의 기술 협력 기반 또한 더욱 공고해질 모양새다.

아직 완전하게 상용화된 SMR은 없다. 그럼에도 세계는 치열하게 경쟁하며 이 분야에 과감한 투자를 하고 있다. 앞서 말했듯 유연한 입지 선정, 안정적인 전력 공급, 긴 연료 교체 주기 등 AI 데이터센터의 지속 운용 리스크를 낮출 수 있는 매우 적합한 전력원으로 부상하고 있기 때문이다.

미국 및 세계시장에서의 에너지 정책 방향이 변할 수도 있지만, 재생에너지나 SMR, LNG 등 미래 에너지 전환의 흐름은 일관되게 계속되고 있다. 재생에너지만으로 충족하기 어려운 대용량 데이터센터의 전력 수요, 에너지 안보 등을 고려하면 SMR, LNG 같은 안정적 에너지원과의 전략적 결합이 점점 더 중요해지고 있다는 것을 시장이 보여주고 있다. 따라서 국내 기업들이나 정책 입안자들은 눈 감았다 뜨면 바뀌는 시장 환경 속에서 안정적인 전력 확보와 비용의 효율성, 기술 확보 전략 등을 동시에 고민해야 한다. 민간과 공공의 협력을 통해 에너지 믹스를 전략적으로 활용하는 능력이 점점 더 중요한 경쟁력이 될 것이다. 나아가 이런 변화의 흐름을 단기적 정책 대응이 아닌 미래 기술 주도권 확보의 기회로 삼아야 한다.

미국의 경제학자 제러미 리프킨Jeremy Rifkin이 쓴 『엔트로피』를 떠올려 보자. '엔트로피entropy'는 열역학에서 물체가 열을 받아 변화했을 때의 변화량을 가리킨다. 리프킨은 엔프로피란 인류가 발견한 유일한 진리라고 주장하며, 모든 물질과 에너지는 사용 가능한 것에서 사용 불가능한 것으로, 질서 있는 것에서 무질서한 것으로 변화한다는 열역학 제2법칙을 강조했다.

이 개념을 자본주의에 그대로 적용해 보자. 경제, 산업, 기술, 정책 모두 엔트로피의 법칙 아래 움직인다. 이를 인식하지 못하면 점점 더 많이 낭비하고, 위기에 내몰리게 된다. 자본주의에서 앞서 나간 부자들은 이 엔트로피 법칙을 바탕으로 세상을 읽는다. 어떤 정보가 어떻게 흘러가고, 그에 따라 어떤 질서와 혼란이 생길지 예측하며 전략을 세운다.

워런 버핏은 '부자는 자신의 시간과 에너지를 소중히 여긴다'고 말했다. 여기서 말하는 에너지가 우리가 지금까지 논한 전력이나 연료와는 다르지만, 그럼에도 뭔가를 움직이고 만들어낸다는 점에서 공통분모가 있다. 흐름을 읽고자 들이는 시간과 노력은 세상을 통합적으로 이해하는 통찰이 되어줄 것이다. 리프킨의 엔트로피를 되새겨 보며 우리 역시 세상을 읽는 방법을 한 단계 성숙하게 만들어야 한다.

스테이블코인, 화폐 시장 제4의 물결

• • •

화폐를 대체하는 화폐

국경을 넘나드는 거래에서 법정화폐(국가 발행 화폐)를 대체할 수 있는 안정적인 코인이 있다면 어떨까? 바로 가격 변동성이 낮은 스테이블코인 이야기다. 투자나 가치 저장 수단으로 주로 활용되는 비트코인은 가격 변동성이 극심한 데 비해 스테이블코인은 특정 현물 자산이나 법정화폐에 가치를 고정해 가격 안정성을 확보한다. 비트코인처럼 블록체인에 기반해 즉각적이고 국경 없는 송금이 가능하다는 장점과 법정화폐가 제공하는 가격 안정성, 신뢰성이 결합된 '하이브리드 자산'이다. 탈중앙화 금융 시장에서 유동성을 공급하고, 암호화폐 거래소에서 안정적인 거래 수단으로 활용되며 다양한 용도로 사용되고 있다. 그 덕분에 은행 계좌가 없는 사람이나 금융 시스템 접근이 제한된 지역 또는 금융 인프라가 부족한 국가에서도 신뢰할 수 있는 결제 시스템을 제공할 수 있다.

비트코인과 스테이블코인은 같은 암호화폐지만 가치 변동성, 용도, 시장 구조 등에 큰 차이가 있다. 비트코인 시장은 전 세계 투자자들이 가격 등락을 예측하며 활발히 거래하는 투기적 성격이 강하지만, 스테이블코인 시장은 송금, 결제, 급여 지급 등 실물경제 거래를 안정적으로 뒷받침하는 기능에 초점을 맞추고 있다. 이론상 달러화, 엔화, 유로화 같은 주요국들의 통화나 국채, 석유, 금, 부동산 같은 현물에도 연동될 수 있다. 앞서 비트코인이 '디지털 금'이었다면 스테이블코인은 '디지털 현금'이다. 리서치 전문 기업인 해시드오픈리서치에 따르면 스테이블코인 시장에서 달러 기반 스테이블코인의 점유율은 99퍼센트며, 이런 코인을 발행하는 기업은 미국 국채 담보금 등을 활용해 연간 수십억 달러에 이르는 수익을 창출하고 있다.

스테이블코인 중 가장 유명한 것은 2014년 최초로 탄생한 '테더USDT'다. 1테더는 1달러와 같다. 고정가치로 연동된 스테이블코인 중에선 가장 지배적인 위치를 점하고 있다. 테더는 발행량만큼의 법정화폐를 준비금(비축자산)으로 보유하여 화폐 가치를 유지하는 방식으로 작동한다. 달러와 연동되어 있기에 달러 가치가 상승하면 테더의 가치도 상승하고, 달러 가치가 하락하면 테더의 가치도 하락한다.

스테이블코인 시장은 2020년 이후로 가파르게 성장했다. 초기 50억 달러 규모던 시장은 테라·루나 사태 직전엔 1870억 달러까지 커지기도 했다. 한국의 테라폼랩스가 발행한 스테이블코인인 테라·루나는 알고리듬 기반으로 특정 자산과 직접 연동되지 않고 코드와 알고리듬으로 가격이 유지되도록 설계됐는데, 이 방식이 붕괴되며 가치가 99퍼센트 폭락해 400억 달러의 손실을 일으켰다. 테라·루나 사태를 계기로 스테이블코인에 대한 규제와 제도권 편입 논의가 본격화됐다. 시장의 신뢰를 회복한 스테이블코인은 현재 디지털 금융과 글로벌 경제 생태계에서 핵심 역할을 하는 시장으로 자리 잡았는데, 여기에서 우리가 주목해야 할 2가지가 있다.

1. 스테이블코인 생태계 확장과 관련 상장 기업

스테이블코인의 발행 규모가 커지고, 대중의 수용 속도가 빨라질수록 관련 기업들의 주가도 민감하게 반응할 수밖에 없다. 결제 및 인증 시스템, 블록체인 플랫폼, 지갑 어플, 실증사업 등 디지털 금융 생태계 전반이 주목을 받고 있다.

카카오페이와 카카오뱅크는 물론 한국정보인증, 클레이튼 기반의 '위믹스'를 발행하는 위메이드, 블록체인 기반 결제·인증 솔루션을 개발하는 한글과컴퓨터, NHN의 KCP, 다날, 더즌, 제주은행 등 국내 증시에서도 관련 종목들이 '스테이블코인 테마주'로 주목받고 있다. 특히 기대감으로 급등한 주가로 조정에 들어간 카카오페이는 시장이 이 테마에 얼마나 민감하게 반응하고 있는지 단적으로 보여준다.

2. 글로벌 자금 흐름의 변화와 디지털 금융 인프라 재편

2025년 스테이블코인 시장 규모는 2024년과 비교해 2배 이상 성장했다. 스탠다드차타드은행은 2600억 달러(약 362조 원) 규모의 스테이블코인 시장이 2028년까지 2조 달러(약 2788조 원) 규모로 확대될 수 있다고 분석했다. 트럼프 대통령이 자신의 아들이 전면에 나섰던 스테이블코인 프로젝트의 발행 코인인 'USD1'을 지지하자 스테이블코인 시장이 하루 만에 700퍼센트 폭등하기도 했다. 2025년 7월엔 트럼프 대통령이 '지니어스법Guiding and Establishing National Innovation for U.S. Stablecoins Act'에 서명하며 미국 의회에서 이 법안이 통과됐다. 이 법안으로 미국 내 스테이블코인은 단순한 암호화폐가 아니라 실질적인 디지털 결제 및 송금 수단으로 자리매김할 기반을 갖추게 됐다.

지니어스법의 핵심은 스테이블코인 발행사의 준비금 일대일 보유 의무, 소비자 보호, 투명성 강화, 미국 내 규제 승인을 받은 기관만 스테이블코인 발행 허용 등 시장 안정성 확보다. 미국 정부는 이 법안으로 달러 패권을 유지하며, 국채 시장 안정과 글로벌 금융 시스템 내 미국의 영향력 확대란 목표를 동시에 추구하고자 한다. 시장 또한 이미 이에 반응하고 있다. 스테이블코인을 기반으로 한 결제 네트워크가 확대되고 있고, 기관 투자자들의 참여가 증가하며, 글로벌 기업들의 전략적 자산 확보가 활발히 이루어지고 있다.

세계 최고의 부자와 기업도 이 같은 시장의 움직임을 주목하고 있다. 일론 머스크와 제프 베이조스는 스테이블코인을 디지털 경제 필수 인프라로 인식하며, 자사 결제 시스템 및 클라우드 서비스 확장에 활용하고 있다. 경제학자들도 스테이블코인이 금융 포용성을 높이면서 국가 간 경제 전쟁의 새로운 장을 열 것이라고 평가한다.

우리는 지니어스법과 시장의 흐름을 통해 디지털 자산의 성장 방향과 국가·기업의 전략적 움직임을 읽고 변화하는 시장 흐름에 맞춘 대응 전략을 세워야 한다. 스테이블코인은 이제 투자·결제 수단을 넘어 자본주의 시대 경제 권력과 기술 패권을 가늠하는 중요한 잣대가 될 것이다.

· · ·

장밋빛 미래와 잿빛 미래 사이

앞서 말했듯 지니어스법엔 디지털 시대의 달러 패권 강화와 국가 부채 관리를 동시에 하려는 트럼프 2기 행정부의 고도화된 설계가 숨어 있다. 현재 전 세계 스테이블코인의 99퍼센트 이상이 달러 기반이란 사실을 활용해 트럼프 2기 행정부에선 민간 기업이 발행한 디지털 달러를 제도권 금융 안으로 편입시키고, 이를 통해 달러 네트워크 효과가 디지털 결제 시스템에 자연스럽게 확장되도록 유도하고 있다. 또한 스테이블코인 발행사들이 준비금의 상당 부분을 미국 단기 국채로 보유하도록 규정해 스테이블코인 시장이 성장할수록 미국 국채에 대한 구조적·지속적 수요처가 생기도록 했다. 이런 방식은 직접적인 재정 지출이나 중앙은행이 주도하는 디지털 화폐를 발행하지 않아도 민간 혁신과 이윤 추구란 동기를 활용해 국가 전략 목표를 달성하는 공공—민간 파트너십 전략의 결정체라고 할 수 있다.

하지만 여기엔 리스크도 내포되어 있다. 가장 직접적인 리스크는 '코인런coin run'과 '디페깅depegging'이다. 둘 다 스테이블코인 발행사의 신뢰도와 관련되어 있는데, 간단하게 말하면 발행사에 대한 신뢰가 흔들리면 투자자들이 대규모 환매를 요구하는 것을 의미한다. 예를 들어 만약 주요 스테이블코인에서 코인런이 발생한다면 해당 코인 발행사는 준비금인 미국 단기 국채를 대량으로 투매할 수밖에 없으며, 이는 단기 국채 시장의 유동성을 경색시키고 금리를 급등시켜 글로벌 금융 시스템 전체에 충격파를 줄 수 있다. 테라·루나 사태나 2023년 은행위기(암호화폐 은행인 실버게이트은행이 파산하며 미국, 유럽 등에서 뱅크런 및 주가 폭락이 발생한 사건) 때 일부 스테이블코인이 달러 연동을 유지하지 못했던 것처럼 이런 리스크는 충분히 현실화될 수 있다.

또 다른 근본적 리스크는 재정 지배다. 스테이블코인 시장의 수조 달러 규모로 성장해 미국 국채 시장의 핵심 축이 되면 연준의 통화 정책이 연방정부의 재정적 필요에 종속될 수 있다. 예를 들어 연준이 인플레이션 억제를 위해 공격적으로 금리를 인상하거나 양적 긴축을 시행해야 한다고 해보자. '양적 긴축'은 중앙은행이 보유한 국채 등 자산을 시장에 매도하거나 만기된 국채를 다시 투자하지 않아 시중 통화를 흡수하고 금리를 높이는 정책이다. 이런 조치가 스테이블코인 발행사의 재무 건전성을 악화시키거나 시장 불안을 야기해 시스템적 리스크를 촉발할 가능성이 있다면 연준은 정책의 목표를 달성하기 주저하게 될 수 있다. 이는 장기적으로 통화 가치와 금융 신뢰도를 훼손하는 심각한 문제다.

전통적인 은행업의 잠식 문제도 주목해야 한다. 스테이블코인은 365일 24시간 국경을 넘어 즉각적으로 더 저렴하게 결제할 수 있다. 이는 송금, 결제 등 전통 은행들의 핵심 수익원을 직접적으로 위협하며, 은행예금과 비非이자 수익을 잠식할 가능성이 있다. 지니어스법에선 은행예금의 대규모 이탈을 막기 위해 스테이블코인에 대한 이자 지급을 금지했지만, 근본적인 편의성과 효율성으로 인해 스테이블코인이 기존 금융 구조에 변화를 불러올 잠재력은 여전히 높다.

부자들에게 스테이블코인이나 지니어스법은 경제 구조가 어떻게 재편되고 있는지 보여주는 지표다. 앞서 말한 USD1처럼 부자들의 시선은 스테이블코인에 주목하며 새로운 자산 구조 속에서 어떤 자산과 사업을 전략적으로 배치할지 판단하고, 변화하는 시장 환경에서 기회를 포착한다. 다시 말해 이 둘은 금융 생태계의 방향을 읽고, 자신의 전략을 조정하기 위한 장치인 셈이다. 디지털 자산이 단순한 결제 수단을 넘어 경제 권력과 전략적 판단의 잣대로 부상하고 있는 지금, 그 움직임을 읽는 게 곧 부를 지키고 불리는 중요한 열쇠가 될 것이다.

• • •

새로운 화폐 전쟁의 서막

지니어스법이 이미 진행되고 있던 미중 기술 패권 경쟁의 전선을 디지털 통화 영역으로 명확하게 확장시켰다. 중국은 이를 단순한 금융 규제가 아닌 중국의 부상을 견제하고 디지털 시대에도 달러 패권을 유지하려는 미국의 명백한 전략적 의도로 간주하고 있다. 그만큼 새로운 화폐 전쟁의 서막이 올랐다고 해도 과언이 아니다. 세계 곳곳의 화폐 전략을 간단히 살펴보자.

1. 중국

중국이 수년간 공들인 디지털 위안화e-CNY는 민간 스테이블코인과 달리 중앙은행 주도로 발행되는 디지털 화폐지만, 미국의 디지털 달러 전략에 대응하기 위한 전략이기도 하다. 중국은 디지털 위안화로 에너지, 자원 등 전략적 상품 거래에서 달러 의존도를 낮추고, 서방 주도의 국제은행간통신협회SWIFT 결제망을 우회할 수 있는 금융 인프라 대안을 구축하는 데 초점을 맞추고 있다. 중국 관영 매체들과 전문가들은 미국의 지니어스법을 이 디지털 위안화 및 위안화의 국제화 노력에 대한 직접적인 도전으로 보고 있다. 중국은 방어와 공세를 겸비한 투 트랙 전략으로 대응하고 있다.

첫 번째 트랙은 '기존 위안화의 국제화 노력 가속화'다. 육·해상 실크로드인 '일대일로一帶一路' 참여국 및 브릭스BRICS 회원국과의 무역에서 위안화 결제를 확대하고, 위안화 국제결제시스템 사용을 장려하며 각국 중앙은행과의 통화 스와프(비상시 자국 통화를 맡기고 상대국 통화를 미리 약정한 환율에 따라 빌려 오는 계약)를 늘리는 등 전통적인 방식으로 위안화 사용 기반을 꾸준히 넓혀나가는 전략이다.

두 번째 트랙은 보다 혁신적이다. '통제 가능한 스테이블코인 생태계 구축'이다. 중국 본토의 엄격한 자본 통제를 유지하면서도 일국양제一國兩制의 특수성을 활용해 홍콩을 역외 위안화 기반 스테이블코인 실험장이나 전진기지로 삼는 것이다. 홍콩은 이미 2025년 5월, 스테이블코인 규제 조례를 통과시켜 규제된 환경에서 위안화

연동 디지털 자산을 발행해 세계시장에서 경쟁할 수 있는 길을 열어뒀다. 이런 전략들은 중국이 스테이블코인의 기술적 이점을 수용하면서도 리스크를 통제하고, 달러 중심 디지털 금융 질서에 대한 대안을 제시하고자 하는 정교한 전략이다.

이처럼 미국이 민간 주도의 달러 기반 스테이블코인으로 기존 달러 패권을 디지털 영역으로 확장하는 데 반해 중국은 전혀 다른 기조다. 2025년 하반기 들어 중국은 국가 주도의 디지털 위안화를 전면에 내세우고, 국내·외 민간 스테이블코인을 강력히 차단함으로써 디지털 통화 질서를 국유화하고, 주권화하려 했다. '중앙은행 주도 디지털 화폐+역외 스테이블코인'이란 투 트랙 전략은 중국이 홍콩의 민간 빅테크 기업들의 스테이블코인 발행에 제동을 걸며 균열이 생기기 시작했고, 결국 중국은 중앙은행 주도 디지털 화폐 확산과 다국간 연결형 화폐인 'm-CBDC 브리지' 같은 제휴 네트워크를 통해 디지털 위안화 국제화 전략을 추진하는 쪽으로 선회했다.

2.유럽

EU는 지니어스법에 대해 근본적으로 다른 접근법을 취하고 있다. EU는 통화 주권이란 핵심 가치를 방어하는 데 주력하며 민간 기업이 발행하는, 특히 달러에 연동된 스테이블코인의 확산을 잠재적 위협으로 간주한다.

유럽중앙은행의 고위 관료들은 디지털 유로의 개발이 유럽의 통화 주권을 지키는 데 매우 중요하다고 공공연하게 강조했다. 기술적 혁신을 넘어 비자, 마스터카드 등 미국계 거대 결제 플랫폼과 달러 기반 스테이블코인에 대한 경제적·통화적 의존도를 줄이고자 하는 전략적 목표를 담고 있다.

이는 EU의 규제 법안인 암호자산시장법MiCA에 그대로 반영되어 있다. 이 법은 미국의 지니어스법보다 더 엄격한 규제로, 대규모 스테이블코인 발행사에 대해 은행에 준하는 자본금과 운영 규칙, 법적 책임 구조를 요구한다. 특히 유로가 아닌 다른 통화에 연동된 스테이블코인의 유통량이 일정 수준을 넘지 못하도록 제한한다는 점에서 사실상 달러 기반 스테이블코인을 겨냥했다고 볼 수 있다. EU는 이 법으로 달러 기반 스테이블코인의 영향력이 과도하게 커지는 것을 막기 위한 규제 방어벽을 만들었다.

EU는 미국과 같은 민간 주도 혁신모델 대신 중앙은행이 디지털 통화 발행의 중심이 되는 국가 주도 모델을 선택했다. 디지털 시대에도 통화 정책의 유효성을 확보하고, 외부 경제 충격으로부터 유로존(유로를 국가 통화로 사용하는 EU 20개국)을 보호하려는 강력한 의지의 표현이다.

3. 일본

일본은 미국의 과감한 민간 주도 모델과 유럽의 강력한 국가 주도 모델 사이에서 신중하면서도 실용적인 '하이브리드 접근법'을 채택했다. 혁신을 수용하되 그 과정을 엄격하게 통제된 금융 시스템 내에서 진행함으로써 안정성을 최우선으로 확보하는 데 초점을 맞췄다.

일본의 제도적 규제는 2023년 6월부터 시행된 자금결제법 개정에 기반한다. 이 법에 따르면 일본 내에서 스테이블코인을 발행할 수 있는 주체가 엄격하게 제한된다. 허가받은 은행, 신탁회사, 자금 이체업자 등 고도로 규제된 금융기관만이 코인을 발행할 수 있다. 이는 미국의 지니어스법이 비非은행인 핀테크 기업에도 코인 발행의 문호를 개방한 것과 뚜렷한 대조를 이룬다.

법안 초기엔 스테이블코인이 반드시 일본 엔화에 연동되어야 한다고 규정해 테더나 USDC 같은 해외에서 발행되는 달러 기반 스테이블코인의 자국 내 유통을 사실상 금지시켰다. 통화 대체 위험을 원천적으로 차단하고자 하는 강력한 조치였다. 이후 규제 완화 논의를 통해 역외 스테이블코인의 도입을 허용하는 방향으로 선회했지만, 여전히 조건은 엄격하다. 해외 발행사는 일본 금융청의 개별 심사를 통과해야 하며 일본 내 코인 중개업자는 해당 스테이블코인의 유통량에 상응하는 준비금을 일본 내에 예치하고 있어야 한다. 즉 역외 스테이블코인이 도입되더라도 그 리스크를 일본의 규제 감독하에 두겠다는 의지를 분명히 하는 것이다.

일본은행, 미쓰비시UFJ신탁은행 등 일본의 주요 금융기관들은 예금 토큰화와 신탁 기반 스테이블코인 모델에 큰 관심을 보이고 있다. 기존 은행 시스템의 예금을 블록체인상의 토큰으로 발행하는 것으로, 디지털 화폐 발행의 주도권을 검증된 은행 시스템 내에 유지하는 것을 목표로 한다. 일본 금융계에선 비은행 주체들이 주도하는 미국식 모델보다 훨씬 안정적이고 신뢰할 수 있는 대안이라고 보고 있다.

결론적으로 일본식 모델은 '안정 속 혁신'이다. 전통적인 금융 시스템의 안정성에 기반하면서 블록체인이나 토큰화 기술이 제공하는 효율성과 가능성을 점진적으로 수용한다. 이는 미국의 급진적 개방과 유럽의 방어적 통제 사이에서 독자적인 제3의 길을 모색하는 것으로, 한국을 포함한 다른 국가들에게 중요한 참고 사례가 될 수 있다.

. . .

원화는 어디로 가야 하는가

미국의 지니어스법은 무역 의존도가 높고, 기축통화국이 아닌 우리나라 경제에 다각적이고 심대한 영향을 끼칠 것으로 예상된다. 디지털 대전환기를 맞아 재정립될 한미 동맹 관계부터 미중 디지털 패권 경쟁, 북한의 군사 위협 등 외교적·안보적으로도 마찬가지다. 한국은행을 비롯한 국내 기관들은 특히 다음과 같은 영역에서 잠재적 리스크가 크다고 경고하고 있다.

1. 외환 및 자본 유출입 변동성 증대

한국 경제가 직면한 가장 즉각적이고 중대한 리스크다. 한국은행은 달러 기반 스테이블코인이 기존의 은행 및 외환 규제망을 우회하는 새로운 자본 유출 통로가 될 수 있다고 지적했다. 즉 평시엔 저비용·고효율 해외 송금 수단으로 유용하지만, 위기 상황에선 걷잡을 수 없는 대규모 자본 유출을 촉발할 수 있다는 것이다. 이는 원화 가치의 급격한 변동성을 야기하고, 최악의 경우 외환위기의 단초를 제공할 수 있는 심각한 위험 요인이다.

2. 통화 정책 유효성의 잠식

국내에서 디지털 달러라이제이션dollarization이 심화될 경우 한국은행의 통화 주권에 대한 직접적 도전이 될 수 있다. 예를 들어 상당수 국내 경제 주체들이 저축 및 결제 수단을 달러 기반 스테이블코인으로 대체하게 되면 한국은행이 기준금리를 조정해도 그 효과가 실물경제에 제대로 파급되지 않을 수 있다. 결국 통화 정책의 전달 경로를 교란함으로써 중앙은행의 거시경제 안정화 능력을 현저히 약화시킬 수 있는 것이다.

3. 국내 금융 산업에 대한 복합적 영향

국내 은행들은 수익성이 높은 해외 송금 및 기업 결제 시스템 시장에서 글로벌 스테이블코인 플랫폼과 치열한 경쟁을 벌여야 할 것이다. 이는 은행의 전통적인 비非이자 수익 기반을 잠식하는 '파괴적 혁신'으로 작용할 수 있다.

반면 국내 금융 및 핀테크 기업들에게 디지털 자산 시장은 새로운 사업 영역이 되기도 한다. 규제 환경이 정립되면 국내 기업에서도 기술력을 바탕으로 혁신적인 디지털 금융 서비스를 개발할 수 있다. 나아가 규제된 원화 기반 스테이블코인 시장을 창출해 새로운 성장 동력을 확보할 가능성도 열릴 것이다.

현재 다방면으로 논의 중인 디지털자산기본법은 한국이란 특수성과 국익을 반영하는 방향으로 설계되어야 한다. 국내에선 민간 주도 모델과 중앙은행 주도로 발행되는 디지털 화폐 발행 모델을 두고 원화 기반 스테이블코인 발행에 대한 논의가 진행 중이다. 미국의 비은행 개방 모델, 일본의 은행 중심 모델 등을 참고해 금융 안정성을 최우선으로 고려하는 한국형 모델을 창출해야 한다.

한국이 디지털 금융 시대에 '규칙 수용자'가 아닌 '규칙 제정자'가 되기 위해선 독자적인 기술 역량 확보가 필수적이다. 분산 원장 기술, 영지식 증명 기술, 스마트 계약 보안 기술, 상호운용성 기술 등 디지털 금융의 핵심 기반 기술에 대해 국가 차원에서 연구개발 투자를 대폭 확대해야 하며, 경쟁력 있는 '디지털 원화'가 유통될 수 있는 안전하고 효율적인 블록체인 기반 금융 인프라 구축을 위해 민관 협력 프로젝트도 가동되어야 한다.

지니어스법은 한국에 위기이자 기회다. 가장 위험한 선택은 아무것도 하지 않고 관망하는 것이다. 지금이야말로 명확한 국가 전략 아래 우리의 경제 주권과 국익을 확보하도록 노력해야 할 결정적인 순간이다. 한국은 더 이상 국제금융 질서의 수동적 참여자에 머물러선 안 된다. 한국과 같이 기축통화국이 아니면서도 개방 경제를 가진 국가들의 입장을 대변하고, 시장에 특정 강대국의 이익만 반영되지 않도록 균형자 역할을 하는 '미들 파워middle power' 외교가 필요하다. 인터넷이 등장한 이래로 스테이블코인은 결코 가볍게 볼 수 없는 또 다른 기술·정책·금융의 삼각 교차점이다.

새로운 판을 짤 시간

원화 기반 스테이블코인이 제 역할을 해내려면 글로벌 디지털 경제 내 경쟁력 확보가 중요하다. 국내 은행들이 원화 기반 스테이블코인을 발행하기 위한 협의체를 구성했고, 정부에서도 디지털자산기본법을 중심으로 관련 법제화를 준비하고 있다. 다만 달러 등 주요 기축통화를 기반으로 하는 스테이블코인과 비교해 경쟁력을 가질 수 있을진 실질적으로 의문이 든다. 원화 통제력이 약해지거나 자본 유출 리스크가 현실화할 경우 득보다 실이 클 수 있다는 우려가 함께 제기되고 있기 때문이다.

세계 2위의 스테이블코인 발행사인 서클은 'USDC'란 코인을 발행한다. 서클과 같은 코인 발행사들은 스테이블코인이 단순 투자 수단이 아니라 디지털 결제 및 송금 네트워크의 핵심 인프라로 성장할 수 있다는 가능성에 투자하고 있지만, 현실은 그렇게 단순하지 않다. 스테이블코인은 가치 안정성을 달러 같은 준비금에 의존하기 때문에 발행량이 급격히 늘어나거나 대규모 환매가 발생하면 금융 시스템에 영향을 준다. 게다가 법적 규제 환경이 완전히 정비되지 않은 상태이기에 발행사와 투자자 모두 잠재적 리스크를 안고 있다. 예를 들어 액면가 1000원의 화폐가 시장에서 950원으로 거래된다면 화폐 질서가 흔들릴 수 있다. 국제결제은행도 스테이블코인의 가장 큰 문제로 화폐 단일성 훼손을 언급했다. 또한 발행 주체의 신뢰성에 따라 가치가 달라지기 때문에 제도적 장치를 마련하는 게 필수적이다.

이처럼 스테이블코인 시장은 빠르게 성장했고, 그에 따르는 많은 기회가 있지만, 구조적인 리스크가 공존하고 있다. 부자들은 이런 흐름을 면밀히 관찰해 금융 생태계의 변화 속에서 위험을 관리하면서 스테이블코인의 제도권 편입, 법적 안정성, 역할 확대 등 장기적 흐름에서 기회를 선점할 전략을 세우고 있다.

일론 머스크는 비트코인을 중앙집중통화에 대한 흥미로운 대안으로 보면서도 큰 가격 변동성으로 인해 투자가 아닌 게임처럼 다루어야 한다고 경고했다. 그는 비트코인의 기술적 가능성을 인정하면서도 가격 변동과 리스크에 주의해야 한다고 강조했다. 이더리움을 만든 비탈릭 부테린은 암호화폐의 가치를 기술이 아닌 새로운 신뢰 구조를 만드는 능력에 있다고 봤다. 스테이블코인 또한 법과 제도 안에서 운영되면 기술 기반 신뢰가 실제 경제와 금융 시스템에 영향을 줄 수 있다.

트럼프 대통령의 금리 인하 압박 속에 연준 의장인 제롬 파월Jerome Powell도 스테이블코인의 잠재적 유용성을 인정했지만, 적절한 규제가 전제되어야 한다고 말했다. 유럽중앙은행 총재 크리스틴 라가르드Christine Lagarde 또한 스테이블코인이 디지털 결제 혁신을 촉진할 수 있으나 통화 주권을 침해해선 안 된다고 강조했다.

미국의 경제학자인 나심 니콜라스 탈레브Nassim Nicholas Taleb는 초기에 비트코인을 지지했지만, 나중엔 화폐로서 가치가 없고 가격이 극도로 불안정하다고 비판했다. 스테이블코인도 마찬가지로 안정성과 제도적 기반 없이는 금융 시스템에 부담을 줄 수 있을 것이다. 워런 버핏도 과거 비트코인을 본질적인 가치가 없는 도박과 같다고 평가했다. 그는 전통적인 투자 관점으로 암호화폐를 바라봤지만, 스테이블코인은 결제 및 송금 인프라 역할까지 해낼 수 있다. 버핏은 디지털 자산의 실제 활용 가능성을 보지 못했다.

부자들이 스테이블코인을 바라보는 관점엔 몇 가지 공통점이 있다. 먼저 리스크를 분산한 뒤 통제 가능한 범위 내에서 스테이블코인을 기회로 활용한다. 예를 들어 전통 금융자산에 스테이블코인을 일정 비율로 포함해 달러 기반 스테이블코인의 안정성을 유지하면서도 디지털 금융 혁신을 통한 수익을 추구한다. 또한 규제와 제도권 편입 여부를 철저히 분석해 안정성과 제도적 지원이 확보된 스테이블코인만을 선택한다. 시장 변동성에 따른 불필요한 충격을 최소화하는 것이다.

스테이블코인은 투기 수단이 아니라 현금과 유동성을 디지털로 변환해 금융 효율성을 높이는 도구가 될 수 있다. 수익뿐 아니라 포트폴리오 안정성과 국제금융 네트워크 접근성을 동시에 확보할 수 있는 전략 자산이 될 수도 있다. 즉 디지털 경제 시대에 부자들이 자본을 운용하는 새로운 방식과 전략을 보여주는 수단이다. 물론 당연하게도 스테이블코인이 금융 소외 계층까지 포용할 때 그 진가를 발휘할 수 있을 것이다.

로봇, 인간 대체 시대의 도래

엔비디아의 '넥스트'

디지털 전환이란 AI, 클라우드, 데이터 등 디지털 기술을 기반으로 기업의 조직 문화나 비즈니스 모델 및 산업 생태계를 혁신하고, 고객과 시장의 변화에 대응해 새로운 가치를 창출하는 일련의 과정을 말한다. 이를 '4차 산업'이라는 용어로 오랫동안 사용해 왔는데, 우리는 과연 이런 변화를 제대로 인지하고 있을까?

AI는 로봇에 지능과 판단력을 부여해 주는 핵심 기술이다. AI가 적용된 로봇은 자율적으로 판단하고 학습할 수 있으며, 복잡한 환경에도 쉽게 적응할 수 있다. 즉 AI는 로봇의 두뇌 역할을 하며, 기업들은 AI와 로봇을 결합해 새로운 혁신과 가치를 창출하고자 한다. 대표적인 예시가 엔비디아다. 젠슨 황은 회사를 단순한 AI 반도체 기업이 아니라 AI 기술을 산업 전반에 적용하는 플랫폼 기업으로 성장시키겠다고 말했다. 그에 걸맞게 엔비디아는 첨단 분야에 특화된 AI 소프트웨어를 다수 보유하고 있다.

그렇다면 엔비디아는 왜 지금, 로봇에 주목하는 것일까? 그 이유는 '디지털 트윈digital twin' 기술과 생성형 AI를 활용한 연합 학습 때문이다. 디지털 트윈이란 현실 세계의 기계, 공장, 로봇, 심지어 사람의 활동까지 가상 세계에 그대로 복제해 시뮬레이션하는 기술을 말한다. 현실에서 바로 실험하기 어려운 상황을 시험하고 최적화할 수 있는 기술이다. 연합 학습은 중앙 서버에 데이터를 모으지 않고, 분산된 여러 기기에서 데이터를 활용해 학습한 뒤 모델을 합치는 방식이다. 데이터 프라이버시를 지키면서도 효율적으로 AI 모델 학습이 가능하다.

엔비디아는 앞으로 AI의 새 시대가 '물리적 세계'에서 펼쳐질 것으로 보고 있다. 기존 데이터센터 기반의 생성형 AI로는 현실 세계의 다양한 물리적 문제를 처리하기가 어렵기 때문이다. 따라서 AI 로봇은 단순한 연산이나 예측이 아니라 실제 환경에서 센서 데이터를 읽고 물리적 움직임을 제어하며, 실시간으로 의사를 결정할 수 있어야 한다. 이를 위해 AI 로봇엔 3가지 계산 작업이 필요하다. 주변 환경을 이해하고 움직임을 판단하는 센서 처리 및 환경 인식, 목표를 수행하는 최적의 행동을 선택하기 위한 의사결정 및 행동 계획, 실제 기계장치에 적용해 움직임을 구현하는 제어 및 실행이 그 것이다. 즉 엔비디아는 AI 로봇을 직접 작동하고 학습해 생산성을 높이는 '물리적 AI'로 보기 때문에 AI 칩과 소프트웨어를 결합한 플랫폼 기업으로 도약하고자 하는 것이다.

BYD 일렉트로닉스, 지멘스, 테라다인 로보틱스, 인트린직 등 로봇 개발 분야 글로벌 기업들은 차세대 AI 기반 자율 머신과 로봇의 연구·개발·생산을 위해 엔비디아의 로보틱스 플랫폼 '아이작'을 도입하고 있다. 실제 로봇을 만들기 전에 3D 시뮬레이션을 통해 로봇의 외형과 행동을 설계하고 최적화하며, 로봇 제어 알고리듬을 학습해 안정성과 효율성을 높일 수 있다. 아이작이 로봇 개발을 위한 소프트웨어 플랫폼이라면 엔비디아의 '젯손'은 로봇에 장착하는 AI 엣지 컴퓨팅 보드다. 로봇의 눈과 귀, 두뇌 역할을 하는데, 딥러닝 모델을 통해 로봇이 빠르고 정확하게 변화에 대응할 수 있도록 돕는다.

나아가 엔비디아는 로보틱스 기술을 물류 산업에 빠르게 적용하고자 한다. 아마존, 월마트 등 유통 분야 대기업과 협력해 물류 로봇의 자율주행 기술을 고도화하고 있다. 월마트에선 2026년까지 오프라인 매장 65퍼센트에 자동화 서비스를 도입해 20퍼센트 이상의 비용을 절감하고자 한다.

2024년 2월엔 미국의 로봇 개발 스타트업인 피규어AI가 6억

7500만 달러 규모의 투자를 유치하며 큰 주목을 받았다. 제프 베이조스가 개인 투자사를 통해 1억 달러를 투자했고, 마이크로소프트가 9500만 달러, 엔비디아와 아마존이 각각 5000만 달러, 오픈AI가 500만 달러를 투자했다. 이 외에도 인텔, LG, 삼성 등 다수 기업과 벤처 캐피털이 참여했다. 특히 LG테크놀로지벤처스는 2025년 피규어AI에 추가로 투자했다.

이처럼 글로벌 기술 기업들과 투자자들은 물리적 AI와 생성형 AI 분야에서 전략적 협업을 강화하고 있다. 피규어AI는 2022년 테슬라와 로봇 개발 기업인 보스턴다이내믹스 출신 엔지니어들이 설립한 스타트업이다. 휴머노이드 로봇을 개발해 인간이 하지 못하는 위험한 일을 수행하고, 부족한 노동력 문제를 해소하고자 한다.

휴머노이드가 궁극적으로 투입되기 위해선 결국 AGI가 필요하다. AGI가 결합될 때 휴머노이드는 인간의 모든 작업을 수행할 수 있다. 또한 하드웨어 기술도 발전이 필요하다. 젠슨 황은 인류의 노동 해방을 위해 성큼성큼 다가가려는 것으로 보인다.

· · ·

테슬라의 '넥스트'

엔비디아가 AI 칩과 소프트웨어를 바탕으로 로봇 산업 전반의 플랫폼 역할을 강화하는 가운데, 테슬라 역시 소비자 친화적이고 실생활과 밀접한 로봇을 현실화하기 위한 도전을 이어가고 있다.

일론 머스크는 2018년까지 관광객 2명을 달에 보낼 것이라고도 하고, 10년 안에 미국 뉴욕과 중국 상하이를 40분 내로 주파하는 로켓 여객기를 내놓겠다고도 했다. 이런 머스크의 시간관념을 풍자하는 말로 '일론 타임Elon Time'이라는 말이 있다. 그가 말하는 계획은 실제로 시간이 훨씬 더 걸린다는 의미다. 그러나 실제로 그가 만든 스페이스 X는 인류의 우주사에 한 획을 그었으니, 이런 그의 계획을 허풍이라고 너무 나무라지는 말자.

누가 뭐라 해도 테슬라의 최대 강점이자 주가 상승의 열쇠는 자율주행 기술이다. 테슬라는 운전자가 실제 탑승하는 차량에서 손쉽게 모은 대량의 주행 정보 데이터를 슈퍼컴퓨터에 넣어 AI에게 학습시키며 완전 자율주행에 가까워지고자 한다. 레이저 센서(라이다)나 전파 센서(레이더) 없이 차량 카메라만으로 주변 환경을 보고 스스로 운전할 수 있도록 AI를 학습시킨다.

그는 운전석도 없는 로보택시(무인 자율주행 택시)를 출시할 것이라고 말했다. 테슬라의 시가총액은 로보택시와 밀접하게 관련되어 있다. 우리는 그의 말만 믿고 테슬라에 투자해도 괜찮을까? 테슬라의 자율주행 기술을 두고 의문을 갖는 전문가들도 많다. 테슬라의 주행 보조 장치FSD는 경쟁사들의 운전 지원 시스템보다 월등히 뛰어나지만, 완전한 자율주행 단계에 이른 것은 아니다. 2025년까지도 테슬라의 로보택시는 공식 출범하지 않았다. 미국 텍사스주에서 일부 시범 운영이 시작됐지만, 다른 주에서의 정식 출범을 위해선 아직 규제 승인 절차가 필요하다. 일부 언론에선 자율주행 기술의 안전 문제로 로보택시 출시가 지연될 가능성도 있다고 보도했다. 그러나 2023년 9월 출간된 전기『일론 머스크』에서 머스크는 로보택시가 테슬라를 10조 달러 규모의 회사로 만들 것이며, 100년 뒤에 사람들은 그 순간을 이야기하게 될 것이라고 말했다.

그의 삶의 궤적은 어쩌면 무질서하다. 그러나 허풍이 있었을지언정 차곡차곡 자신의 시간을 채워가고 있다. '일론 타임'이란 세간의 견해에 반해 꽤 질서정연한 삶이라고 하면 틀린 말일까?《와이어드》는 머스크의 1년이 일반인의 8년과 같다고 했다. 마치 인간보다 수명이 짧은 개의 생애주기와 비슷하다고도 덧붙였다.

지금 같은 저성장 시대엔 머스크처럼 시간을 지키지 않아도 괜찮다. 최고의 혁신가는 규격이나 획일화와 거리가 멀다. 일론 타임을 하나의 프로젝트에만 한정해 생각하면 과장되게 들리지만, 장기적인 투자나 경영 관점에서 보면 그게 맞다. 머스크의 시간 철학은 개인적 특성이 아니라 그의 혁신 전략이다.

그는 목표 달성을 위해 필요한 혁신과 실험정신을 우선시하며 실패와 수정을 반복한다. 이런 접근이 로보택시 기술의 진보 속도를 가속화하고, 테슬라가 시장에서 경쟁 우위를 선점하는 기반이 됐다. 즉 기술과 비즈니스 전략을 결합해 현실 세계의 혁신을 이끄는 원동력으로 작동한 것이다.

새로운 노동의 등장

엔비디아나 테슬라 외에도 산업 현장에서 로봇의 발전은 무시할 수가 없다. 삼성, 두산, 한화 등 국내 대기업들도 로봇 사업을 본격화하고 있다. 그리고 그 중심엔 사람과 함께 작업할 수 있는 '협동로봇(코봇)'이 있다. 2024년 국제로봇연맹은 로봇 기술 5대 트렌드로 AI와 머신러닝 기반의 로봇 두뇌 업그레이드, 협동로봇, 새로운 영역으로의 진출, 모바일 매니퓰레이터, 디지털 트윈을 통한 로봇 설계 및 운영 최적화, 휴머노이드 등을 발표했다.

협동로봇은 일반 산업용 로봇과 달리 사람과 같은 공간에서 안전하게 작업하며, 물리적으로도 상호작용할 수 있도록 설계된 로봇이다. 일반적으로 로봇이 사람을 '대신해 작업'하는 데 집중했다면, 협동로봇은 사람과 '함께 협력'하며 생산성을 높이는 역할을 한다. 대부분 6축 이상의 관절로 구성된 로봇 팔 형태를 취하며, 공간 점유

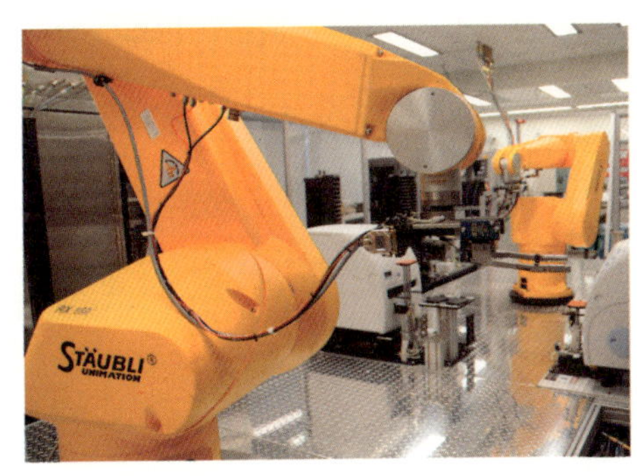

• 미국 국립 인간유전체연구소의
협동로봇

율이 낮아 기존 생산 라인에도 쉽게 통합할 수 있다.

협동로봇은 2005~2009년 EU의 FP6(제6차 연구 프레임워크 프로젝트)가 가볍고 작동이 용이한 로봇으로 중소기업의 자동화를 지원하고자 했던 프로젝트에서 탄생한 결과물이다. 리서치 기업 마켓츠앤마켓츠는 전 세계 협동로봇 시장의 규모가 2024년 16억 달러에서 2030년 98억 달러로 성장할 것으로 관측했다. 2026년 상장 예정인 일론 머스크의 스페이스 X가 로봇 산업에 미칠 영향도 생각해 보게 된다. 스페이스 X는 전 지구적 신경망을 조직하며 로봇의 활동 범위를 무한으로 넓혀줄 것이다. 농업부터 서비스업까지 광범위하게 사용되는 협동로봇이지만, 최근 주목받고 있는 조선업에서의 협동로봇 활용에 대해 좀 더 살펴보자.

국내 조선업의 경쟁력은 숙련된 용접 기술에 있다. 특히 LNG 연료 탱크 용접 기술이 그렇다. 친환경 선박 수주가 늘면서 국내 조선업체들이 호황을 맞았지만, 숙련된 용접공 확보가 여전히 큰 과제로 남아 있었다. 2010년대 중후반에 조선업 불황이 장기화되면서 많은 숙련공이 다른 산업 현장으로 이동했기 때문이다. 정부는 외국인 숙련공의 비자 규모를 확대했지만 현장 투입엔 시간이 걸렸다. 이런 상황에서 대안으로 떠오른 게 협동로봇이었다. 2~3일 정도 로봇 조작법을 익히면 숙련공 수준으로 작업할 수 있었고, 최근엔 5배 더 빠른 속도로 용접하거나 안전 펜스 없이 바로 옆에서 미세하게 조정하는 로봇도 활용되고 있다. 용접뿐만 아니라 선박 건조 과정 전반에 로봇 도입이 확대되고 있다.

협동로봇 제조 부문 세계 1위 국가는 바로 중국이다. 한국은 우수한 기술력에도 생산 규모나 가격 경쟁력에서 밀려나 있다. 또한 숙련된 인력이 부족하고 초기 도입 비용이 부담으로 작용해 현장 적용 속도가 느린 편이다. 이런 상황에서 협동로봇을 비롯한 로봇 산업 관련 이슈도 한번 점검해 보자.

1. 높은 비용

로봇의 작업 사양을 맞추려면 작업 공간을 재설계하고 용도를 변경해야 한다. 제조 라인을 약간만 수정하려 해도 기존 제조 공정에 큰 변화가 생기는 게 보통이었고, 인프라나 기술에 새로운 로봇 시스템을 구현하기에도 비용 편익 차원에서 어려운 경우가 종종 있었다. 규모가 작은 중소기업에선 이런 비용을 감당하기가 어렵다. 그래서 한번 정한 로봇 기술은 그 용도를 유연하게 바꾸지 못한다.

또한 로봇의 제품 라인업은 다양해도 국내 기업들엔 개발 노하우가 부족했다. 제품의 질을 높이기 전에 문제가 발생해 버리면 수요자가 피해를 볼 수 있었기 때문에 비용 문제를 고려해 로봇 도입을 결정해야 했다. '스마트 팩토리(다양한 생산과정에 정보통신기술을 적용한 지능형 생산공장)'가 만병통치약은 아니었던 셈이다. 협동로봇이 이런 경직성을 완화했고, 비용 측면에서도 상당히 탄력적이라 각광받고 있다고 여겨진다.

2. 산업 재해에 대한 대비

협동로봇 시대가 열리면서 관련 산업 재해 발생이 늘고 있다. 미국 산업안전보건청의 보고서에 따르면 테슬라의 '기가팩토리(대량 생산을 위해 구축한 테슬라의 통합형 초대형 제조시설)'에선 21명 중 1명꼴로 근로자 부상 사고가 있었다. 치명적 부상 확률은 26명 중 1명으로, 미국 주요 자동차 제조업체 평균(38명 중 1명)보다 높았다.

보고서엔 기가팩토리의 엔지니어가 자동차 부품을 옮기는 로봇에게 공격당했다고 기록되어 있었다. 해당 로봇은 유지·보수 작업 동안엔 전원이 꺼져 있어야 했지만, 근로자의 실수로 전원이 계속 켜져 있었던 것이다. 로봇 산재 사고는 국내에서도 매년 발생하고 있다. 로봇과 함께 일하는 환경이 늘어나면서 사고 위험성도 더 커지고 있다.

3. 관련 규제 정비

실제로 협동로봇을 보면 무게가 채 20킬로그램이 안 될 정도로 작은 게 많다. 그런 협동로봇엔 사고 위험성이 적어 규제 완화가 필요하다. 협동로봇을 사업장에서 사용하려면 협동로봇 작업장 안전 인증을 받아야 하고, 안전 기준을 충족하려면 전문적인 안전 인증 컨설팅 회사와 함께 인증 절차를 진행해야 한다. 이런 절차를 거치지 않으려면 안전 펜스를 설치해야 하는데, 이러다 보면 결국 협동로봇 사용을 꺼리게 된다.

4. 노동력 대체

　생산 가능 인구의 감소와 기대수명 증가로 인한 고령화는 불가피한 현상이다. 특히 IT·금융·통신업계에 AI가 적용되며 인간의 노동력은 점점 대체되어 가고 있다. 단순 반복 업무를 자동화함으로써 인간의 노동력을 부분적으로 대체하는 것이다. 하지만 그와 동시에 AI는 그 기술을 활용하는 새로운 고숙련 일자리를 창출한다. 노동력 대체에 따른 생산성과 효율성을 높일 수 있는 AI 기술에 대한 수요도 증가하고 있다.

　실제로 BCG에서 23개 산업군 대상으로 스마트 팩토리 도입에 따른 일자리 증감에 대한 시뮬레이션을 수행했는데, 약 61만 개의 직접고용 일자리가 사라지는 대신 약 96만 개의 간접고용 일자리가 증가할 것으로 전망됐다. 특히 직접고용 일자리를 협동로봇이 대체하는 것으로 주목받았다. 또한 앞서 언급한 스페이스 X의 영향으로 협동로봇 산업의 전망은 밝다.

　협동로봇은 설비 유연화·자율화·지능화를 통한 개인 맞춤형 생산이 강조되는 현재 제조업 패러다임에도 적합하다. 인간과의 상호작용이 원활해지고, AI 소프트웨어가 고도화되면 더 정교한 업무를 하고 사람이 일하는 방식도 제대로 수행할 수 있을 것이다. 협동로봇에 대한 관심이 더욱 높아져야 할 시점이 다가온 것이다.

§ · · ·

AI 로봇이 설계하는
생산성과 공정성의 미래

1800년경 이전까지 인구의 99퍼센트를 구성했던 하층민들의 생활
이 거의 진보하지 못했다면 믿을 수 있는가? 받아들이기 힘든 주장
이지만 '맬서스 트랩Malthusian Trap'이라는 설득력 있는 경제학 가설
의 바탕이기도 하다. 봉준호 감독의 영화 〈설국열차〉 속 절대권력
자인 조지프 윌포드는 제한된 자원에 맞는 적정 수의 인간을 셈하
며 지낸다. 사람들은 101개의 칸에 불과한 기차에서 살아간다. 영
화 대사가 귓전을 울린다.

우리는 모자고, 너희는 신발이다. 신발을 머리에 쓰는 사람이 누가 있겠
는가. 너희는 그저 꼬리 칸에서만 지내야 한다.

여기, 항상 뭐든지 공평하게 배분받길 원하는 쌍둥이가 있다고
하자. 한 사람에게 케이크를 반으로 자르게 하고, 잘린 케이크 중
한 조각을 다른 사람이 고르게 하는 것으로 규칙을 정하자. 자르는
쪽은 자신이 손해를 보지 않기 위해 케이크를 정확하게 자를 수밖
에 없고, 고르는 쪽은 자신이 케이크를 자르지 않아도 선택권이 있
어 불만이 없다. 그 결과 쌍둥이 모두 불만 없이 제 몫을 가져간다.
물론 쌍둥이의 어머니가 공정하게 케이크를 잘라줄 수도 있겠지만,

이 정도면 솔로몬 왕에 버금가는 지혜로운 결정 아닌가?

세상에 인간이 존재한 이래로 불평등 문제는 언제나 존재해 왔다. 평등과 공정을 주제로 하는 소설, 영화, 드라마가 끊이지 않고 등장하는 이유다. 그런데 AI 로봇이 완전히 보편화되면 모두를 육체노동으로부터 자유롭게 만들어 공정성의 개념을 바꿀 수도 있다.

로봇은 AI가 소프트웨어 세계를 넘어 현실에 영향을 미치는 첫 번째 매개체다. 모든 산업에서 로봇은 생산성을 높이고, 부족한 노동력을 메우며, 위험한 업무를 대신한다. 몸을 가진 AI가 등장한다면 산업혁명과 같은 수준의 변화가 일어날 것이다. 부자들은 바로 이 지점을 다르게 읽는다. 그들은 AI가 돈의 흐름을 어떻게 재편하는지를 살핀다. 그래서 휴머노이드, 로보택시, 협동로봇 등 물리적 AI 개발 기업에 투자하고 있다. AI가 현실 세계에서 생산성 분배 구조를 바꾸고 있다는 사실을 읽는 능력으로 돈의 흐름을 남들보다 한 발 더 먼저 보는 것이다. 그들이 로봇 시대를 두려움이 아니라 기회라고 인식하는 것도 바로 그 때문이다.

그렇다면 우리가 살아갈 미래에 AI의 생산성이 증가한다면 인간은 정말 행복해질까? 봉준호 감독의 또 다른 영화 〈미키 17〉을 보면 그렇지만도 않은 것 같다. 위험한 임무를 전담하며 죽으면 다시 복제되는 소모품적인 삶을 사는 주인공의 모습은 기술의 진보가 인간을 오히려 더 통제하고 착취하는 수단이 될 수 있음을 경고하는 듯하다. 빌 게이츠는 로봇에 부과하는 소득세인 '로봇세'로 급격한 자동화와 일자리 감소 속도를 늦추자고 말한 적이 있다. 그 세금을 일자리를 잃은 노동자의 재취업 교육 비용으로 사용할 수 있을 것이라고도 말했다. 로봇 때문에 밀려나는 인간을 위해 로봇세로 예산을 확보하자는 그의 주장에 왜 미키의 모습이 겹쳐 보일까.

유럽의회는 로봇세가 로봇 산업 전반의 혁신을 막는다는 업계의 주장을 받아들여 로봇세 부과를 거부했다. 일반적으로 정부는 혁신에 세금을 부과하는 게 아니라 보조금을 지원한다. 그러니 사실 로봇세는 말도 안 되는 소리다. 물론 〈미키 17〉을 본 사람이라면 생산성을 근거로 무한 노동 착취에 시달리는 미키를 보며 자본가를 비판할 수도 있겠다.

스티븐 호킹은 인간을 뛰어넘는 인공지능이 스스로 개량해 비상飛上할 수 있다고 경고했고, 샘 올트먼 역시 미국 상원의회 청문회에서 AI를 감독할 기관이 필요하다고 강조했다. 바둑기사 이세돌을 이긴 알파고는 바둑이란 단일 영역에 특화된 AI였지만, 이제 AI는 물리적 세계를 이해하고 스스로 판단하는 수준으로까지 확장되고 있다. AI 통제는 모두가 해결해야 할 현실적 문제가 되고 있지만, 결국 우리가 가야 할 길이 AI와 로봇이라면 영화에서처럼 미래를 어둡게만 볼 필요도 없지 않을까.

양자컴퓨터, 새로운 패권 전쟁의 신호탄

양자컴퓨터란 무엇인가

기후 예측, 신약 개발, 반도체 설계, 암호 해독 등 세상이 발전할수록 지금의 방식으로는 해결이 어려운 벽이 점점 많아지고 있다. 본격적인 AI 시대가 열리면서 데이터의 크기와 복잡성은 인간이 지금껏 경험해 본 적 없는 수준으로 치솟았다. 이런 상황에서 전 세계 과학계와 빅테크 기업들이 주목하는 다음 단계의 컴퓨팅 혁명이 바로 '양자컴퓨터'다.

일반적으로 컴퓨터는 0과 1이란 '이진법' 연산의 디지털 비트bit 체계로 작동한다. 동전을 던졌을 때 앞면이나 뒷면만 나오는 상황과 같다. 즉 정보 입력이나 계산·출력 과정에서 수많은 '예'와 '아니요'를 반복해야 한다. CPU(중앙처리장치)나 GPU의 속도가 아무리 빨라도 입력해야 하는 정보의 양이나 입력하는 정보에 변수가 많다면 결국 한계에 부딪힌다.

반면 양자컴퓨터는 0과 1이 겹쳐져 있으며(중첩·얽힘), 확률에 따라 결과가 정해지는 '큐비트qubit' 체계를 사용한다. 이 체계에선 입자가 동시에 2가지 특성을 지닐 수 있다. 주사위를 던졌을 때 1부터 6까지 6가지 결과의 가능성이 중첩되는 것과 같다. 그래서 현실을 인식할 때도 비트처럼 한 가지로 정확히 인식하는 게 아니라 확률적으로 인식한다.

그 결과 모든 변수를 한꺼번에 놓고 계산할 수 있다. 즉 동시에 여러 데이터를 한 번에 처리할 수 있는 것이다. 예를 들어 일반적인 컴퓨터에서 비트가 몇 개든 단 하나의 정보만 표현할 수 있지만, 양자컴퓨터에선 4개의 큐비트로 0000부터 1111까지 16개의 서로 다른 정보를 동시에 표현할 수 있다. 큐비트의 수가 증가할수록 계산 공간 또한 기하급수적으로 확대된다. 그 덕분에 슈퍼컴퓨터로도 100만 년이 걸릴 계산을 양자컴퓨터는 2초 안에 끝낼 수 있다. 같은 시간, 같은 양의 빛을 전송해도 정보 전달량에서 차이가 크기 때문에 빠른 속도로 많은 정보 처리가 필요한 다양한 분야에서 활용이 가능하다.

양자컴퓨터는 초전도 방식으로 정보를 전달한다. 이는 전자회로를 극저온으로 냉각해 전류가 저항을 받지 않고 흐르게 한 상태에서 양자 상태를 저장하는 기술이다. 극저온을 유지하며 정밀하게 제어해야 하기에 기술의 난도가 높다. 우리는 이 기술의 핵심이라고 할 수 있는 초전도체가 무엇인지를 먼저 짚어보고 넘어갈 필요가 있다.

물질은 전기적 성질에 따라 크게 전기가 잘 통하는 '도체'와 전기가 통하지 않는 '부도체'로 나뉜다. 그리고 이 중간에 '반도체'가 있다. 극저온에서 금속, 합금, 반도체 같은 유기 화합물의 전기 저항이 갑자기 0에 수렴하며 전류가 저항을 받지 않고 흐르는 현상을 '초전도 현상'이라고 하며, 이런 현상이 일어나는 물질이 '초전도체'다. 초전도체는 외부의 자기장과 반대 방향의 자기장을 형성하며 반자성을 띤다는 특성이 있다. 보통의 금속도 초전도 현상을 일으킬 수 있지만, 온도나 기압에서 특정 조건을 갖추어야 하기 때문에 아직까지도 상온·상압 초전도체는 미답의 영역이다.

초전도체는 1911년 네덜란드 레이던대학교 물리학 교수인 헤이커 카메를링 오너스Heike Kamerlingh Onnes가 최초로 발견했다. 수은의 전기 저항을 실험하던 중 영하 268.8도에서 전기 저항이 갑자기 0이 되는 것을 발견한 오너스는 이를 '초전도 현상'이라고 명명했다. 이 실험으로 그는 1913년 노벨물리학상을 받았다.

초전도체는 다른 초전도체와 접합했을 때 '조지프슨 효과(전압이 없어도 두 초전도체 사이에 전류가 흐르는 현상)'라 불리는 특이한 전기적 성질도 보인다. 이 성질은 극도로 민감한 자기장 센서를 만들거나 양자컴퓨터의 큐비트를 만드는 데 사용된다. 사실 우리는 이미 일상에서 초전도체를 많이 사용하고 있다. 병원에 있는 MRI(자기공명영상)에 초전도체로 만들어진 전자석이 활용되고 있다.

초전도체의 핵심 특성은 바로 전기 저항이 0이란 점이다. 이는 전력 손실이 발생하지 않는다는 의미로, 임계온도(초전도체가 되는 온도)에서 초전도체는 열을 발생시키지 않는다. 만약 송전선에 초전도체를 사용할 수 있게 된다면 우리나라에서 만든 매년 송전 과정에서 발생하는 1조 5000억 원의 손실을 줄일 수 있을 것이다.

전 세계는 현재 초전도체를 활용한 여러 실용화 기술을 개발하고 상온·상압 초전도체를 만들고자 노력하고 있다. 국내에서도 고려대학교를 주축으로 한 퀀텀에너지연구소에서 세계 최초 상온 초전도체인 LK-99를 제작했다는 소식으로 떠들썩한 때가 있었다. 연구 결과가 실린 논문은 혁신적이었고, 일상에서 초전도 현상을 일으킬 수 있다는 기대감에 모두의 주목을 받았지만, LK-99를 뒷받침해 줄 충분한 증거가 제시되지는 못했다.

상온·상압 초전도체가 구현된다면 제작비용도 획기적으로 줄일 수 있다. 현재 초전도체가 사용되고 있는 핵융합의 차세대 기술의 경제성이 좋아져 상용화에 큰 진전을 기대할 수 있게 될 것이고, KTX나 SRT 등 전력 손실 없이 움직이는 고속열차로 에너지 효율성도 극대화될 것이며, MRI 역시 비용이 크게 낮아져 의료 접근성을 향상시킬 수 있을 것이다.

물론 상온·상압 초전도체가 만들어진다고 해도 상용화까지는 최소 10년 이상 걸릴 것이다. 그럼에도 이 초전도체를 활용한 양자컴퓨터가 꾸준하게 주목받고 있는 이유는 산업 구조를 근본적으로 뒤바꾸어 자본주의의 다음을 촉발할 잠재력이 무궁무진하기 때문이다. 그러니 초전도체 관련 연구가 미래 기술의 패러다임을 이끄는 한 축이 될 것은 분명해 보인다.

• • •

아인슈타인이 끝까지 인정하지 않은 과학

원자는 원자핵과 전자로 이루어져 있다. 그 원자핵과 전자처럼 아주 작은 세계에서 입자와 에너지가 어떻게 움직이는지 설명하는 이론이 '양자역학'이다. 이 용어를 처음 만든 사람은 독일의 물리학자 막스 보른Max Born으로, 양자역학은 고전역학과 다른 견해를 펼친다.

물질이나 빛은 입자일까, 파동일까? 양자역학을 이해하려면 우선 이 질문에서 출발해야 한다. 오래전부터 과학자들은 물리적 현상을 입자나 파동 둘 중 하나로 구분했다. 입자는 공처럼 한 점에 뭉쳐 있다가 다른 입자와 만나면 튕겨 나가거나 부서져 흡수된다. 파동은 어떤 진동이 물결처럼 넓은 공간으로 퍼져 나가는 현상으로, 물질을 통과하며 폭이 커지거나 작아진다. 19세기 영국의 물리

학자인 토머스 영Thomas Young은 종이에 두 개의 틈새를 만들어 빛을 통과시키는 이중 틈새 실험을 통해 빛이 파동의 특성을 지녔음을 입증했다. 영의 실험을 통해 현대물리학에선 물질이나 빛이 입자와 파동 '둘 중 하나'가 아니라 '입자이자 파동'이라는 사실을 밝혀냈다. 이 점이 바로 고전역학과 대비되는 양자역학의 견해다.

알베르트 아인슈타인, 마리 퀴리Marie Curie, 닐스 보어Niels Bohr, 막스 플랑크Max Planck, 에르빈 슈뢰딩거Erwin Schrödinger 등 세기의 천재들이 열띤 토론을 벌이던 솔베이 회의. 1911년 첫 회의가 열린 후 1921년부터 3년 주기로 개최되던 솔베이 회의는 물리학 분야에서 가장 권위 있는 행사였고, 1927년 벨기에 브뤼셀에서 열린 제5차 솔베이 회의에선 전자와 광자에 대한 토론이 이어졌다.

아인슈타인은 "신은 주사위 놀이를 하지 않는다"라고 말하며 물리학을 확실성과 인과관계의 기반 위에 두어야 한다고 믿었다. 그는 관측을 통해 확정된 실재를 규정하기 어려운 양자역학 해석에 의문을 제기하며 베르너 하이젠베르크Werner Heisenberg가 제시한 위치-운동량에 대한 불확정성 원리 그리고 그 뒤에 확립된 확률 기반의 양자역학 해석에 반대했다.

불확정성 원리에 따르면 입자의 위치와 운동량을 동시에 완벽하게 측정하는 것은 불가능하다. 더 정확히 말하면 측정 기술의 한계가 아니라 자연 그 자체가 가진 근본적 한계 때문에 2개의 값을 동시에 정확히 알 수 없다는 의미다. 이 원리는 '모든 현상은 확률적 규칙에 따라 전개된다'는 비결정론적 양자역학의 핵심 철학을 뒷받침하기도 한다.

양자역학에 따르면 미시 세계에서는 '일어날 수 있는 모든 상태가 동시에 중첩되어 존재'하며, '측정하는 순간 그 많은 가능성 중 하나가 선택된다(파동함수의 붕괴)'. 우리가 눈으로 보는 거시 세계는 연속적이고 완성된 현실처럼 보이지만, 실제 세계는 비연속적 양자 사건들의 확률적 결과가 모여 나타나는 것이다. 예를 들어 전자의 위치와 운동량을 알아내기 위해 전자에 빛이나 입자를 충돌시키는 순간, 그 충돌로 인해 전자의 상태가 바뀌기 때문에 원래의 전자 상태는 알 수 없게 된다. 따라서 실험 결과로 알 수 있는 것은 원래 전자의 상태가 아니라 충돌 이후의 전자 상태인 것이다. 양자역학은 충돌 이전의 전자 상태에 대해선 확률적으로만 다룬다. 아인슈타인이 양자역학의 해석을 반대했던 건 바로 여기, 즉 '실재가 관측 이전에 확정적으로 존재한다고 말할 수 없다'라는 지점이었다.

그래서 아인슈타인은 죽을 때까지 양자역학을 인정하지 않았다. 하지만 그의 반대는 오히려 양자역학의 기초를 더 공고히 하는 데 기여했다. 이후 양자역학을 이용한 첨단 기술들이 차근차근 진화 과정을 밟은 것이다. 그 예로 양자컴퓨팅, 양자통신, 양자 센싱이 대표적이다.

1. 양자컴퓨팅

'천재 물리학자' 리처드 파인만Richard Feynman이 제시한 양자컴퓨팅은 출발부터 기존의 컴퓨팅 기술과는 달랐다. 앞서 살펴본 것처럼 양자컴퓨터는 여러 상태를 동시에 다룰 수 있기에 복잡한 문제도 단번에 연산할 수 있다. 기존 컴퓨팅 기술이 한계에 다다르며 파인만의 양자컴퓨팅 기술이 다시 주목받고 있다.

AI와 데이터 산업이 폭발적으로 성장하며 현재의 GPU만으로는 속도, 전력, 비용 면에서 더는 감당할 수 없다는 위기감이 높아졌다. 기업들은 더 강력한 연산 능력, 더 빠른 최적화, 더 적은 에너지 소비를 가능하게 할 새로운 기술을 찾았고, 그 결과 양자 칩을 전략적으로 개발하게 됐다. 구글의 '윌로우', AWS의 '오셀롯', 마이크로소프트의 '마요라나1'의 잇따른 등장도 그런 맥락이다. 나아가 양자컴퓨팅 기술은 금융 산업에서도 초고속 최적화와 리스크 분석이 가능하고, 제약·화학 산업에서도 분자 단위로 신약을 시뮬레이션할 수 있다. 이 외에 교통, 기후, 물류, 보안까지 양자컴퓨팅 기술이 손을 댈 수 없는 분야가 거의 없을 정도다.

정부에서도 양자컴퓨팅 기술을 국가 전략 기술로 지정했으며, 국내 기업들도 양자컴퓨팅과 AI를 접목하는 연구에 속도를 내고 있다. 특히 미국의 아이온큐는 큐비트의 안정성을 높이고 오류율을 낮추어 상용화 가능성이 큰 이온 트랩 방식을 내세워 세계에서 가장 앞서 있는 양자컴퓨터 기업으로 평가받고 있는데, 아시아 시장을 겨냥해 한국을 연구 거점으로 두고 있다.

2. 양자통신

양자통신 기술은 양자의 얽힘을 이용한 기술이다. 양자는 우리 눈에 보이지 않는 관계로 얽혀 있어 한쪽의 상태 변화가 다른 양자에 즉각적인 영향을 끼친다. 양자 정보를 기반으로 하면 암호가 외부에 노출될 시 관련 정보가 유출될 수 있는 기존 통신망과 달리 해킹이나 도청 자체가 불가능한 통신이 가능해진다.

3. 양자 센싱

물질 중엔 주변 환경에 매우 민감해 데이터 수집이 불가능하거나 수집을 하는 데 많은 자원이 필요한 것들이 있다. 이런 경우 양자를 활용하는 양자 센싱 기술로 물질을 감지하거나 분석할 수 있다. 무색무취로 일반 센서로 감지하기 어려운 물질도 양자 센싱 기술로는 즉각 감지가 가능하다. 그래서 이 기술은 양자 관련 기술 중 가장 빠른 시일 내 활용도가 높은 기술이기도 하다.

전 세계는 첨단 양자 기술의 우위를 점하기 위한 경쟁에 한창이다. 현재 양자정보통신 기술 분야 논문 및 특허 출원 수 세계 1위는 중국이다. 중국은 베이징과 상하이 사이 2000킬로미터 구간에 걸쳐 양자통신망을 구축해 이를 금융거래에도 이용하고 있다. 미중 패권 전쟁에서도 양자정보통신 기술은 가장 핵심적인 분야다. 한편 한국은 양자정보통신 기술의 수준이 가장 높은 미국을 100점이라고 할 때 겨우 2.3점 수준이다. 차세대 산업 패권을 좌우할 전략 기술로 부상하고 있는 만큼 한국 역시 이 흐름에서 중요한 역할을 준비해야 한다.

• • •

뛰는 AI 위에 나는 양자

앞서 언급한 아이온큐는 양자컴퓨터를 개발하고 상용화하는 기업이다. 공동창업자인 미국 듀크대학교 김정상 교수가 한국계 미국인이란 점 때문에 국내에서도 많은 관심을 받고 있다. 아이온큐에선 클라우드를 통해 양자컴퓨터를 제공하며, AWS의 양자 서비스 플랫폼인 '아마존 브라켓'을 통해 서비스하고 있다. 구글, 소프트뱅크, GE 리서치, 골드만삭스 등 여러 기업과 파트너십을 맺고 양자컴퓨터가 실제 상업 용도로 쓰일 수 있는지 탐색해 왔다. 그 결과 2021년 양자컴퓨터 개발 기업으로는 최초로 뉴욕증권거래소에 상장됐다.

아이온큐의 모토는 '미래는 퀀텀'이다. 아이온큐는 양자컴퓨터의 크기를 비디오 게임기 수준으로 만드는 데 집중하고 있는데, 이온을 전자기장으로 잡아두는 이른바 '이온 트랩' 방식을 사용한다. 이 방식으로 약 2센티미터 크기의 반도체에 큐비트 80개를 넣을 수 있다. 이온 트랩은 양자컴퓨터 구현 방식에서 확고한 우위를 점한 표준 기술이 없는 지금 시점에 높은 안정성과 확장성을 강점으로 가진 기술이다. 그러나 아직 연산 속도가 느린 편이고, 정밀하게 제어하는 기술도 부족하다.

이 외에 미국의 리게티 컴퓨팅은 특정 산업 분야의 문제를 해결하기 위해 양자의 원리를 적용한 알고리듬을 오픈소스로 공유해 파트너들이 쉽게 접근하고 연구할 수 있게 하며, 세계 최초로 상용화 양자컴퓨터를 만든 캐나다의 디웨이브는 상용화 기술 제공을 목표로 기존 컴퓨터가 해결하지 못하는 문제에 특화된 양자 어닐링(양자의 중첩을 이용해 여러 가능성을 동시에 탐색해서 최적의 답을 찾는 방식)을 활용한다. 구글에서도 2019년 50큐비트급 양자 칩인 '시커모어'를 만들었는데, 슈퍼컴퓨터보다 뛰어난 연산 속도로 세계 최초 양자 우월성을 달성하기도 했다.

2021년 BCG는 전 세계 양자컴퓨터 시장이 2035년까지 20억 달러, 2050년까지 2600억 달러 규모로 커질 것으로 예측했다. 매킨지를 비롯한 여러 글로벌 시장조사 기관에서도 양자컴퓨터로 인한 경제적 효과가 2035년까지 2조 달러에 이를 것으로 전망했다. 그러나 젠슨 황은 오랫동안 양자컴퓨터에 대해 흥미롭지만 아직 갈 길이 먼 분야라고 말했다. 그는 하드웨어의 불안정성, 오류 수정의 난제, 산업적 활용 가능 알고리듬의 부족 등을 이유로 상업화 기대에 선을 그었다. 그랬던 그의 태도가 최근 눈에 띄게 달라졌다. 양자컴퓨터가 곧바로 GPU를 대체할 것이란 과장된 전망엔 여전히 반대하지만, 장기적으로는 결국 컴퓨터 패러다임을 바꿀 가능성에 점점 더 확신을 드러내고 있다.

엔비디아는 2023년 양자 알고리듬을 GPU로 시뮬레이션할 수 있는 양자컴퓨팅 플랫폼인 '쿠다 퀀텀'을 발표했다. 즉 엔비디아는 직접 QPU(양자처리장치)를 개발하기보다 양자와 기존 컴퓨팅 기술을 연결하는 관문을 장악하겠다는 전략을 택한 것이다. 2025년 3월 '퀀텀 데이' 행사로 글로벌 양자 기업들을 한데 모은 젠슨 황은 미국 보스턴에 가속양자 연구센터를 설립하겠다는 계획을 발표했다. 더 이상 양자컴퓨팅 기술이 먼 미래의 이야기가 아니며, 엔비디아가 이 분야에 영향력을 확대하겠다는 의지를 보여준 것이다.

그렇다면 한국은 어떨까? 아직 양자컴퓨터 개발에 있어 다른 국가들보다 뒤처진 게 사실이다. 그러나 한국은 반도체, AI, 통신 인프라 등에 강점이 있어 양자컴퓨팅 기술을 실제 산업에 접목하는 응용·하이브리드 분야에서 충분히 경쟁력을 확보할 수 있을 것으로 보인다. 이미 대기업들은 양자 알고리듬 연구, 양자-고전 혼합 컴퓨팅 테스트, 양자 보안 분야 등에 투자하며 발 빠르게 움직이고 있다.

양자 시대의 주도권은 '누가 기존 기술에 양자를 가장 자연스럽게 결합할 것인가'에 달려 있다. 그러니 한국도 아직 늦지는 않은 셈이다. 오히려 하이브리드 컴퓨팅 시대가 열린다면 우리도 충분히 기회를 잡을 수 있다. AI 이후의 기술 지형을 누가 더 멀리, 더 깊게 읽는지가 바로 새로운 자본주의의 기준이다.

IBM과 구글의 경쟁

양자정보통신 기술은 단순히 연산 속도가 빠른 암호화 기술이 아니다. 웨어러블 컴퓨터, AI, 자율주행, 메타버스 등에 적용된다면 미래 사회를 완전히 바꿀 수 있는 인프라다. 만약 5G에 6G 초고속 통신 기술이 결합된다고 한다면 4G가 인터넷 동영상 서비스 전성시대를 열었던 것 이상으로 파괴적 혁신 효과를 기대해 볼 수 있다.

커피 속 카페인 원자 하나도 파악하기 어려운 현재 기술에서 커피 분자가 가진 에너지까지 완벽히 계산하는 양자컴퓨팅 기술이 개발될 수도 있다.

현재 양자컴퓨팅 생태계의 실질적인 두 축은 IBM과 구글이다. 이들이 만드는 흐름이 산업 전체의 기준이 되고 있다. 2018년 세계 최초로 양자컴퓨터를 상용화하는 데 성공한 IBM은 양자컴퓨터가 세상을 상상할 수 없을 만큼 변화시킬 것이라고 강조하며, 양자컴퓨터 상용화는 먼 미래가 아니라고 말했다. 2021년 구글에서도 양자컴퓨터를 선보이며 이렇게 말했다.

양자컴퓨터는 가장 정확하게 자연을 시뮬레이션하고 실험할 수 있다. 10년 내 오류 보정 문제를 해결하고, 지금까지 해결할 수 없었던 에너지, 환경, 의료, 우주 분야 같은 여러 곳에 적용할 수 있을 것이다.

구글에선 AI 캠퍼스를 소개하는 '구글 퀀텀 AI 캠퍼스 버추얼 투어' 행사를 진행했다. 그곳에서 구글의 양자컴퓨터는 금속 원기둥 모양으로 마치 거대한 통조림 캔처럼 보였다. 구글은 양자에 접근할 수 있는 모든 외부 자극을 완전히 차단하고 극저온 상태를 유지하기 위한 구조로 양자컴퓨터를 디자인했다. 내부는 비슷한 구조의 통이 6단계에 걸쳐 겹겹이 채워져 있고, 가장 안쪽 통에 양자 칩인 시커모어가 설치됐다.

IBM은 2025년까지 4000큐비트에 달하는 양자컴퓨터를 출시하 겠다는 계획을 내놓았다. 구글도 오류가 보정된 양자컴퓨터를 만들 수 있다는 가정하에 로드맵을 제시했다. 특히 구글이 개발한 시커 모어는 양자컴퓨팅 기술의 새로운 이정표를 세웠다는 평가를 받고 있는데, 이는 양자컴퓨터가 실질적인 문제 해결에 활용될 수 있는 가능성을 보여주는 중요한 기술적 성과로도 평가된다.

2021년 9월 삼성전자에서도 양자컴퓨터 플랫폼 기술을 보유한 양자컴퓨팅 기술 투자에 나섰다. 이는 양자컴퓨팅 기술 선점에 열 을 올리는 미국 빅테크 기업들에 맞서 초기 단계부터 양자컴퓨터 시장에 진입하고자 하는 노력의 일환이다.

양자역학에서 배우는 부의 원리

확률과 불확실성에 기반해 세상을 해석하는 경제학자, 나심 니콜라 스 탈레브는 행운에 속지 말라면서도 우리가 확실하다고 믿는 기반 자체가 얼마나 취약한지 설명하기 위해 양자역학의 불확정성 원리 를 활용하기도 한다.

탈레브에게 세상은 '블랙 스완black swan'이다. 예상치 못한 사건 들이 판을 바꾸는 공간을 이해하는 사람이 진짜 부를 창조할 수 있 다고 강조한다. 양자계가 여러 가능성이 중첩된 상태로 존재하듯

부 역시 혼돈과 확률 속에서 탄생한다는 것이다. 아마 그는 부는 확률적 사고의 산물이며, 가능성의 공간을 어떻게 다루는지에 따라 결과가 바뀐다고 말하고 싶지 않았을까.

삶과 존재에 대해 늘 과학적 관점으로 접근하는 일론 머스크 역시 한 인터뷰에서 아인슈타인이 양자역학을 이해하지 못한 게 아니라 받아들이기 어려웠던 것이라고 말한 적이 있다. 자연의 질서를 설명하는 데 평생을 바친 아인슈타인에게 세상이란 본질적으로 확률적이며 중첩된 현실이라고 말하는 양자역학은 쉽게 수용하기 어려운 개념이었을 것이란 해석이다. 어쩌면 머스크에게도 세상이 선형적이고 예측 가능한 곳이 아니라 확률과 변화의 파동이 겹쳐지는 곳이란 '양자적 세계관'을 지니고 있었기에 새로운 부를 창출할 수 있었던 게 아닌가 싶다.

물론 양자컴퓨팅 기술은 여전히 우리 일상과 거리가 있다. 하지만 그 기술을 둘러싼 사유 방식, 즉 불확실성을 기반으로 가능성에 투자하는 사고는 자본주의 시대의 부자들이 세계를 해석하는 핵심 언어가 되고 있다. 어떻게 이렇게 난해한 분야에서도 변화의 신호를 포착할 수 있는 것일까? '불확실성이 지배하는 세계를 어떻게 이해할 것인가'라는 질문 자체를 바꾸어서 보기 때문이다. 다시 말해 기술 자체보다 그 기술이 열 미래의 방향성을 감지하는 것이다.

어쩌면 자본주의 너머 새로운 자본주의 시대가 서서히 열리고 있는지도 모르겠다. 그때는 세상을 읽는 관점의 변화가 다음 부를 결정할 것이다. 그러니 우리에게 필요한 것은 각종 지식뿐만 아니라 그 속에 담긴 사유의 틀을 보는 관점이다. 그 관점을 토대로 가능성의 문턱에서 남들보다 먼저 움직인 부자들의 질문을 스스로에게도 던져보자. 새로운 가능성은 어디에서 열리고 있는가?

새로운 자본주의를 깨우는
거대한 파동

미래는 이미 와 있다. 고르게 퍼져 있지 않을 뿐.

– 윌리엄 깁슨(SF소설가)

세상은 이미 기술의 흐름을 따라 달리고 있다. 부자들은 기술을 소비하는 데 그치지 않고, 그 기술이 만들 미래 경제 구조와 기회를 포착해 전략적으로 움직인다. 3부에선 디지털 자본주의를 움직이는 핵심 기술들이 어떻게 돈과 기술, 정보의 흐름을 재편하는지 살펴봤다.

AI와 로봇은 생산성과 노동 구조를 근본적으로 변화시켰다. 그것들이 만들어낼 효율과 가치의 흐름을 먼저 읽는 게 부자들의 경쟁력이다. 그런 변화에서 부자들은 장기적 경쟁 우위를 확보하고자 한다.

에너지 재편 기술 또한 산업과 자원의 구조적 변화를 선점할 기회를 제공했다. SMR과 같은 혁신적 에너지 자원은 시장의 지형을 바꾸고 있고, 이를 먼저 이해하는 사람에게 새로운 기회가 열린다.

스테이블코인은 금융과 신뢰자산 간 새로운 흐름을 보여줬다. 디지털 자산과 블록체인을 활용해 전통적인 금융시장의 경계를 넘나들며 자본의 움직임을 감지하는 새로운 시선을 제공했다. 여기에서 부자들은 단순한 화폐 가치가 아닌 신뢰와 네트워크가 만드는 새로운 자본을 포착했고, 미래 금융의 판도를 읽고 있다. 마지막으로 양자컴퓨터는 정보 처리의 패러다임을 바꾸며 기존 컴퓨터로 풀 수 없던 문제들을 해결해 나가고 있다.

미래의 가치를 조기 포착하는 능력은 부자에겐 필수불가결한 자질이다. 변화를 예측하며 전략적 포지셔닝을 취해야 우리는 자본주의에 닥치고 있는 이 새로운 물결들을 대비할 수 있다. 강조하자면 디지털 자본주의 시대, 부자들은 기술이 만들어낼 변화와 기회 그리고 그 흐름을 선제적으로 읽고 움직이는 통찰력에 집중해야 한다는 것이다.

그리고 여기에서 부와 경쟁력이 결정된다. 관점을 조금만 바꾸면 기술은 도구가 아니라 미래를 설계하는 언어가 된다. AI가 바꾸는 생산 구조, 로봇이 바꿀 노동 시장, 에너지가 바꿀 산업 구조, 디지털 자산과 양자 기술이 바꿀 금융·정보의 흐름까지, 사실 이 모든 변화는 평범한 우리도 충분히 예측할 수 있다. 준비가 되어 있다면 변화는 기회가 될 것이다. 지금 당신에겐 이 흐름 속에 나만의 전략과 미래 설계 계획이 있는가?

4부

부자는
삶의 태도를 설계한다

자본주의 마인드

우리가 태어나는 순간,

세상은 이미 값이 매겨진 풍경으로 펼쳐져 있다.

첫울음이 병원비로 기록되는 것을 시작으로

우리의 모든 삶은 자본주의란 무대에서

화폐란 보이지 않는 실로 촘촘히 엮인다.

이 무대는 누구나 빈손으로 올라 빈손으로 내려가지만

그 사이의 장면이나 조명은 결코 동일하지 않다.

왜 어떤 이는 더 넓은 무대를 누리고, 어떤 이는 그렇지 못할까.

4부에선 그 차이를 만드는 힘과

지금 우리에게 필요한 태도를 살펴보려고 한다.

쉴 새 없이 값이 정해지는 무대 위에서

당신은 어떤 장면을 남길 것인가.

부를 가로막는
마음의 족쇄를 해제하라

- - -

녹색의 두 얼굴

돈을 아무리 벌어도 더 부자가 되고 싶어 하는 사람들이 넘친다. 그중엔 비교란 함정에 빠져 '사촌이 땅을 사 배가 아프다'고 말하는 사람도 있다. 영어에도 이런 사람들을 두고 '이웃집 잔디가 항상 더 푸르러 보인다'고 표현한다.

달러는 미국 통화의 기본 단위다. 과거 달러엔 정부권, 국립은행권, 연방준비제도권(이하 '연준권') 등 3종류가 있었지만, 현재 국립은행권은 폐지됐다. 1달러·2달러·5달러·10달러·20달러·50달러·100달러 등 시장에 유통되는 달러들은 모두 연준권이다. 원래는 이 외에도 500달러·1000달러·5000달러·1만 달러짜리가 있었으나 1969년 연준 의사회와 미국 재무부에서 범죄 자금 세탁을 방지하기 위해 500달러 이상의 고액권은 유통하지 않기로 결정하며 사라졌다.

달러엔 '그린백greenback'이라는 별칭이 있다. 원래 그린백은 은행권이나 연준권이 아닌 정부권 달러로, '미합중국 어음'이었다. 달러의 뒷면이 '녹색'인 데서 유래했다. 현금이라기보다 어음이나 채권 형식에 가까웠던 그린백을 녹색으로 발행했던 이유는 녹색 잉크를 위조하기가 어렵기 때문이었다.

그린백은 미국의 제16대 대통령이었던 에이브러햄 링컨이 남북전쟁의 자금을 마련하기 위해 4억 달러를 발행한 것이 최초다. 그 당시 링컨 행정부는 은행권에서 대출을 시도하고자 했으나 유럽과 연계되어 있던 미국의 은행들은 20~30퍼센트를 웃도는 이자를 요구했다. 은행들의 이런 조치는 결국 미국 북부의 은행들이 만성적인 금 부족 현상을 겪는 데 일조했다.

당시 금본위제였던 은행에 금이 없다는 것은 지금보다도 훨씬 심각한 문제였다. 상황을 해결하기 위해 링컨 대통령은 미국 최초의 법정화폐인 그린백을 발행했다. 당시 그린백 상단엔 'This note is legal tender for all debts, public and private(이 지폐는 공적 및 사적 모든 부채에 대한 법정 화폐입니다)'라는 문장이 명시되어 있었는데, 이는 '이 그린백이 법정화폐로서 금본위제에 따라 가치가 보증되지 않으나

* 10달러 그린백의 앞면과
  뒷면

법률에 준거해 화폐로서 통용된다'는 뜻이다. 즉 어떤 사람이 자신
의 빚을 그린백으로 모두 갚는다 해도 상대방이 이를 거부하거나
문제 삼을 수 없다는 의미가 내포되어 있다.

남북전쟁 이후에도 그린백은 간간이 발행됐으나 곧 은행들의 비
판에 직면했다. 그린백이 귀금속으로 교환되지 않아 치명적인 인
플레이션을 유발할 것이란 불편한 진실이 간파된 것이다. 그린백
의 유통량을 늘리려던 링컨 대통령이 암살당한 뒤 발행량이 급감
하던 그린백은 1933년 미국의 제32대 대통령인 프랭클린 루스벨
트Franklin Roosevelt가 대규모 발행 권한을 확보하며 부활하는 듯했
으나 1966년 마지막으로 발행된 뒤엔 더 이상 발행되지 않았다.

한편 링컨 대통령에겐 '정직한 에이브'라는 별명이 있었다. 24세
때 동업자 때문에 큰 빚을 떠안게 된 그는 파산을 신청하는 대신 성

실히 돈을 모아 모든 부채를 갚는 것을 선택했다. 우체국장으로 일하던 시절, 정부에서 영업이 종료된 우체국의 미수금을 회수하러 왔을 때도 그는 낡은 상자 속 양말까지 뒤져가며 정확한 액수의 미수금을 건넸을 정도다. 그는 남북전쟁이란 혼란 속에서도 '갚아야 할 것은 반드시 갚는다'는 원칙, 다시 말해 '정직'이라는 가치를 국가 재정 운영에 적용했다. 즉 그린백은 지금 필요한 책임을 외면하지 않는 국가란 그의 정치 신념이 깃든 상징이기도 하다.

링컨 대통령의 녹색이 정직이라면 지금 우리에게 녹색은 무슨 의미일까? 신호등의 전진 신호처럼 희망과 가능성을 떠올리게 하면서도 한편으로는 돈으로 불거지는 질투를 뜻하는 것 같기도 하다. 우리의 '그린백'은 때로 남의 성공을 향한 시샘으로 변질되고 있는 것은 아닐까?

오래전 그린백 이야기를 꺼낸 이유는 지금 우리에게 필요한 게 바로 링컨 대통령이 보여준 '정직한 녹색'이기 때문이다. 정직은 오래가는 자산이지만, 질투는 부를 흐리게 만드는 강한 독일 뿐이다. 다음에선 바로 그 질투란 감정이 어떻게 우리 삶을 바꾸는지 살펴보고자 한다.

자본주의 시대의 가장
치명적인 죄악

실제로 영어권에선 'Green with envy'라고 해서 녹색이 부러움이나 질투를 뜻하는 색이기도 하다. 찰리 멍거는 세상을 살면서 부러움과 질투를 잘 다스려야 한다고 말했다. 그는 부러움과 질투를 이렇게 구분하기도 했다.

'부러움envy'은 타인의 소유물, 자질, 업적 등으로 인해 발생하는 불만이나 분노의 감정이다. 타인이 가지고 있는 것을 갖고 싶다거나 그들 자체가 되고 싶어 하는 욕구에서 비롯된다. 반면 '질투jealousy'는 이미 가지고 있는 것을 타인이 가져갈 수 있다는 두려움에서 발생한다. 즉 기존의 관계, 소유물, 지위에 대한 위협을 인지할 때 발생하는 불안감이나 소유욕이다.

부러움과 질투 모두 삶의 행복과 원만한 관계에 해로운 영향을 끼친다. 이런 부정적인 감정들은 생각을 소모시키고, 타인과 지속적으로 비교해 끝없이 불만을 불러일으킬 수 있다. 심지어 타인에 대한 분노와 적대감까지 유발하며, 개인 성장을 방해하고, 성취감과 강점을 스스로 인정하지 못하게 한다.

멍거는 이런 부정적인 감정들을 제대로 처리하고 극복하는 법을 배워야 만족스러운 삶을 살 수 있다고 했다. 자신을 타인과 비교하면서 질투하지 말고, 자신을 발전시키는 데 집중하고 그 가치와 열망에 부합하는 목표를 설정하는 게 우리에게 주어진 한정된 시간과 에너지를 더 생산적으로 사용하는 길이라고 믿었다. 즉 자신에게 혼신을 다해 투자해 최상의 상태를 만들기 위해 노력함으로써 질투의 감정을 점진적으로 극복할 수 있다고 본 것이다. 멍거의 이런 조언은 불확실한 세상에서 마음의 평온을 찾는 노력이 중요하다는 사실을 일깨운다. 문득 행동경제학이 떠오르며 자본주의 시대에 우리가 가질 수 있는 마음의 병들을 주의해야 하지 않을까 하는 생각이 든다.

1. 포모: Fear Of Missing Out

우리는 상실감을 극복해야 한다. 뭔가를 놓쳤을 때 괜히 불안한 감정이 들 때가 있는데, 그때 상실감이나 소외감을 느끼기 쉽다. 이렇게 놓치거나 제외되는 데 대한 두려움이 '포모FOMO'다. 남들 다 돈을 버는데 나 혼자 '벼락거지'가 된 듯한 기분에 좌절감을 느끼다 보면 자칫 패가망신의 지름길을 걷게 될 수도 있다.

나아가 이게 심해지게 되면 트렌드에 뒤처졌다는 공포를 넘어 '나는 모든 트렌드를 다 알고 있다'는 자신의 판단력을 과신한 나머지 무모한 선택으로 나를 이끌 수도 있다. 남들보다 앞서 있다는 착각이 때로는 낭떠러지로 가는 지름길이 될 수도 있는 것이다.

2. 포보: Fear Of a Better Option

'포보FOBO'는 최선의 선택지를 찾다가 결국 아무것도 선택하지 못하게 되는 두려움을 말한다. 쉽게 말해 더 나은 선택지가 있을지도 모른다는 데 대한 두려움이라고 할 수 있다. 때로는 인생의 선택지를 압축하고, 최선이 아니더라도 차선을 선택할 줄 아는 지혜가 필요하다.

3. 포포: Fear Of People's Opinions

한 사람의 잠재력을 제한하는 가장 큰 요인이 타인의 의견에 대한 두려움이라면 어떨까? 사실 인간은 비교의 동물이라 기대에 못 미치는 결과를 얻으면 여러 상황에서 비롯된 자존감 하락으로 고민하게 되곤 한다. 이때 의견공포증이 있는 사람이라면 타인의 의견이나 불안에 두려움을 느끼기 쉽다. '포포FOPO'를 지나치게 느낀다면 성찰과 자각을 통해 감정을 보듬는 게 그 무엇보다 필요하다.

멍거의 말에 따르면 누군가 나보다 더 빨리 돈을 벌고 있다는 생각은 치명적인 죄악이며, 인간이 저지르는 가장 어리석은 죄 중 하나다. 이런 생각에 사로잡히는 순간 삶의 재미는 사라지고 시선은 온통 남의 잔고와 돈 버는 속도에 옮겨진다. 멍거는 평생 이 시기심의 덫을 경계했다. 그래서일까, 나이가 들고 멍거는 이전에 잘 보내온 삶이 노년기에 얻는 가장 좋은 갑옷이란 통찰을 남겼다.

나 또한 그의 말에 깊이 공감한다. 살다 보면 누구나 비교의 그림자를 마주한다. 한번은 트렌드를 민감하게 뒤쫓던 친구에게 어떻게 그렇게 빨리 트렌드를 파악하는지 물은 적이 있다. 친구는 웃으며 자신이 남이 가진 것을 보면 조급함을 느끼는 타입이라고 고백했다. 가벼운 말이었지만, 마음속엔 묘하게 오래 남았다. 그 이유가 남의 속도에 시선을 뺏기는 순간 내 삶의 색을 잃는다는 사실 때문이란 것은 나중에서야 깨달았다.

질투는 부에 관해선 가장 강력한 족쇄다. 비교에서 벗어나면 자신만의 리듬을 되찾아 자신의 색을 다시 칠해 나갈 수 있다. 이 장에서 말하고 싶은 것도 바로 그 지점이다. 내 삶의 색을 찾기 위해선 질투란 감정 묶음을 가장 먼저 떼어내야 한다.

· · ·

절망의 계곡에 빠지는 사람들

자본주의 시대에 시장은 끊임없이 변하고, 기회 또한 예측할 수 없다. 사람마다 출발선과 속도가 모두 다른데도 누군가의 속도를 기준으로 자신을 재단하게 되면 조급해지고, 조급함은 결국 판단을 흐리게 만든다. 많은 실패가 능력 부족이 아닌 뒤처질까 두려워 무리하게 서두른 선택에서 비롯됐다.

인간이 언제나 합리적이지는 않다는 행동경제학은 우리 삶에 큰 영향을 끼쳤다. 한 예를 들어보자. 매몰비용은 과거에 이미 지출되어 회수할 수 없는, '엎질러진 물'이다. 주워 담을 수 없으니 선택할 때 무시해야 하는 비용이다. 하지만 인간은 어리석게도 그렇게 하지 못한다. 오랜 관계에서 잘 맞지 않는데도 억지로 관계를 이어가는 이유, 필요 없는 물건을 버리지 못하는 이유, 경쟁력 없는 브랜드를 정리하지 못하는 이유는 모두 '아깝다'는 생각 때문이다. 우리는 이런 매몰비용의 오류에서 벗어나야 한다.

행동경제학 측면에서 질투를 분석하면 이 감정이 잘못된 비교에서 나온 것이란 점을 알 수 있다. 타인과의 비교에서 기준점을 잘못 정해 마치 내가 뒤처졌다고 생각하게 하는 '닻내림 효과'나 내가 남보다 못한 상황을 손실로 보고 내가 본 이익을 낮게 생각하는 '손실 회피 성향'은 질투로 번지게 되는 대표적인 오류다. 이런 성향의 사람들은 의사결정 과정에 잘못된 감정을 투영해 때로 자신의 판단을 지나치게 확신하기도 하고, 이를 더 강화하는 편향들만 받아들이기도 한다. 예를 들어 단지 운이었을 뿐인데 내가 잘나서라고 생각하거나 남 탓만 하거나 자기보호 또는 변명만 늘어놓으려고 한다. 남의 떡을 더 크게 보고 자기 떡을 작게 보는 것도 마찬가지다. 우리는 질투란 감옥에서 빠져나오는 훈련을 제대로 해야 인생에서 승리할 수 있다.

더닝-크루거 효과는 미국 코넬대학교 사회심리학 교수인 데이비드 더닝David Dunning과 그의 제자 저스틴 크루거Justin Kruger가 학부생들을 대상으로 실험한 결과를 토대로 제안한 인지편향 오류 관련 이론이다. 특정 분야에 대해 조금 아는 사람은 자신의 능력을 과대평가하는 반면, 적당히 유능한 사람은 자신의 능력을 과소평가하는 경향이 있다는 이론이다. 비교는 자기비하를 부르지만, 때로는 자기과신도 불러온다.

시기와 질투에 휩싸인 사람은 자신이 뭘 모르는지도 모른 채 자신을 과대평가하는 바보짓을 하기도 한다. 앞서 살펴본 포모도 여기에 해당한다. 보통 자신의 지식이 대단하다고 생각해 우쭐한 마음에서 착각하는 경우가 많다.

남을 지나치게 질투하고 시기하게 되면 스스로를 과도하게 비하하는 경향을 보이게 된다. 한없이 작아지는 자신을 보며 '절망의 계곡'에 빠지는 것이다. 자신감을 상실해 판단을 잘못하게 되는 수렁으로 빠져들 수 있다. 일반적인 이론이나 객관적인 데이터 또는 통계자료보다 최근 일어난 사건이나 타인의 조언 같은 주관적 경험으로만 의사결정을 하면 이런 문제가 생긴다.

그러니 질투 없는 마음으로 나와 세상을 객관화할 수 있는 시선을 가질 수 있도록 노력해 보자. 마냥 높은 것만 같아도 지식과 경험을 토대로 지혜를 쌓아 직관의 오류를 줄이다 보면 '깨달음의 정상'에 오를 수 있다.

찰리 멍거의 경고

우리 삶에 죽음보다 확실한 것은 없다. 만약 오늘이 인생의 마지막 날이라면 당신은 무엇을 하고 또 어떤 말을 남길 것인가? 문명의 근간을 뒤흔들었던 진화론의 창시자 찰스 다윈Charles Darwin은 죽음 앞에서 일말의 두려움도 갖고 있지 않다는 말을 남겼다.

워런 버핏 평생의 파트너였던 찰리 멍거는 2023년 99세를 일기로 세상을 떠났다. 그는 별세 직전 CNBC와의 인터뷰에서 죽기 전 마지막으로 200파운드(약 90킬로그램)짜리 참치를 잡아보고 싶다는 담담한 희망을 이야기했다. 그러곤 이렇게 덧붙였다.

"시간이 지나면 자연스럽게 포기하는 게 생기기 마련이죠. 이제 저는 기회가 와도 참치를 잡으러 가지는 않을 것 같습니다."

낚시의 첫 번째 규칙은 물고기가 있는 곳에서 낚시하는 것이며, 두 번째 규칙은 첫 번째 규칙을 절대 잊지 않는 것이다. 버핏과 멍거는 평생 이 규칙대로 살았다. 하지만 흥미로운 사실은 그들이 투자엔 지능이 아닌 기질이 필요하다고 봤다는 것이다. 그들은 높은 IQ가 아니라 흔들리지 않는 성격을 강조했다.

멍거는 앞에서 말했듯 남과 비교하며 조급해지는 마음, 즉 질투가 인간을 가장 빨리 무너뜨린다고 봤다. 그래서 그의 철학은 늘 명확했다. 자기 속도로 가는 사람은 흔들리지 않지만, 남의 속도를 의식하는 사람은 결국 잘못된 물에서 낚시를 하게 된다. 그는 죽음이다가오는 순간에도 자신이 세상을 어떻게 살았는지, 어떤 기질을 지켜냈는지를 말하며 떠났다.

온라인 결제 플랫폼인 '스트라이프'의 창업자이자 독서가로 유명한 존 콜리슨John Collison 역시 말년의 멍거와 인터뷰했다. 멍거의 자택에서 진행된 인터뷰엔 기업가뿐 아니라 평범한 모두에게 적용될 수 있는 강렬한 메시지가 담겨 있다.

> 자기만의 방식으로 사업하려면 자신감이 필요합니다. 사업 범위나 경쟁자 수보다 중요한 것은 그 사업이 본질적으로 훌륭한지입니다. 지속 가능성을 반드시 점검해야 하죠. 손익이 비슷한 회사끼리도 지속 가능성에선 큰 차이가 납니다. 기존 관성만 고집하면 멍청이가 될 뿐입니다. 성공하려면 피해야 할 어리석음의 유형을 최대한 많이 모아야 합니다.

이 인터뷰를 보며 자연스럽게 이런 말을 떠올리게 된다. '질투 대신 자신감을, 조급함 대신 확신을.' 우리는 흔히 어떻게 빨리 성공할 것인지에 매달리지만, 내가 지금 숲을 보고 있는지 혹은 나무만 들여다보고 있는지를 아는 게 더 중요하다. 나무가 아닌 '자기만의 숲'을 가꾸며 걷는 게 지금 시대에 필요한 진짜 지혜다.

멍거는 거의 모든 분야에서 핵심 개념을 배우고자 했고, 편견을 멀리하며 자신의 사고 체계를 끊임없이 확장하고자 했다. 그가 말한 지속 가능성은 이런 태도에서 출발했다. 부자나 기업은 영원할 것 같지만, 모두 언젠가는 사라진다. 우리는 사라진 것들의 역사도 이해해야 한다. 그래야 지혜롭게 소멸할 수 있을 테니 말이다. 무한대의 가치를 가진 것은 이 세상에 없다. '200파운드짜리 참치'는 바로 이 지점을 일컫는다. 자기 역량의 한계도 알지 못한 채 모든 것을 안다고 착각하며 자만하는 순간 파멸에 가까워진다. 질투하는 어리석음을 행하지 말라. 그러면 당신도 충분히 멀리 갈 수 있다.

대체 불가능한 철학을 만들라

• • •

유일무이하다는 것

단순히 재산을 쌓는다고 해서 반드시 흔들리지 않는 삶을 살 수 있는 것은 아니다. 자본주의 사회에서 우리는 수많은 선택과 유혹에 흔들리기 쉽지만, 내 안에 굳건한 기준이 있다면 외부 환경에 쉽게 휘둘리지 않을 수 있다. 독창적인 철학은 나를 대체 불가능한 존재로 만들어준다. 이게 바로 자본주의 시대 우리에게 필요한 또 다른 자산이다.

프랑스를 대표하는 세계적인 패션디자이너, 코코 샤넬Coco Chanel은 자기만의 철학을 끝까지 지켜낸 사람이다. 그는 가진 게 별로 없었지만 마음속 야망만은 누구에게도 뒤지지 않았다. 남성복에서 받은 영감으로 여성복을 재해석하며 20세기 패션의 혁신을 이끌었다. 특히 그가 저지(양모 니트) 소재로 만든 편안한 옷들은 당시 불편한 여성복에 자유로움을 더한 전환점과도 같았다.

또한 샤넬은 브랜드의 요소가 될 원부자재들을 공방 단위의 업체들과 지속적으로 소통하며 협력해 나갔는데, 이는 오늘날 이야기하는 '생태계 경제'와도 일맥상통한다. 즉 자신의 역할과 경계를 명확히 하면서도 각 기업과 주체가 독창성과 연결성으로 함께 작동하며 브랜드의 강점이 만들어진 것이다.

샤넬에게 명품이나 돈은 단순한 소비 영역이 아니었다. 오늘날 많은 사람이 '가난'의 반대에 '럭셔리'를 세워두지만, 그에게 럭셔리의 반대는 '천박함'이었다. 세상에는 돈이 있는 사람과 부자인 사람이 있다. 진정한 부자란 자신만의 철학으로 세상에 흔적을 남기는 사람이 아닐까?

나는 내 삶을 스스로 창조했다.
이전의 삶이 만족스럽지 않았기 때문에 새로운 길을 선택했다.
I created my life because I hated the life I had before.

샤넬이 남긴 말처럼(샤넬은 프랑스어로 남겼겠지만, 이번에도 이해를 돕기 위해 영어로 수록했다) 그에게 성공적인 삶은 타고난 운명이 아니라 끊임없는 노력과 자기 혁신을 통해 만들어나가는 것이었다. 그는 자신의 한계를 인정하고 포기하기보다 그것을 기회로 바꾸어 남과 다른 길을 걸었다. 이런 태도와 철학은 그를 한 시대를 대표하는 상징적 인물로 만들었다. 이처럼 자신이 타고난 환경이나 시대의 가치관과 싸우며 새로운 패러다임을 증명해 낸 또 다른 부자들이 있다. 역시 저마다 대체할 수 없는 인물이 된 그들은 부를 일구는 데도 자기만의 철학과 기준을 갖고 있었다.

· · ·

짐 로저스와 나비넥타이

'나비넥타이를 한 세계적인 투자 귀재'는 헤지펀드계 전설적 대부인 짐 로저스Jim Rogers의 귀여운 별명이다. 로저스는 조지 소로스George Soros가 스카우트한 인물로, '금융계의 인디애나 존스'로도 불린다. 스카우트 당시 그는 겨우 27세에 불과했다. 이런 그에게 나비넥타이와 멜빵은 트레이드마크다. 그는 수년 동안 나비넥타이를 즐겨 착용했다. 특히 분홍색과 청색 나비넥타이를 즐겨 맸다. 심지어 그는 《비즈니스 인사이더》와의 인터뷰에서 나비넥타이가 몇 개인지 모를 정도로 많다며 부끄럽다고 말했다.

　나비넥타이는 '보 타이bow tie'라고도 하는데, 예의와 격식을 차리는 자리에 착용하도록 고안됐다. '보bow'라는 단어엔 '나비 모양 리본'이라는 의미가 있지만 '머리 숙여 인사하다'라는 의미도 있다. 한편으로 보 타이는 길이가 길지 않아 위생과 감염 예방을 상징하기는 의미도 있다.

로저스는 왜 나비넥타이를 착용하는 것일까? 그는 주류의 시선과는 반대로 미래를 내다보며 자신의 견해를 고집스레 유지하는 투자자다. 그가 통상적인 세로 형태의 넥타이를 탈피해 가로 형태로의 변화를 시도하는 것은 어쩌면 자신만의 독특한 투자 철학을 상징하고자 함은 아니었을까.

실제로 남성의 넥타이는 경기 선행 지표 역할을 하기도 한다. 넥타이가 남성복에서 가장 저렴한 품목이라 변화를 주기 쉽기 때문이다. 밝은 넥타이를 맨 사람이 늘면 경기 회복세가 임박했다고 보아도 될 정도다. 그러니 로저스가 분홍색이나 청색 같은 밝은 나비넥타이를 맨다면 그가 경기 전망을 낙관적으로 보고 있다는 뜻이라고 할 수 있다.

무엇을 완전히 이해하기 전엔 성급하게 나서지 마라. 기회인지 아닌지 모를 때는 은행에 넣어두고 다음 기회를 기다리는 게 가장 현명하다. 증권사 직원, 옆집 사람, 방송에서 떠드는 이야기, 심지어 가장 신뢰할 만한 경제지에서 투자하라고 말해도 왜 그런지 이해하지 못한다면 절대 나서지 마라. 아무것도 안 하고 기다리는 게 가장 중요한 투자다. 나는 대부분의 시간에 아무것도 안 하고 기다린다. 기회는 반드시 온다.

　로저스의 말은 비단 주식 투자에만 해당하는 이야기는 아니다. 불확실성이 가득한 자본주의 시대를 살며 우리는 끊임없이 선택을 요구받는다. 그럴 때 필요한 게 인내와 기다림의 미학이다. 서두르지 않고 충분히 관찰하고 이해한 뒤 행동하는 태도가 재테크뿐만 아니라 삶에서도 중요하다.

　사실 하락 국면의 시장에서 기다리기란 특히 지루한 일이다. 거래량이 줄고 주도주가 나타나지 않는, 확연한 침체기에선 현금을 확보하고 장기간 기다리는 습관에 익숙해지는 게 필요하다. 상승 국면에서도 마찬가지다. 그동안 시장에 축적됐던 에너지를 바탕으로 큰 폭의 상승세가 시작될 때 우리는 손실을 메우는 것만으로 만족하고 쉽게 포기하는 유혹도 견뎌낼 줄 알아야 한다. 상승 국면에서도 침착하게 기다리는 태도는 여전히 필요하다.

　기다림의 미학을 이해하고 실천한다면 삶에서의 위험을 최소화하고 기회를 극대화할 수 있을 것이다. 나비넥타이가 대유행하던 20세기 초엔 나비넥타이가 운을 불러들인다는 우스갯소리도 있었다. 오늘 한번 나비넥타이(밝은 넥타이라도 좋다)를 매고 기다림의 미학을 생각하며 운을 불러들여 보자.

조지 소로스의
결정적 순간을 포착하는 법

흔히 조지 소로스에겐 방아쇠를 당길 줄 아는 천재적인 능력이 있다고들 한다. 중요한 결정을 내려야 할 때 리더가 방아쇠 당기는 타이밍을 놓친다면 조직은 끔찍한 결과에 휘말리게 될 것이다. 소로스의 이런 능력은 분석이나 예측 능력보다 '용기'에서 비롯된 것이도 하다. 그리고 그게 바로 그가 가진 가장 큰 경쟁력이자 무기다.

경제사는 환상과 거짓에 근거한 드라마다. 경제사의 연역 과정은 진실한 대본에 기초하지 않았으나 막대한 부를 쌓을 수 있는 길을 닦아놓았다. 환상을 제대로 인식하고 그 안에 뛰어들고 나면 대중이 환상의 실체를 알아차리기 전에 그 게임에서 빠져나와야 한다.

소로스는 우리가 월가의 다른 사람들을 따라 한다면 형편없는 운명을 맞이하게 될 것이라고도 지적했다. 그의 말을 떠올리며 1971년 미국이 금본위제를 포기한 때를 생각해 보자. 고정환율제에서 변동환율제로 전환하던 이 시기, 변동환율제의 파도에 올라타 엄청난 두각을 나타냈던 사람이 바로 소로스였다. 특히 1992년 불안정한 영국의 파운드화를 흔들며 10억 달러 이상을 벌어들였던 사건은 소로스에게 '영란은행을 무너뜨린 사나이'라는 수식어를 붙이며 역사의 한 장면이 됐다.

숱한 거품의 역사에서 우리도 소로스처럼 거품이 터지기 전 유유히 자리를 떠날 시간을 알아차릴 수 있을까? 소로스는 주식 시장이 과매도·과매수를 거쳐 결국 평균에 근접해 나간다고 봤다. 이를 '재귀성 이론'이라고 한다. 주식은 본래의 가치를 갖기까지 호황과 불황을 오가며 가격이 변동되고, 과매도와 과매수의 과정을 거친다. 즉 재귀성 이론이란 이런 과정을 거쳐 균형점으로 회귀(재귀)하려는 주식의 속성을 말한다.

소로스에겐 적절한 순간에 기꺼이 모든 것을 내려놓을 수 있는 배포가 있었다. 그는 오류와 불확실성에 투자하라고 말했는데, 시장이 틀렸다고 가정하고 시작하란 뜻이다. 그의 이런 실행력은 섬뜩하게 느껴지기도 한다.

• • •

워런 버핏의
소박함이 만드는 투자의 힘

90세가 넘은 투자 거물 워런 버핏에게 사치란 불필요한 존재다. 그가 사는 집은 미국 네브래스카주 어느 한적한 주택가에 위치한 단출한 2층집이다. 철골과 목조로 지어진 이 집은 그가 27세 때 3만 1500달러에 매입해 줄곧 살아온 곳이다. 세계 10대 부자로 손꼽히지만, 그런 명성에 비해 집값은 10억 원이 채 되지 않는다. 자동차도 마찬가지다. 그는 과거 인터뷰에서 1년에 5600킬로미터 정도만 운전하기에 차를 자주 바꿀 필요가 없다고 말했을 정도로 불필요한 소비를 철저히 줄이고자 했다.

그의 검소함을 보여주는 일화가 하나 더 있다. 어느 날 버핏의 집을 방문한 친구가 그에게 오래된 가구와 낡은 전등을 그대로 쓰는 이유에 대해 물었는데, 버핏은 천연덕스럽게 웃으며 이렇게 말했다고 한다.

"가구가 나를 더 부자로 만들지는 않는다네. 오히려 내 돈이 가치 있는 곳에 쓰이도록 남겨두는 게 더 중요하지."

짐 로저스가 분홍색과 청색 나비넥타이를 즐겼던 것처럼 버핏은 붉은색 계열의 넥타이를 선호했다. 넥타이가 풀리지 않도록 버튼다운 셔츠도 즐겨 입었는데, 이는 항상 정돈된 모습을 통해 대화를 나누는 상대방이 불편해하지 않도록 폐를 끼치지 않고자 하는 그의 배려가 스며든 것일 것이다. 이런 작은 습관에도 불필요한 과시를 피하고 본질에 집중하고자 하는 그의 철학이 엿보인다. 버핏은 자산 대부분을 기부 혹은 가치 투자에 사용했다. 그에게 절약은 단순히 아끼기 위함이 아니라 필요와 불필요를 구분해 명확히 선택하고자 하는 삶의 철학이었다.

이처럼 버핏은 부를 쌓아가면서도 필요 없는 욕심에 흔들리지 않았다. 본질과 가치 있는 것에 집중하는 태도는 그의 일상을 지탱한 그만의 철학이다. 그는 안정적이고 집중된 투자 전략을 고수했던 것처럼 일상에서도 간결하고 실용적인 태도를 일관되게 이어갔다. 이런 그의 소박함은 장기 투자에서 특히 빛을 발한다. 본질에 집중함으로써 그는 현명한 판단력으로 변동성이 큰 시장에서도 기회를 잡을 수 있었고, 이는 곧 그가 대체 불가능하며 유일무이한 성공적인 투자자로 자리매김하게 도와줬다.

월가는 롤스로이스를 타고 다니는 사람이 지하철을 타고 다니는 사람에게 자문을 구하는 유일한 곳이다.

버핏의 이 말은 투자 전문가의 의견을 전적으로 믿고 따르기보다 자신의 경험을 체화해 스스로 판단하는 게 중요하다는 사실을 일깨운다. 자산 관리를 더 잘할 수 있는 사람이 증권회사 직원만 좇으려 한다는 게 우습다는 의미기도 하다. 재테크뿐만 아니라 우리 삶은 결국 자기 자신이 결정해야 한다. 타인의 조언은 참고용일 뿐 거기에 전적으로 의존하게 되면 큰 실패를 맞이하게 될 수도 있다. 불확실성의 시대, 스스로 분석하고 판단하라. 자신의 철학과 기준에 따라 행동하는 것이야말로 장기적인 성공을 가능하게 한다.

진정한 복리의 법칙

'100-나이 법칙'이라는 게 있다. 젊을수록 위험자산의 비중을 높이고, 나이가 들수록 줄여나가란 의미의 간단한 투자 원칙이다. 젊을 때는 실패를 경험해도 다시 회복할 시간이 충분하지만, 나이가 들면 손실을 복구할 여유가 줄어든다는 점을 반영했다. 일본에선 기업의 자기자본이익률ROE과 영업이익률이 미국보다 낮아 이 법칙이 자연스럽게 받아들여지고 있다. 그 결과 일본인들의 개인 금융자산의 30퍼센트가 65세 이상의 예금으로 묶여 있다. 주식이 안전한 재테크 수단이라고 단언할 수 없는 한 이 법칙도 유효할 것이다. 만약 주식 시장이 호황을 맞고, 안정적인 투자처가 될 만한 기업의 수가

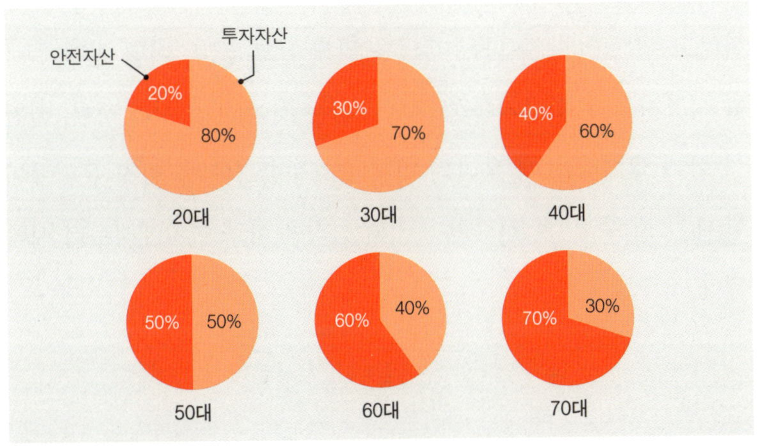

• '100-나이' 투자 법칙

늘어난다면 나이가 들더라도 반드시 이 법칙을 고수할 필요는 없을 것이다.

성공한 사람들에겐 자신만의 철학과 기준이 있으며, 그들은 일과 삶에 그 철칙을 일관되게 적용했다. 돈을 버는 기술이나 재테크 공식이 아닌 무엇이 진정으로 가치 있는지 판단하며 불필요한 것들에 흔들리지 않는 태도가 그들의 공통된 힘이었다.

이는 우리에게도 마찬가지다. 수많은 정보와 유혹이 넘쳐나는 자본주의 시대에 중요한 것은 남들이 하니까 나도 한다는 식의 맹목적 따라 하기가 아니라 자기만의 기준으로 선택하고 판단하는 능력이다. 삶엔 정답이 없다고 하지만 불필요하게 돈을 쓰거나 위험자산에 지나치게 욕심을 내거나 관심이나 소질이 전혀 없는 영역에 섣부르게 투자하는 것은 바람직하지 않다.

나 또한 돈과 시간이 나의 가치를 구현하는 도구로 사용되어야 한다고 생각한다. 즉 나는 무엇을 위해 살고 싶고, 어떤 선택이 나를 성장시킬 수 있을지를 기준으로 삼는 것이다. 노력과 경험, 실천이 함께 쌓여나갈 때 우리는 대체 불가능한 철학을 가진 유일무이한 내가 될 수 있다. 진정한 복리의 법칙은 바로 여기에서부터 시작된다.

때로 옳고 그름은 분명하지 않다

스타 작가가 놓친 것

우리가 마주하는 삶의 순간은 대부분 옳고 그름이 명확하게 구분되지 않는 회색지대다. 그렇기에 돈을 어떻게 벌고, 어떻게 지키고, 어떻게 써야 하는지 배우는 게 굉장히 중요하다. 이 '회색지대'란 2005년 노벨경제학상을 수상한 토머스 셸링Thomas Schelling이 1976년 저서 『무기와 영향력Arms and Influence』에서 처음으로 사용한 개념으로, 셸링은 이를 전략적 결정과 불확실한 상황에서의 선택을 설명하는 데 사용했다.

『도리언 그레이의 초상』이라는 소설로 유명한 아일랜드 출신의 시인이자 극작가 오스카 와일드Oscar Wilde는 부유한 집안에서 태어났다. 19세기 산업혁명 이후엔 혈통 중심의 귀족주의 대신 세련된 취향과 개성을 내세운 새로운 계층이 등장하기 시작했는데, 그 중심에 와일드가 있었다. 1882년 미국 뉴욕주에 도착한 와일드는 신고 물품이 있냐는 세관원의 질문에 이렇게 대답했다고 한다.

"내 천재성 외엔 달리 신고할 게 없군요."

그도 그럴 게 와일드는 당대 유명 작가였고, 부와 명성을 모두 손에 쥔 사람이었다. 그러나 나중에 그는 결국 신중하지 못한 선택으로 한순간에 막대한 재정적 손실을 입었고, 삶의 마지막엔 빈털터리가 됐다. 와일드가 살던 시대엔 금리가 3퍼센트로 낮았다. 하지만 그 금리를 적용한다고 해도 와일드가 그때 그 손실을 피할 수 있었더라면 24년 뒤엔 무려 약 28억 원에 달하는 돈을 모을 수 있었다(현재 통화 가치 기준). 결국 그는 젊었을 때 자신이 돈의 가치를 제대로 알지 못했음을 고백했다. 은행가들이 모이면 예술을 논하고, 예술가들이 모이면 돈을 논한다던 그의 풍자는 결국 돈을 제대로 관리하지 못한 대가로 쓸쓸한 말년을 맞을 수도 있다는 사실을 풍자한 것인지도 모른다.

와일드의 이야기는 자본주의 시대, 옳고 그름이 명확하지 않은 회색지대에서 수많은 결정을 내려야 하는 우리에게도 신중한 선택의 중요성을 일러준다. 투자의 세계나 사업뿐 아니라 개인 일상 혹은 어떤 경제적 상황 앞에서 모든 선택이 반드시 흑백으로 나뉠 수 있는 것은 아니다. 이럴 때는 상황을 관찰하며 판단을 유보할 줄 아는 태도도 필요하다. 순간적인 판단이 인생 전체를 좌우할 수도 있기 때문이다. 와일드에게도 인생 초반, 충분한 회색지대를 확보할 기회가 있었더라면 재정적 몰락을 피할 수 있었을까?

결국 회색지대란 결정을 미루는 공간이 아니라 삶의 중요한 선택을 내리기 전 잠시 멈추어 나만의 철학과 기준을 점검하는 공간이자 시간이다. 현대사회로 나아갈수록 이 회색지대의 중요성은 점점 더 커지고 있다. 와일드의 이야기는 회색지대를 무시하고 즉각적인 선택만 좇았을 때 삶이 얼마나 큰 손실을 입을 수 있는지 보여주는 사례다.

* * *

재산과 기회를 지키는 최소한의 조건

부유하고 자유분방했던 오스카 와일드의 비극적인 마지막은 우리에게 신중한 판단에 대한 경종을 울린다. 그가 막대한 재정적 손실을 입게 된 이유는 젊은 시절부터 축적되어 온 부를 제대로 관리할 능력이 그에게 없었고, 동성 연인이었던 앨프리드 더글러스Alfred Douglas 경을 위해 약 14억 원(현재 통화 가치 기준)에 달하는 돈을 2년 반 만에 모두 써버렸기 때문이었다. 제아무리 뛰어난 능력이 있는 사람이라도 경제적 선택에 신중함이 없다면 와일드처럼 큰 손실을 입을 수 있는 것이다.

수많은 선택과 기회가 눈앞에 펼쳐질 때 순간의 욕망이나 타인의 유혹에 휘둘리지 않고 제대로 판단할 수 있는 능력이 필요하다. 이는 단순히 돈을 아끼는 것을 넘어 삶 전체를 풍요롭게 만들어줄 전략과도 직결된다. 그렇다면 이런 능력은 어떻게 기를 수 있을까?

어린 시절부터 경제 교육을 받고, 그것을 경험으로까지 이어지게 하는 게 핵심이다. 어떻게 돈을 벌고, 모으고, 지키는지를 아는 것 못지않게 어떻게 쓰고, 기회를 읽어야 하는지도 알아야 한다. 이를 바탕으로 장기적 성공까지 설계할 수 있다. 단적으로 금융 원리, 위험자산 운용, 투자의 기본 원칙 등을 이해하고 체화하는 과정은 나이가 들수록 더 큰 차이를 만들어낸다. 나아가 회색지대를 맞이했을 때 최선을 선택할 능력을 발휘하도록 할 수 있다.

현대사회에선 개인의 선택을 넘어 사회 구조나 기회 배분도 판단에 영향을 준다. 예를 들어 부부간 소득 유사성을 보여주는 척도인 소득동질혼 지수를 보면 한국이 주요 OECD 국가 평균인 1.6배보다 낮은 1.16배를 기록하고 있다. 이는 비슷한 경제 수준의 남녀가 만나는 경향이 비교적 적다는 뜻으로, 남녀 간 소득 격차와 사회적 불평등 구조가 결혼이나 가구 구성에 영향을 준다는 사실을 의미한다. 또한 앞서 말했던 100-나이 법칙 또한 사회 구조에 따라 개인의 철학과 신중한 판단이 갈수록 중요해지는 사회를 반영한 법칙이라고 할 수 있겠다.

　지금 우리에겐 잘못된 선택으로 수렁에 빠지지 않고 묘안을 찾아낼 줄 아는 안목과 지혜가 필요하다. 즉 자본주의 시대엔 그 어느 때보다 '회색지대 전략'을 적절히 쓸 줄 알아야 한다. 경제적 판단부터 투자, 재산 관리까지 삶을 더 풍요롭게 만드는 중요한 능력이 되어줄 것이다.

　입체주의의 대가 파블로 피카소를 생각해 보자. 그는 보이는 현실을 그대로 그리지 않고 내면, 감각, 무의식 영역까지 확대해 화폭에 담았다. 1937년 스페인 내전의 참상을 표현한 〈게르니카Guernica〉는 그의 대표적인 걸작이다. 흑백 중심의 음울한 톤으로 전쟁의 폭력과 혼란을 담은 이 작품은 선악 구조를 넘어 회색이 가진 복합적인 의미도 내포하고 있다. 다시 말해 어두운 절망과 그 속에서 빛을 찾을 가능성을 품고 있다. 그래서 〈게르니카〉를 보는 사람은 작품에서 공포, 슬픔, 분노를 넘어 인간성에 대한 사유를 느끼게 되는 것 같기도 하다.

　피카소의 회색은 우리가 마주한 지금의 현실과도 연결해 볼 수 있다. 전쟁, 급격한 산업화, 불확실한 시장 등 우리는 더 이상 확실한 정답을 찾기 어려운 세상을 살고 있다. 이럴 때 회색지대에서 한 번 더 생각해 보고, 신중하게 판단할 줄 안다면 삶의 모든 선택이 더 풍요로워질 수 있지 않을까? 피카소는 전쟁이란 극단적 상황에서 회색으로 균형을 잡아내고자 했고, 우리는 자본주의라는 불확실한 세상에서 회색으로 생존 전략을 도모하고자 하는 셈이다.

앞으로 회색지대는 애매모호함이나 불확실함을 뜻하는 말이 아니라 우리가 경제적 기회를 포착하고 삶을 설계해 나가는 필수 영역을 뜻하는 말이 될지 모른다. 회색의 무게와 깊이를 떠올려 보자. 한 걸음 더 고민하고 선택하는 습관으로 회색지대를 늘려가 보자.

* * *

때때로 삶의 해답은 이도 저도 아닌 회색에 있다

1956년 미국에선 〈회색 양복을 입은 사나이〉라는 영화가 개봉하며 큰 인기를 끌었다. 양복이 사회적 위치를 드러내는 상징적 도구라고 볼 때 회색은 여전히 남성복 중 가장 무난한 색으로 평가받는다.

예를 들어 친구와의 금전적 거래처럼 손익이 뚜렷하게 갈려 흑백으로 선택지가 분명하게 나뉠 때는 단호하게 결정하면 된다. 하지만 우리 삶에는 그렇지 않은 경우가 더 많다. 다소 모호한 관계나 상황을 흑백으로 완전히 나누어 필요 이상의 악연을 만들지 말아야 한다. 눈에 보이지 않고 계산할 수 없는 영역일수록 행운에 기대지 말고 부단히 노력하고 사색해야 한다. 회색지대 전략과 관련해 경제적 의미에서 좀 더 자세히 살펴보자.

• 영화 〈회색 양복을 입은 사나이〉 포스터

1. 주식성장비율에서의 회색지대

나이가 들수록 자신의 행위에 대한 옳고 그름의 판단이 희미해지는 일이 많다. 하지만 생각이 바뀌고 수용성이 증가한다는 것은 좋은 의미다. 어떤 일에서는 옳고 그름을 분명히 할 수 없다는 사실을 받아들이는 게 또 삶 아닐까.

기업의 현재 주가가 해당 기업의 1년 순이익에 비해 몇 배로 평가되고 있는지 나타내는 지표로 주가수익률PER이라는 게 있다. 성장성은 있지만 주가수익률이 낮았던 기업의 주가수익률이 매우 높아지면 그때는 이미 가치투자를 할 수 없다. 좋은 주식을 좋은 가격에 사는 일은 흔하지만, 좋은 가격일 때 파는 것은 쉽지 않다. 그래서 많은 사람이 해당 기업의 주식을 구매해 주가수익률이 높아졌을 때를 분석해야 하는 경우가 많다.

이 주가수익률을 주당순이익EPS의 증가율로 나누면 주가수익성
장비율PEG이 된다. 이 주가수익성장비율의 상승 과정을 구간별로
나누어보면 전통적인 주식 매수가 가능한 '청색지대', 애매한 범위
인 '회색지대', 위험한 범위인 '황색지대', 절대로 매수해선 안 되는
'적색지대'로 나눌 수 있다.

이 4가지 영역은 개인이 처한 상황에 따라 상대적이다. 정확한
답은 없다. 주식성장비율을 준거로 주식을 매수하고자 한다면 황색
지대 또는 적색지대, 심지어는 회색지대에서도 언제나 기회비용을
고려해 결정해야 한다. 혹시나 다른 기업 주식의 수익률이 더 높을
것 같다면 오히려 그 주식을 매수하는 게 옳을 수도 있다. 즉 옳고
그름을 특정 대상으로만 한정해 분명히 할 필요는 없는 것이다. 그
러니 주식성장비율의 회색지대는 오히려 옳고 그름을 분명히 따지
고자 한 것 자체가 잘못된 시작은 아닌지 늘 명심하게 하는 영역인
셈이다.

2. 세테크에서의 회색지대

종합소득세를 내는 고소득자에게 절세는 모든 재테크의 기본이
다. 판단을 유보하거나 신중하게 선택해야 하는 영역을 회색지대라
고 한다면 절세와 탈세 사이의 영역도 어찌 보면 회색지대다. 조금
더 현명한 선택을 위해 우리는 이 영역에서 충분한 법 지식과 제도
에 대한 정보를 모아야 한다.

예를 들어 ISA(개인종합자산관리 계좌)를 활용하면 다양한 금융 상품을 하나의 계좌에서 운용하면서 발생한 이익에 대해 일정 한도까지 세금 비과세 혜택을 받을 수 있다. IRP(개인형 퇴직연금)에 납입하면 해당 금액은 일정 한도 내에서 세액공제를 받을 수 있다.

절세를 포함해 이른바 '세테크'엔 회색지대 전략이 필요하다. 회색지대에서 때를 기다리며 자산을 불리고 지키는 전략을 신중히 선택해 나간다면 장기적 재무 안전망을 세울 수 있다. 순간의 유혹을 못 이겨 잘못된 절세 방법을 시도하거나 법령을 자의적으로 해석하거나 꼼꼼한 검토 없이 과도하게 공제를 시도한다면 원래 내야 할 세금에 가산세까지 붙을 수 있다.

자본주의 시대에 소비자는 경제적 측면에서의 전략적 모호성의 희생자가 되지 않아야 자산을 온전히 지킬 수 있다. 그러나 현실에는 '경제 문맹'이 너무나 많다. 위험하다는 정보가 공개되어도 이를 무시하거나 충분히 이해하지 못하고 넘어가는 경우가 많다.

결국 회색지대 전략으로 성공을 잡으려면 준비된 실력 못지않게 시류를 읽는 안목이 전제되어야 한다. 회색이 더 어두워지지 않고 더 밝아질 수 있도록 흔들리지 않고 정진해야만 기회를 포착할 수 있다. 부를 일구는 과정은 화려하지 않을 수 있다. 그러나 그 안에 담긴 신중한 판단을 위한 노력은 그 무엇보다 치열하기에 화려하다. 흑백으로 나눌 수 없는 세상의 모호함 속에서 우리는 스스로 길

을 만들고 선택해 나가는 것으로 지속적 성장을 계속해야 한다. 회
색지대를 충분히 가지고 있는 사람만이 진정한 여유와 풍요를 만들
수 있는 법이다.

인생의 황금빛 마무리를 설계하라

- - -

노년은 겨울이 아니다

가을의 산은 단풍이란 물감으로 칠한 것처럼 한 폭의 멋진 수채화를 연상하게 한다. 붉은 단풍잎, 노란 은행잎, 누렇게 익어가는 가을 들판…… 이런 황금색 물결을 행복하게 바라보는 꿈을 꿀 수 있다면 얼마나 좋을까.

노년은 사실 겨울이 아니다. 오히려 정신적으로 행복하기에 지혜롭고 창의적인 시기다. 물론 노년에 유쾌한 삶을 살기 위해 돈이 필요하긴 하다. 하지만 돈은 부족하지 않을 정도면 충분하다. 과거에 집착하지 않고, 미래를 걱정하지 않는 삶을 살며, 하고 싶은 일을 하고 싶을 때 더 할 수 있는 여건을 만들어뒀다면 그 얼마나 행복한 일인가. 빌 게이츠는 이런 말을 남겼다.

과거 나이 듦과 노년은 역병, 자연재해 등과 같이 인간이 반드시 경험해야 할, 즉 거역할 수 없는 인생의 큰 해악으로 인식됐다. 고대 그리스의 철학자 플라톤이 노년을 인간이 현명해지는 시기라고 말하긴 했지만, 거기에 해당하는 사람은 소수에 불과했다. 평범한 다수에게 노년은 정신이 쇠하고 허약해지는 인생의 어스름이었다.

60세를 넘기면 오래 사는 것이라고 했으나 이제는 너무 오래 살아 탈이다. 탈이 아닌 축복으로 노년을 보내기 위해 경제적으로 노후 대비를 철저히 해두어야 한다. 최근 몇 년 새 국민연금 개혁안에 관한 공론화가 한창이다. 많은 나라에서 공적연금을 정부 예산으로 가장 많이 지출하는 것과 달리 한국은 근로자와 고용인이 적립한 기금으로 국민연금을 운용하고 있다. 기금 규모로는 OECD 국가 중 3번째로 크며, GDP 대비 비중으로도 세계 1위 규모다. 역사적으로 연금제도가 어떻게 흘러왔는지 먼저 살펴보기로 하자.

인간다운 삶을 만들
최소한의 안전망을 위해

인류가 연금의 필요성을 자각한 시점은 2000년도 훨씬 더 됐다. 성경 속 여호야긴(유다의 제19대 왕)의 이야기에서도 연금을 찾을 수 있다. 포로로 끌려간 여호야긴은 37년을 감옥에서 보냈지만, 기원전 562년 새 왕의 시혜로 풀려난 뒤 종신연금을 받으며 생을 마쳤다. 삶을 유지하는 최소한의 안전망을 국가가 제공한다는 점에서 연금은 애초부터 인간의 존엄성을 지키는 장치기도 했다.

고대 그리스·로마에서 연금은 주로 군인을 위한 제도였다. 잦은 전쟁 속에서 병사들의 충성심을 유지하는 게 국가적 우선순위였고, 부상자, 퇴역 군인, 유가족을 보호하기 위해서도 다양한 방식으로 급여가 지급됐다. 고대 아테네의 장애인 연금제도나 고대 로마의 군인 보상 체계 역시 핵심은 '공동체가 미래의 위험을 함께 나눈다'는 데 있다. 다만 고대 연금제도는 상황에 매인 안전망이었기 때문에 전쟁의 승패나 국가 재정 상황에 따라 쉽게 흔들렸다.

중세로 넘어오면 연금은 사적이고 사회적인 형태로 나타난다. 국가 복지가 거의 없었기에 길드나 종교기관 같은 공동체가 노후 위험을 분담하는 주체가 됐다. 그 예로 성직자에게 지급되던 영국의 '코로디corrody'는 오늘날 사적 연금의 초기 형태로 평가된다. 또한 당시 왕과 귀족도 충성을 다한 신하에게 종신연금을 하사했다.

근대에 들어 연금제도는 더욱 체계적으로 변모했다. 1667년 영국은 네덜란드와의 해전에서 패한 뒤 해군의 사기를 다시 드높이기 위해 장교들에게 기본급의 절반을 종신 지급하는 연금제도를 도입했다. 미국 역시 상이군인과 공무원에게 연금제도를 적용하기 시작한 뒤 18~19세기에 걸쳐 적용 범위를 넓혀갔다. 같은 시기 프랑스에서는 '톤틴 연금(소액 출자자들을 나이에 따라 나누고, 같은 조의 가입자가 죽을 때마다 남은 사람에게 적립된 연금이 넘겨져 배당이 느는 방식의 종신연금)'이 시행되며 사적 연금의 기초가 마련됐다.

이후 산업혁명이 시작되며 연금제도는 현대적으로도 의의를 갖게 된다. 임금 노동자가 은퇴 후 생계를 유지하기 어려워지자 기업과 국가에서 연금제도를 노동력 확보 및 복지 수단으로 활용하기 시작한 것이다. 이로써 나이 든 노동자에겐 안정적 은퇴를 보장하고, 기업에겐 젊고 숙련된 노동자들을 효과적으로 채용할 수 있는 구조가 만들어졌다.

1889년 독일의 수상 오토 폰 비스마르크Otto von Bismarck가 만든 '노령·장애 보험'은 국가에서 국민을 위해 만든 공적연금의 시초다. 나이가 들거나 장애로 더 일하지 못하는 노동자에게 주당 연금을 지급해 생계를 지원하는 제도를 마련했다. 반드시 연금에 가입하도록 법률로 제정해 개인 의사에 따른 가입·탈퇴가 불가능했다. 이 제도는 러시아발 사회주의가 밀려 들어오며 정치적으로 이를 탄압하는 분위기가 형성되며 만들어졌다.

영국은 1942년 케인스학파의 경제학자인 윌리엄 베버리지William Beveridge가 발간한 「베버리지 보고서」에 기반해 사회보험이 발전했다. 베버리지는 영국 정부에 생존 수준의 정액 급여와 급여의 적절성을 제시하며 보편적 복지로 전 국민이 사회보장 혜택을 받고, 그 비용을 국가·고용주·노동자가 분담할 것을 주장했다. 이 보고서에서 그 유명한 "요람에서 무덤까지"라는 말이 나왔다.

반면 이민자 사회인 미국은 유럽과 달리 개인의 능력과 노력에 따라 발생한 소득으로 노후를 책임져야 한다는 인식이 지배적이었다. 그러나 대공황을 겪고 실직과 빈곤이 현실화하자 미국 사회에도 변화가 일어났다. 1935년 루스벨트 대통령은 사회보장법을 제정해 국민연금을 도입했다.

우리나라는 1960년 공무원연금을 도입한 이후 1963년 공무원연금에서 군인연금을 분리했다. 1975년에 사학연금을 도입했고, 1988년 국민연금을 도입했다. 당초 국민연금 적용 대상 업종은 종업원 10명 이상의 사업장이었으나 1999년까지 계속 확대되며 취업 중인 대다수 국민에게 적용됐다.

2025년 3월엔 국회에서 18년 만에 국민연금법이 개정됐다. 개정의 핵심은 2가지다. 현재 9퍼센트인 보험료율을 13퍼센트까지 단계적으로 인상할 것. 그리고 노후 연금의 수준을 나타내는 소득대체율을 40퍼센트에서 43퍼센트로 상향 조정할 것. 이번 개정은 '군 복무 크레딧'과 '출산 크레딧'을 확대하며 미래 연금 수급권을 안정적으로 보장할 수 있도록 정비했다. 저출산·고령화로 인한 기금 고갈 가능성에 대비해 연금의 재정 안정성과 수급 수준을 동시에 확보하는 게 이번 개정의 목적이다.

이렇게 연금제도의 역사를 간략하게 살펴보니 사실 하나가 선명히 드러나는 것 같다. 본질적으로 연금제도는 불확실한 미래를 혼자 감당할 수 없다는 인간의 자각에서 출발한 제도란 것이다. 노동이 언제 중단될지, 전쟁이나 질병이 언제 들이닥칠지 예측할 수 없는 시대일수록 사람들은 공동체를 통한 장기적 안전망을 만들고자 했다. 생존을 위한 합리적 선택이자 인간답게 살기 위한 최소한의 장치인 셈이다. 오늘날 연금제도도 그 형태만 달라졌을 뿐 근본적인 정신은 여전하다. 개인의 존엄성을 지키기 위해 사회가 함께 책임을 나누는 약속이자 최소한의 기반. 인류가 수천 년 동안 연금을 포기할 수 없었던 이유도 결국 여기에 있는 게 아닐까.

• • •

인생의 마지막 단계를 위한
3가지 맞춤 연금

『원칙』이라는 책으로 유명한 레이 달리오는 인생에 3단계가 있다고 주장했다. 첫 번째는 '학생 단계'로, 끊임없이 배우고 다른 사람에게 기댈 수밖에 없는 단계다. 두 번째는 '일하는 단계'로, 다른 사람들이 내게 기대는 단계이자 성공을 위해 최대한 노력하는 단계다. 마지막 세 번째는 '더 이상 큰 성공을 바라지 않는 단계'로, 달리오는 자신이 그 단계를 뛰어넘었기 때문에 타인의 성공을 돕는 게 기쁨이라고 말했다.

가장 직관적으로 은퇴자금을 계산하려면 은퇴 시점에서의 월 생활비에 230을 곱하면 된다. 여기서 '230'은 은퇴 후 예상되는 생존 기간과 물가 상승률 등을 고려해 도출된 가중치 또는 배수다. 한 달 생활비를 기준으로 필요한 은퇴자금을 간단히 산출해 볼 수 있다.

은퇴 시점에서의 월 생활비 x 230 = 대략적인 은퇴자금 필요 액수

만약 B라는 사람이 은퇴 후 월 생활비를 300만 원 정도로 생각하고 있다면 그는 은퇴 전까지 6억 9000만 원을 모아야 한다. 현재 B의 순자산이 5억 원이라고 해도 1억 9000만 원을 더 모아야 하는 셈이다.

사실 달리오의 노년은 다른 사람보다 경제적으로 굉장히 풍요롭다. 그가 다른 사람의 성공을 도우며 함께하는 삶의 기쁨을 누릴 수 있는 것도 그 때문이다. 그러니 우리가 달리오만큼은 아니더라도 노년에 손 벌릴 일이 없도록 하려면 연금제도에 대한 이해를 바탕으로 은퇴자금을 설계하는 준비가 필수적이다. 현재 우리나라의 연금제도는 크게 3가지로 나눌 수 있다.

1. 퇴직연금

근로자가 일정한 계좌에 정기적으로 부담금을 적립하고, 스스로 운용할 수 있는 제도다. '확정기여형DC'과 '확정급여형DB'으로 나눌 수 있다. 확정기여형은 근로자가 납입한 금액과 운용 수익에 따라 연금 수령액이 달라지며, 투자 성과에 따라 그 양은 증감하지만, 정기적으로 수익을 극대화할 수 있다. 반면 확정급여형은 근로자가 퇴직 시 받을 수 있는 금액이 사전에 규약으로 정해져 있다. 이에 따라 기업은 정기적으로 부담금을 납입하며 금융기관에서 이를 관리하게 된다.

미국의 은퇴자금용 계좌인 '401K'는 확정기여형으로, 30년 이상 일한 근로자가 꾸준히 부담금을 납입했다면 은퇴 시 100만 달러 이상의 자산을 확보할 수 있게 한다.

2. 개인연금

개인연금의 대표적 유형은 연금저축이다. 연금저축은 젊을 때 여윳돈을 저축해 노후에 연금 형태로 되돌려받는 제도다. 2가지 종류가 있다. 자유롭게 납입할 수 있는 연금저축펀드는 투자 성과에 따라 수익이 달라진다. 수익률은 높은 편이지만, 원금이 보장되지 않는다. 반면 연금저축보험은 매달 일정 금액을 납입해야 하며 원금이 보장된다. 그래서 안정적 수익을 원하는 초보자에게 좋다.

3. 주택연금

주택 소유자가 집을 담보로 제공하고, 그 집에서 계속 살면서 평생 월 연금을 받을 수 있는 제도다. 55세 이상이며 공시가격 12억 원 이하의 주택 또는 오피스텔을 소유하고 있으면 신청할 수 있다. 다주택자의 경우 소유한 주택 가격을 합산해 12억 원 이하면 신청할 수 있다.

요한 볼프강 괴테는 사람이 늙어갈수록 건강, 돈, 일, 친구, 꿈 등 5가지를 잃는다고 말했다. 자본주의 사회에서는 준비되지 않은 노년을 맞게 된다면 빈곤하고 불안정한 '상실의 삶'을 살게 될 가능성이 높다. 그렇기에 연금은 단순히 저축 수단을 넘어 은퇴 이후 삶의 선택권과 자유를 보장하기 위한 도구다. 다양한 연금제도를 이해하고 이를 체계적으로 활용한다면 노년은 겨울이 아니라 안정과 풍요의 황금빛 물결 가득한 가을이 될 수 있다. 경제적 부담 없이 자신의 삶을 설계하고 자유롭게 즐길 수 있는 시기가 될 것이다.

• • •

하워드 막스의 경고

앞서 말했듯 대체 투자 운용사인 오크트리 캐피털의 공동창립자이자 회장인 하워드 막스는 '하워드 막스의 메모'라는 글을 게시하고 있다. 워런 버핏도 즐겨 읽는 것으로 알려져 있는데, 경제 현안을 날카롭게 짚어내는 그의 말은 투자계에선 금과옥조金科玉條로 여겨질 만큼 금방 화제가 된다. 그의 메모에도 현실적으로 공적연금의 지급이 불가능해질 가능성이 높다는 경고가 담겨 있다. 사회보장제도는 근로자가 내는 부담금으로 퇴직자에게 수령액이 지급되는데, 고령화로 인해 근로자 대비 수급자가 증가하며 지급 불능 가능성이 높아지는 것이다.

연금제도는 정치적 이유로 제도 개편이 쉽지 않다. 그래서 국가에선 연금을 보장하면서 재정 적자를 키우는 구조가 반복되고 있다. 하지만 부자들은 이런 현실을 오히려 자신의 자산 전략에 반드시 포함해 계산한다.

예를 들어 어떤 투자자가 '사회보장제도에선 내 연금이 20~30퍼센트 부족할 수 있다'는 상황을 예측했다고 하자. 그는 이를 보완하기 위한 전략으로 다양한 연금제도를 곧장 결합한다. 단순히 자신의 노후 안전망을 확보하는 게 아니라 미래에 부족해질 자산까지 미리 메우는 준비를 하는 것이다. 이게 이른바 부자들의 사고방식이다. 제도가 보장하는 만큼만 보장받으려 하지 않고, 모자란 부분까지 채워 넣겠다는 인식으로 미래에 찾아올 현실을 대비하고 최적화하는 것이다.

물론 막스는 공적연금만으로 안정적인 노후를 보장하기 어렵다고도 강조했다. 연금이 가지고 있는 구조적 문제를 단기적 정책만으로는 쉽게 해결할 수 없다고 본 것이다. 공적연금이 채우지 못한 안정적 노후 대비의 빈칸을 채울 수 있는 방법을 함께 고민해야 한다. 단편적으로 부자들은 몇 퍼센트의 국민연금 수령액을 받을 수 있는지 계산하는 데서 한 걸음 더 나아가 내가 받지 못할 부족한 연금 몫을 어떻게 채워 넣을 것인지에 대한 것도 대비한다. 미래를 대비하고자 하는 선택과 그 선택을 내리기까지의 과정 모두 끝까지 풍요로운 삶을 만들 수 있는 자본주의 시대의 필수 생존 전략이다.

어떤 색의 삶을
살 것인가

돈을 부르는 지갑과
돈을 내보내는 지갑

『탈무드』엔 이런 구절이 있다.

사람을 상처 입히는 것에 3가지가 있다. 번민, 말다툼, 텅 빈 지갑이다. 이 중 텅 빈 지갑이 가장 크게 사람을 상처 입힌다.

물론 『탈무드』는 두툼한 지갑이 무조건 좋다고 할 순 없다고도 말했다. 아마 지나친 물욕을 삼가란 의미에서 한 말일 것이다. 요즘이야 카드 몇 장만 넣어 가지고 다니면 되니 지갑이 두툼할 필요도 없겠지만.

일부 사람들에게 지갑은 액세서리 이상의 의미와 가치를 지닌 일종의 '투자처'와 같아 보인다. 금융 컨설팅 회사인 크레딧 스위스에서도 지갑을 포함한 고급 핸드백이 예술품이나 보석류를 제치고 최고의 투자처로 떠오르고 있다고 전망한 바 있다. 글로벌 시장조사 기관인 데이터브리지에 따르면 지갑이 포함된 고급 핸드백 시장은 2029년까지 420억 달러 수준에 이를 것으로 예상됐다. 고급 브랜드에선 수집가들의 입맛을 사로잡을 가장 비싼 지갑을 극히 한정된 수량으로 출시해 희소성에 불을 지피고 있다.

지갑과 관련한 속설 중엔 빨간색 지갑이 돈을 부르는 힘이 있다는 이야기가 있지만, 동시에 소비를 많이 하게 해 돈을 밀어내는 효과도 있는 것 같다. 외향적이고 활력 넘치는 리더에겐 빨간색 지갑이 인맥 관리에 긍정적 효과를 줄 수도 있겠지만, 물욕을 억제하고자 하는 사람이라면 빨간색 지갑이 그닥 맞진 않을 것 같다.

그렇다면 '돈은 어두운 색을 좋아한다'는 말엔 어떤 생각이 드는가? 실제로 검은색 지갑은 풍수학적으로 재물운을 올려준다고 본다. 그래서인지 부자들의 지갑 중엔 검은색이 가장 많다. 심리적으로도 검은색은 가장 어두운 색이라 소비욕이 잘 생기지 않는 효과가 있다고 한다. 충동구매를 줄여 불필요한 낭비를 억제하면 돈이 쌓일 수밖에 없을 것이다. 특히 금색 장식이 달린 검은색 지갑이라면 더 좋을지 모른다. 일반적으로 재물운을 북돋는 색은 황금색이나 황갈색이 많으니 말이다.

• • •

어떤 색의 삶을 살 것인가

지갑의 색뿐만 아니라 우리는 일상에서도 '적자'니 '흑자'니 하며 색을 붙여 아무렇지 않게 삶을 평가한다. "저 사람은 흑자 인생을 산다", "적자 인생이 너무 길어졌다"라는 말들을 흔하게 사용하지만, 사실 이런 표현들엔 깊은 문화적 맥락이 깔려 있다. 영어 표현에서 흑자와 적자를 나타내는 말은 각각 'in the black'과 'in the red'인데, 이는 중세 시대 장부를 기록하던 잉크의 색에서 유래했다.

은행 계좌가 검은 글자인 경우 상당한 돈이 들어 있고,
개인이나 사업체가 검은 글자인 경우 은행에 돈이 있으며 부채가 없다.
If a bank account is in the black, it contains some money,
and if a person or business is in the black,
that person or business has money in the bank and is not in debt.

당시엔 검은색 잉크가 귀했다. 그래서 평소엔 검은색 잉크로 장부를 기록하다가 재정이 나빠지면 잉크를 살 여력조차 없어 동물의

피를 섞은 빨간색 잉크로 장부를 기록했다고 한다. 자연스럽게 빨간색은 재정 상태가 좋지 않음을 의미하게 되었고, '적자'라 부르게 됐다. 물론 흑자 인생이 성공한 인생이고, 적자 인생이 실패한 인생이란 것은 지나친 일반화로 읽힐 수 있다. 내가 여기에서 말하고자 하는 '흑자 인생'과 '적자 인생'은 삶의 에너지 흐름을 제대로 설계하자는 의미다. 자산을 어떻게 관리하고 축적해 풍요로운 삶을 살 것인지가 인생의 목적이어야 한다.

역사 속 대표적인 흑자 인생은 벤저민 프랭클린이다. 그는 가난한 집안에서 태어났지만, 자신이 가진 작은 자산도 철저히 관리하며 미래를 준비했다. 그는 매일 일과를 분 단위로 나누고, 번 돈의 상당 부분은 재투자했다. 젊었을 때부터 스스로에게 이자를 지급하라고 말했을 정도였다. 프랭클린에게 흑자 인생이란 돈보다 오늘보다 조금 더 나은 내일을 축적하는 삶이었을 것이다.

반대로 대표적인 적자 인생은 스페인 국왕인 펠리페 2세다. 스페인은 역사상 금과 은을 가장 넉넉하게 보유했던 제국이었지만, 펠리페 2세의 종교 정책과 과시적 국가 지출, 전쟁 등으로 3번이나 파산 위기를 맞았다. 막대한 자산에도 지속 가능한 관리에 실패한다면 어떤 일이 발생하는지 보여주는 대표적인 역사적 사례다.

결국 흑자 인생은 자산이 많은 게 아니라 그것을 흑자로 남기는 습관과 시스템을 갖춘 인생이며, 적자 인생은 아무리 많은 자산이 있어도 이를 적자로 흐르게 만드는 구조적 패턴을 바꾸지 못한 인생이다. 다시 말해 태생적 자산의 크기가 아니라 자기 삶을 설계하고 조정하는 능력, 즉 삶의 재무제표를 관리하는 태도가 중요하다. 이는 개인뿐 아니라 기업에도 똑같이 적용된다. 기업이 적자를 면치 못하는 이유는 매출이 적기 때문만은 아니다. 지속 가능한 구조를 갖추지 못했기 때문이다. 반대로 말하면 흑자가 나는 기업은 규모와 상관없이 흑자 시스템을 구축해 놨기 때문이다.

사람마다 출발선은 다르지만 어떤 사람은 매일 조금씩 삶의 자본을 축적해 나가는 흑자 패턴을 만들고, 어떤 사람은 아무리 큰 자본이 있어도 적자 패턴으로 소모해 버린다. 내가 말하고자 하는 흑자인생은 '노력하면 누구나 성공한다'는 이야기가 아니라 삶의 구조를 흑자로 전환할 수 있는 각자의 시스템적 사고를 갖추자는 의미다. 태도와 전략을 통해 자산, 시간, 감정, 에너지까지 하루하루 주어진 삶의 자본을 관리하고 축적해 나가자.

• • •

돈엔 타이밍이 있다

레이 달리오가 삶을 3단계로 나눈 것처럼 인생은 크게 3개의 시기로 나눌 수 있다. 소년기엔 누군가(대개는 부모다)가 도와주고, 청년기엔 돈을 벌면서 쓰고, 노년기엔 모아둔 돈을 쓸 수밖에 없는 게 인간의 삶이다. 이처럼 현재의 소비가 현재 소득뿐 아니라 평생 소득을 고려해 결정된다는 가설이 있다. 바로 이탈리아의 경제학자 프랑코 모딜리아니Franco Modigliani가 1950년에 주장한 '생애주기가설'이다. 그가 제자와 함께 쓴 논문에서 처음으로 등장해 1980년이 되어서 완성된 생애주기가설은 오늘날에도 기본 재테크 이론으로 다루어지고 있다.

2023년 통계청에서 발표한 연령별 1인당 생애주기수지(노동소득과 소비의 차액) 추이에 따르면 우리는 어린 시절 부모의 도움을 받는다. 그중에서도 16세는 교육비로 인해 인생 최대의 적자가 나는 시기다. 본격적으로 밥벌이를 시작하는 28세부터 흑자 시기를 맞이하는데, 이게 37년 정도 이어지며 45세 무렵에 가장 많은 소득을 올리고 은퇴 이후엔 벌어둔 소득으로 대부분의 삶을 살게 된다. 다시 적자 인생이 시작되는 것이다. 61세부터 적자 인생으로 돌아서

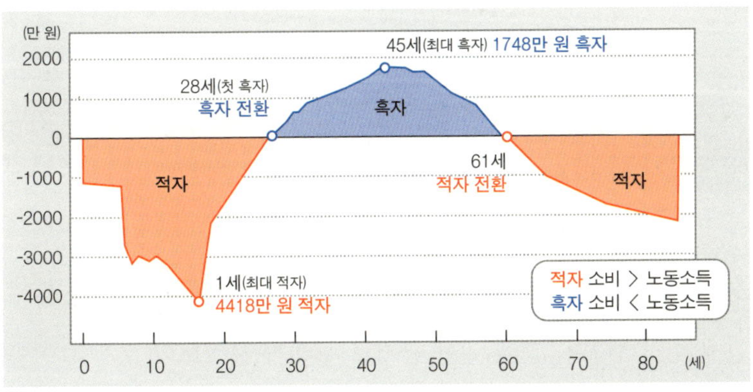

• 연령별 1인당 생애주기수지 추이

며 우리는 삶을 마감할 때까지 벌어둔 돈을 까먹는 것으로 조사됐다. 고령층에선 자녀 교육비 같은 부담이 줄어들 텐데 어째서 1인당 소비는 크게 줄지 않는 것일까? 그 이유는 교육비 대신 의료비 같은 보건 분야 소비가 늘어나기 때문이다.

사람에 따라 50~60대엔 소득 면에서 황금기를 누릴 수도 있다. 요즘은 정년이 늘고, '100세 시대'에 대비해 더 일하는 사람도 많다. 그럼에도 한국인의 노인 빈곤율은 OECD 기준 1위다. 서글픈 생각이 스며든다. 그저 돈만이 삶을 윤택하고 즐겁게 하며 안정성을 보장한다고 믿던 시절, 돈은 '신神'처럼 여겨졌다. 지금도 그렇다. 돈을 모으기 위해 진정 원하고 꿈꾸던 자신의 욕구를 끝없이 뒤로 미루고 산다. 절대 그럴 필요가 없는데 말이다. 그렇지만 젊음이란 시간과 건강을 쏟아 마련한 돈을 생전에 모두 쓸 수 없다고 하면 우리는 죽음 앞에서 어떤 생각을 할까? 나라면 생의 마지막 순간, 돈만 벌다 놓쳐버린 것들을 후회하며 도대체 뭘 위해 악착같이 돈을 모으고자 했을까 싶을 것 같다.

『역전하는 법』이라는 책에서 빌 퍼킨스Bill Perkins는 죽을 때 통장에 얼마나 남아 있는지 이야기하지 말라고 말하며, 대신 죽기 전에 다 쓰고 죽는 것을 목표하라고 조언했다. 또한 그는 한 번뿐인 인생을 낭비하지 말고 돈과 시간의 가치를 극대화할 수 있는 긍정적 경험에 투자하라며, 그에 대한 근거로 우리가 물질보다 경험에 돈을 쓸 때 더 행복감을 느낀다는 연구를 들었다. 물질에 소비를 하면 처음의 신남이 지난 뒤 금방 기분이 사그라지지만, 경험은 시간이 지남에 따라 실질적인 가치가 더욱 높아진다. 그는 이를 두고 '삶을 최적화하는 기술'이라고 했다. 이상적이기만 한 말 같지만, 분명 옳은 말이다.

냉정하지만 공정한 세계

퍼킨스의 주장은 너무나 미국적인 사고라고 생각하는 사람도 있을 것이다. 가계 순자산이 우리보다 훨씬 많기 때문에 비교할 수 없다고 반론할 수도 있다. 실제로 한국과 미국의 평균 순자산은 큰 차이가 있다. 2024년 9월 《로이터》에서 연준의 자료를 인용한 보도에 따르면 미국인의 가계 순자산은 평균 163조 8000억 원으로, 이는 부동산과 주식 가격 상승으로 인한 수치였다.

미국인이나 한국인 모두 40대에 자산 증가 속도가 가속화되지만, 50~60대가 되면 미국인의 자산 증가율은 폭발적일 정도다. 특히 60대 후반 미국인의 평균 순자산은 200만 달러에 가깝다. 그에 비해 한국의 60대는 50대에 정점을 찍고 순자산이 감소하는 시기다. 65세를 넘기면 순자산은 더 줄어든다.

글로벌 투자은행인 UBS가 2025년 5월에 발표한 「부의 보고서」에 따르면 100만 달러(약 14억 원) 이상의 순자산을 보유한 성인은 전 세계 6000만 명 정도다. 특히 이들의 자산은 동유럽과 미국에서 빠른 속도로 불어나고 있다. 미국 증시의 강세와 부동산 자산 가치 상승 등으로 인해 전 세계 순자산을 합쳐보면 전년 대비 4퍼센트 증가하기도 했다. 그러나 그중에서도 상위 1퍼센트의 부자들이 전 세계 순자산의 절반 이상을 보유한다는 사실은 현대 자본주의의 구조적 현실을 보여주기도 한다.

UBS의 보고서에서 가장 흥미로운 점은 100만~500만 달러 사이, 이른바 '일상적 백만장자Everyday Millionaires'가 세계적으로 가장 빨리 늘고 있다는 점이다. 초호화 자산가는 아니지만 꾸준한 부의 축적으로 지난 20년간 평균 4배 이상 자산을 불린 계층이다. 2024년 7월에 발표한 보고서엔 세계 195개국 중 상위 56개국이 전세계 부의 92퍼센트 이상을 차지한다는 내용도 있다. 한국의 경우 순자산 분포도로 보면 상위 56개국 중 평균값으로는 21위, 중간값으로는 20위다. 즉 한국은 가난한 나라도 초부유국도 아닌 중위권 선진국이란 의미다. 어떤 사람은 이를 두고 '생각보다 괜찮네'라거나 '평균이 무슨 소용이야, 내가 문제지'라고 생각할지도 모르겠다. 하지만 둘 다 '장수 리스크', 즉 내 삶의 길이보다 돈을 쓸 수 있는 기간이 짧은 것은 경험하고 싶지 않을 것이다.

결국 자본주의 시대에 중요한 최종적인 목표는 거창한 부의 축적이 아니라 삶의 지속성을 어떻게 확보하고 지켜나갈 것인가의 문제다. 우리가 지금까지 살펴본 시장의 흐름이나 정책, 제도, 투자 등 기본적인 장치들은 그 지속성을 지키기 위한 최소한의 방패다. 미래는 거대한 부의 세계가 아니라 준비한 사람과 그렇지 않은 사람의 세계로 나뉠 것이다. 그리고 그 준비는 오늘의 아주 작은 선택에서 시작된다.

자본주의는 냉정하지만 동시에 공정하다. 시간이란 자산에서 누구나 돈이 돈을 버는 구조를 만들 수 있다. 우리는 흑자 인생 기간을 늘리고, 적자 인생 기간을 줄여야 한다. 그게 앞으로 이 긴 자본주의 사회에서 인생의 기쁨과 행복을 최적화하는 길일 것이다. 괴테는 지갑이 가벼우면 마음이 무겁다고 했다. 우리는 두툼한 지갑으로 멋진 경험을 하며 행복한 인생을 살 수 있다.

우리의 삶을 채워갈
자본주의란 세계

그 무엇으로도 대체할 수 없는 존재가 되기 위해선 늘 남달라야 한다.

– 코코 샤넬(프랑스의 패션 디자이너)

우리는 자본주의란 바다를 항해하고 있지만, 모두 같은 항로를 따르지는 않는다. 누군가는 거대한 파도에 맞서며 먼바다로 나아가고, 누군가는 잔잔한 연안을 따라 천천히 항해한다. 누군가는 항해 전 적당한 바람을 기다리고, 또 다른 누군가는 바람을 기다리는 대신 노를 저어 출발한다. 중요한 것은 파도의 크기도, 배의 속도도 아니다. 지금 내가 탄 이 배가 어떤 이유로 어디를 향해 어떻게 움직이고 있는가다.

자본주의는 때때로 지나치게 냉정하다. 그 안에서 수익, 속도, 효율성, 결과 등 모든 수치가 나를 평가하는 기준이 된다. '내가 잘 가고 있는 게 맞나?', '내 선택이 틀린 것은 아닐까?', '다른 사람들처럼 살아야

하나?' 같은 불안은 자본주의 세상이 본질적으로 '선택의 선택의 선택'
을 해야 하는 세상이기에 생겨나는 자연스러운 감정이다. 이 불확실의
세계에서 방향을 정하고 확신하는 용기가 결국 내 삶을 결정한다.

내가 4부에서 말하고자 한 메시지는 아주 단순하다. 우리는 모두 자
신의 삶을 스스로 칠해나가는 화가란 것이다. 선명한 색을 좋아하는 사
람, 번지는 수채화를 좋아하는 사람, 한 가지 색을 깊이 있게 사용하는
사람, 여러 색을 겹겹이 쌓아 올리는 사람. 짙은 빨간색을 선택해도 좋
고, 흐리멍덩한 회색을 가볍게 얹어보아도 좋다. 어떤 색이 좋은 색이
고, 어느 정도의 농도가 적당한지 정답은 없다.

그 과정이 누군가에겐 이해하기 어려울 수 있고, 시장의 기준에서 비
효율적일 수도 있다. 그러나 결국 완성된 그림이 내 삶의 모습이라면
그 자체로 작품이다. 그러니 더 두려워할 필요도 없다. 더 과감하게 칠
하고, 지우고, 다시 색을 얹는 과정을 반복하자. 비로소 나란 그림의 질
감과 결이 살아날 것이다.

자본주의는 당분간 계속될 것이다. 언젠가 끝날 수도 있겠지만, 그게
지금 당장은 아니다. 자본주의 시대를 살아야 하는 우리에게 필요한 한
문장이 있다면 내가 살고자 하는 삶을 직접 그려나가란 말일 것이다.
그 무엇으로도 대체할 수 없는 존재가 되려면 남들과 똑같이 사는 것만
으로 충분하지 않다. '정답에 맞추는 삶'이 아니라 '나만의 정답을 선택
하는 삶'을 살자. 남과 다르게 선택하고, 다르게 사고하고, 다르게 걷는
다면 비로소 그 길은 내 이름을 가진 길이 될 것이다.

. . .

세상을 읽는다는 것의
진짜 의미

우리는 거대한 변화의 흐름 속에 살고 있다. 시장의 규칙은 보이지 않는 곳에서 우리를 움직이고, 먼 나라의 일처럼 보이는 권력의 흐름도 결국 우리의 일상에 닿고 만다. 변화의 신호는 때로 첨단 기술의 가면을 쓴 채 평범한 일상의 불편함을 개선하는 작은 혁신처럼 다가온다. 삶은 이 모든 것 위에서 각자가 선택한 방향으로 흘러간다.

이 책은 이름만 들어도 알 법한 유명 투자자나 대기업 CEO 등 앞서 나간 사람, 이른바 '부자'의 관점을 통해 세상을 읽는 법을 이야기했지만, 사실 나는 부자가 곧 큰돈을 가진 사람을 의미하지는 않는다고 생각한다. 나는 세상을 읽으며 자기 삶을 능동적으로 설계해 나가는 사람, 그런 사람들을 부자라고 부르고 싶다. 그들은 시장의 규칙을 이해해 두려움을 줄이고, 욕망이란 권력의 지도 위에서 결정의 방향을 잡고, 변화의 신호에서 기회를 찾으며 삶을 어떤 색으로 채워나갈지 스스로 선택한다. 이는 재산 규모와 상관없이 누구나 연습하고 훈련할 수 있는 능력이다.

우리가 매일 마주하는 뉴스, 경제 지표, 신기술, 정책 등은 따로 떨어져 있는 조각들이 아니다. 하나로 모아 이어 붙이면 삶을 다시 그려나갈 수 있다. 이것들을 어떻게 읽고 내게 어떤 의미로 적용할 것인지가 한 사람의 운명을 바꾸어놓는다. 이처럼 세상을 읽는다는 것은 결국 나를 읽는다는 것과 같다. '무엇을 두려워하는가'. '무엇을 원하는가'. '무엇을 끝까지 놓지 않을 것인가'. '나는 지금 어디쯤에서 살고 있는가'. 자본주의 시대에 살아남기 위한 절박함을 표현하자면 아마 이런 글이 되지 않을까?

새벽 2시, 냉장고보다 차가운 내 통장 잔고 숫자가 이불을 걷어차게 한다. 내야 할 월세는 꿈속에까지 나를 따라오고, 카드값은 베개 아래 차곡차곡 쌓여 웅크리고, 이자율은 "넌 아직도 충분히 일하지 않았어"라며 속삭인다. 내 집으로 마련할 아파트의 평단가는 끝을 모르게 오르지만, 내 연봉은 지금의 내 마음처럼 작아지고만 있다. 이 가혹한 세상에서 사람들은 말한다. 사람보다 AI가 똑똑하고, 물건보다 사람이 더 싸다고.

앞으로 시대는 더 빠르게 변할 것이다. 지금까지 쓰였던 규칙도 다시 쓰일 것이고, 새로운 패권 다툼과 권력이 등장할 것이며, 빨라진 변화 속도는 이전의 상식들을 무너뜨릴 것이다. 이런 시대에 중요한 것은 내 중심을 단단히 잡는 것이다. 다시 말해 세상의 흐름을 읽을 줄 아는 사람이라면 남이 만든 길을 따라가지 않고 스스로 길을 개척할 힘도 가질 수 있다. 돈이 삶의 목적이 될 필요는 없지만, 돈의 움직임을 이해하면 분명 삶의 방향을 선택할 때 도움이 된다.

팀 쿡은 우리가 기술을 만드는 게 아니라 미래를 말하는 언어를 만든다고 했고, 제프 베이조스는 가치가 어디로 흐르는지 먼저 읽는 사람이 미래를 만든다고 했다. 이 책은 자신만의 미래를 만들기 위한 언어를 찾는 여정이었다. 내가 살아갈 세계가 무엇을 말하고 있는지 들을 수 있는 사람이 되는 길 말이다.

이 페이지까지 이르렀다면 당신은 이미 첫걸음을 내디뎠다. 세상을 읽는 법을 배웠으니, 이제는 당신만의 방식으로 당신이 원하는 색을 칠해나가면 된다. 만약 그 색이 희미해지는 순간이 오더라도 괜찮다. 다시 읽고, 다시 관찰하고, 다시 선택하면 된다. 세상이 끊임없이 변하더라도 그 방향은 언제나 당신의 편이다.

나 또한 개인적으로 그런 순간이 있었다. 1부에서 말했듯 2000년대 초 나는 집을 마련하려고 했다. 핵가족화 같은 미래 사회적 변화 트렌드는 전혀 고려하지 않고 좋은 브랜드에, 신축 대단지 아파트의 대형 평수를 골랐다. 물론 그곳에서 행복하게 살았지만, 지금 와서 생각하니 재산을 불려가기엔 부족했다. 투자는 언제나 미래 가치를 반영해야 한다는 것을 빨리 깨달았어야 했다.

삶의 모든 경험을 통해 내가 깨달은 것은 흐름을 읽는 힘이야말로 그 어떤 것보다 우선적이고 중요하다는 것이다. 그 힘이 있어야 우리는 이 불확실의 세계에서 시행착오에도 방향을 다시 잡고 새로운 선택을 하며 성장할 수 있다. 나는 일선에서 물러난 워런 버핏에게 질문을 던지는 상상을 해본다.

"부자는 세상을 어떻게 읽나요?"

버핏은 잠시 창밖을 바라보다가 미소를 지으며 말한다.

"부자는 질문을 많이 하는 사람입니다. 단순히 숫자만으로 판단하지 않고 그 숫자가 왜 그렇게 움직였는지, 누가 움직였는지, 그 움직임 이면에 어떤 인간의 심리가 숨어 있는지 읽어내려고 하죠. 세상을 읽는다는 것은 결국 패턴을 찾는 일이고, 그 패턴 속에서 자신만의 기준을 만들어가는 것입니다. 위기가 닥쳐올 때면 많은 사람이 즉각적으로 반응하려고 하지만, 부자는 잠시 멈춥니다. 그리고 자신이 모른다는 사실을 인정합니다. 그 차이는 작아 보여도 큰 격차를 만듭니다. 기회를 잡는 사람과 기회를 놓치는 사람의 차이죠. 세상을 읽는 힘이란 자신과 마주할 용기이기도 합니다. 스스로에게 질문하고, 그 답을 찾기 위해 관찰하고, 학습해 가는 과정 자체가 결국 부의 격차를 줄이는 길입니다."

나는 고개를 끄덕이며 말한다.

"그러면 운을 기다리는 게 아니라 스스로 선택하는 일이 세상을 읽는 것이군요."

버핏은 눈빛을 가다듬고 미소를 지으며 이렇게 답한다.

"맞습니다. 하지만 기억하세요. 선택엔 항상 옳은 길만 있는 게 아닙니다. 부자가 될 수 있는 사람은 실수에서도 배우는 사람이고, 실패에서도 새로운 통찰의 길을 보는 사람입니다. 실수와 실패를 '친구'로 만드는 능력이 있어야 부자가 될 수 있습니다."

사진 출처

• • •

39쪽 위키피디아, https://en.wikipedia.org/wiki/Fountain_(Duchamp)

45쪽 라슬로 하니에츠는 온라인 커뮤니티 '비트코인 포럼'에 비트코인으로 피자 2판을 구매 후 인증샷을 올렸다.

91쪽 오크트리캐피털 홈페이지, https://www.oaktreecapital.com/insights

125쪽 위키피디아, https://simple.wikipedia.org/wiki/Trumpism

139쪽 미국 배틀필드 신탁 홈페이지, https://www.battlefields.org/learn/articles/coffee-home-front-during-civil-war

159쪽 겔랑 홈페이지, https://www.guerlain.com/kr/ko-kr/c/history-kr.html

176쪽 일라이 릴리 홈페이지, https://www.lilly.com/lillydirect/

211쪽 다트머스대학교 홈페이지, https://home.dartmouth.edu/about/artificial-intelligence-ai-coined-dartmouth

267쪽 위키피디아, https://en.wikipedia.org/wiki/High-throughput_screening

280쪽 위키피디아, https://en.wikipedia.org/wiki/Solvay_Conference

299쪽 위키피디아, https://en.wikipedia.org/wiki/Demand_Note

327쪽 위키피디아, https://en.wikipedia.org/wiki/The_Man_in_the_Gray_Flannel_Suit

부자는 자본주의를 어떻게 읽는가
시장에 숨겨진 돈의 흐름을 읽는 20가지 이야기

초판 1쇄 인쇄 2026년 1월 14일
초판 1쇄 발행 2026년 1월 21일

지은이 조원경
펴낸이 김선식

부사장 김은영
책임편집 최유진 **디자인** 정아연 **책임마케터** 이다은
콘텐츠사업4팀장 박윤아 **콘텐츠사업4팀** 정아연, 옥다애, 최유진
마케팅사업2팀 오서영, 이다은 **홍보2팀** 정세림, 고나연
브랜드사업본부장 정명찬
브랜드홍보팀 오수미, 서가을, 박장미, 박주현 **영상홍보팀** 이수인, 염아라, 이지연, 노경은
저작권팀 성민경, 이슬 **편집관리팀** 조세현, 김호주, 백설희
재무관리팀 하미선, 임혜정, 이슬기, 김주영, 오지수
인사총무팀 강미숙, 김재경, 김혜진, 김주림, 황종원
제작관리팀 이소현, 김소영, 유미애, 이지우, 이승협
물류관리팀 김형기, 김선진, 주정훈, 양문현, 채원석, 박재연, 이준희, 최대식

펴낸곳 다산북스 **출판등록** 2005년 12월 23일 제313-2005-00277호
주소 경기도 파주시 회동길 490 다산북스 파주사옥
전화 02-704-1724 **팩스** 02-703-2219 **이메일** dasanbooks@dasanbooks.com
홈페이지 www.dasan.group **블로그** blog.naver.com/dasan_books
종이 스마일몬스터 **인쇄·제본** 상지사피앤비 **코팅·후가공** 평창피앤지

ISBN 979-11-306-7453-7 (03320)

다산북스(DASANBOOKS)는 책에 관한 독자 여러분의 아이디어와 원고를 기쁜 마음으로 기다리고 있습니다.
출간을 원하는 분은 다산북스 홈페이지 '원고 투고' 항목에 출간 기획서와 원고 샘플 등을 보내주세요.
머뭇거리지 말고 문을 두드리세요.